FLÁVIO **TAYRA**

O CAPITAL
S U I C I D A

Racionalidade Ambiental, Autointeresse e Cooperação no Século XXI

2019

Copyright ©2019 by Poligrafia Editora

O Capital Suicida

Racionalidade ambiental, Autointeresse e Cooperação no século XXI

ISBN 978-85-67962-13-9
Autor: Flávio Tayra
Coordenação Editorial: Marlucy Lukianocenko
Projeto Gráfico, Capa e Diagramação: Bia Simão
Revisão: Fátima Caroline P. de A. Ribeiro

Poligrafia Editora
www.poligrafiaeditora.com.br
E-mail: poligrafia@poligrafiaeditora.com.br
Rua Maceió, 43 – Cotia/ SP – CEP 06716-120
Fone 11 4243-1431 / 11 99159-2673
Todos os direitos reservados.

Este livro não pode ser reproduzido sem autorização

Dados Internacionais de Catalogação na Publicação (CIP)
Agência Brasileira do ISBN - Bibliotecária Priscila Pena Machado CRB-7/6971

```
T247   Tayra, Flavio.
          O capital suicida : racionalidade ambiental,
       autointeresse e cooperação no século XXI/ Flavio Tayra.
       — São Paulo : Poligrafia, 2019.
          280 p. : il. ; 22 cm.

          Inclui bibliografia.
          ISBN 978-85-67962-13-9

          1. Desenvolvimento sustentável. 2. Ecologia humana.
       3. Capital (Economia). 4. Desenvolvimento econômico -
       Aspectos ambientais. 5. Política ambiental. I. Título.

                                           CDD 338.9
```

Para Seu Kazu, Dna. Maria e Marisa,

sempre presentes.

"Há uma diferença entre as escolhas e o comportamento compulsivo, mesmo que a compulsão seja ela própria o resultado de uma escolha anterior não forçada. As ilusões de que sofro determinam o campo de minha escolha; o reconhecimento – a destruição das ilusões – vai alterar esse campo, tornar mais possível que eu escolha genuinamente em vez de supor que optei por algo quando, na verdade, isso (como que) me escolheu". (Berlin, I., 1993, p. 137)

Prefácio

Clóvis Cavalcanti

Presidente da International Society for Ecological Economics (ISEE)

Este livro, que tenho a honra e o prazer de prefaciar, *O Capital Suicida*, do economista Flávio Tayra, remete a preocupações que os economistas ecológicos alimentam, em face dos rumos insustentáveis da sociedade em que vivemos. Não vou apresentar nem resumir o que o professor Tayra, de maneira tão apropriada e profunda, escreveu nas páginas que se seguem. A descoberta tem que ser do leitor, especialmente daquele para quem o título da obra chama a atenção. O que o livro propõe está dito, de certo modo, em seu subtítulo, "Racionalidade ambiental, autointeresse e cooperação no século XXI". Na verdade, o modelo da economia ecológica que imagino, e que foi desenhado por Herman Daly em seu ensaio introdutório do livro que organizou em 1980, *Economics, Ecology, Ethics: Essays Toward a Steady-State Economy* (New York e San Francisco: W.H. Freeman and Company, 1980, p. 1-37), guarda relação muito estreita com o que o autor deste livro concebe. Uma coisa que chama a atenção, paralelamente, para o economista ecológico, e que me parece reforçar o caráter suicida da economia do século XXI aqui retratado, refere-se ao papel do dinheiro na sociedade.

O respeitado cientista britânico Frederick Soddy (1877-1956), vencedor do Nobel de Química de 1921, apesar de formado nas ciências exatas, aventurou-se numa visão crítica do modelo de sistema econômico dos economistas. Fez isso em quatro livros, um dos quais, de 1926, com o sugestivo título de *Wealth, Virtual Wealth and Debt* (*Riqueza, riqueza virtual e dívida*). Nele, propõe uma ciência econômica com raízes na física, em particular nas duras Leis da Termodinâmica. É usual a imagem do sistema econômico com um mecanismo. Contudo, raros economistas seguem essa metáfora até suas conclusões lógicas finais, como a de que, igual a qualquer máquina, a economia deve retirar energia de seu exterior, o meio ambiente. A primeira e a segunda Leis da Termodinâmica proíbem aquilo que se conhece como moto-perpétuo, situações em que máquinas criariam energia do nada ou a reciclariam infinitas vezes. Na verdade, como sistema isolado, sem entorno, o modelo de economia dos economistas, na percepção física, pareceria capaz de gerar riqueza ilimitadamente. Acontece que a riqueza real, essa que se apalpa (instalações, objetos, bens de consumo, etc.) possui natureza concreta. Já ativos financeiros (dinheiro, ações, derivativos, títulos), a riqueza virtual, constituem abstrações. E são tais abstrações cujo crescimento não respeita limites, o que foi muito bem destacado neste livro.

A moeda (dólar, real, euro) e tudo aquilo que contém significado apenas por sua expressão em dinheiro (títulos de todo tipo) são símbolos que representam um direito do portador a certa forma de riqueza. A dívida, por sua parte, significa um direito do credor que depende da capacidade da economia de produzir riqueza no futuro, capacidade essa que dá ao portador do título a segurança de que seu direito será realizado. "A paixão dominante atual", falava Soddy, "é converter riqueza em dívida", no sentido de que o credor se livra de uma coisa que pode se destruir (o bem físico) em troca de outra que é a garantia de que determinada quantia lhe será paga adiante. A moeda entra, então, para facilitar as transações. Os problemas vão surgir quando a riqueza e a dívida não são mantidas dentro de relação adequada, que é exatamente o que acontece no mundo atual, haja vista que os ativos financeiros globais representam quase 20 vezes mais do que a economia referente a coisas concretas do planeta (há 90 anos, a economia real era maior). Atualmente, há um giro financeiro diário no mundo (papéis trocados por papéis) de mais de 5 trilhões de dólares. Se todos os credores de dívidas quisessem convertê-las em coisas físicas, estouraria um colapso monetário global: a moeda, em cada país, viraria pó. Assustador, um tsunami. Porém, uma realidade possível. Economia suicida.

A questão é que a economia de produção e consumo de coisas não pode crescer com a velocidade que se determinar. Segundo Soddy – e muita gente que já assimilou seus ensinamentos rigorosos, como os economistas ecológicos e a encíclica papal *Laudato*

Si' –, "não faz sentido contrapor permanentemente uma convenção humana absurda, como é o caso do espontâneo crescimento da dívida [juros compostos], à lei natural do espontâneo decrescimento da riqueza [entropia; Segunda Lei da Termodinâmica]". De fato, o montante de riqueza que uma economia pode gerar é limitado tanto pelo montante de energia de baixa entropia que ela pode retirar de seu meio ambiente quanto pelo montante de efluentes de alta entropia da economia que o ambiente é capaz de absorver. A dívida em dinheiro, sendo algo imaginário, uma convenção no papel, não está sujeita a tais limites naturais. Pode-se expandir de forma ilimitada.

Não se trata de exagero ou pessimismo afirmar, por outro lado, que existe apreensão nos círculos das ciências exatas e da natureza, um pouco menos no campo das sociais, quanto aos colapsos que nossa sociedade planetária pode experimentar em período não distante. O assunto figura nas preocupações do Papa Francisco, cuja encíclica *Laudato Si'*, de maio de 2015, o aborda. Lê-se nela, por exemplo, que "Toda a pretensão de cuidar e melhorar o mundo requer mudanças profundas nos estilos de vida, nos modelos de produção e de consumo, nas estruturas consolidadas de poder, que hoje regem as sociedades". Isso porque "parece notar-se sintomas dum ponto de ruptura, por causa da alta velocidade das mudanças e da degradação, que se manifestam tanto em catástrofes naturais regionais como em crises sociais ou mesmo financeiras [...] Há regiões que já se encontram particularmente em risco e, prescindindo de qualquer previsão catastrófica, o certo é que o atual sistema mundial é insustentável a partir de vários pontos de vista, porque deixamos de pensar nas finalidades da ação humana". Ora, qualquer esforço que se faça – e é o caso de Flávio Tayra aqui – para desvendar uma realidade humana que assusta por seus traços de insustentabilidade merece ser examinado e considerado com a devida atenção. Daí o motivo pelo qual me sinto muito à vontade para recomendar a leitura atenta deste *O Capital Suicida*.

Olinda, 15 de janeiro de 2019.
Clóvis Cavalcanti

SUMÁRIO

Prefácio 7

Introdução 15

1 - A primazia do autointeresse e a importância da ação coletiva 25

Benefício concentrado 31

Para gerar igualdade de oportunidades 38

    Abordagens de justiça social 40

    Desenvolvendo capacidades 45

Autointeresse e altruísmo 50

    A "racionalidade" do *homo economicus* 58

Cooperação 66

    A ideia de bens e recursos de uso comuns 72

    A dificuldade da ação coletiva 79

Por uma economia substantiva 83

A primeira sinopse: obscuros objetos do desejo 86

2 – Limites físicos para o crescimento econômico 91

Crescimento exponencial 96

    A economia do "passe de mágica" 102

Antropoceno: registros da pressão econômica sobre a natureza 111

    A importância dos indicadores de sustentabilidade e a fé na tecnologia 121

A pressão subjetiva 128

    Riscos biográficos 132

    Problemas de nutrição e aparência física 136

Segunda sinopse: riscos democráticos 139

3 – A Cultura e os seus replicadores 142

Ruptura e o estímulo ao consumo 148

O consumo e seus valores 152

    A gênese das necessidades 159

    Consumo e relações sociais 167

    A "imagologia" 173

Pedagogia da sustentabilidade 175

    O autointeresse como sobrevivência 180

Terceira sinopse: qualificar o presente 185

4 – Políticas: incentivos, regras comuns e soluções 190

Acesso e conflitos 199

Modelos de políticas 203

Autoridade: políticas indutoras 206

Reforma tributária socioecológica 208

    Além das políticas de Estado 213

Bens comuns globais 217

Patrimônio Comum da Humanidade 221

Quarta sinopse: as regras do jogo 224

5. Racionalidade ambiental: uma utopia ecológica? 230

O ideal de cientificidade e o paradigma 234

A ideia de natureza e a técnica para o seu domínio 240

A Ética da Terra e as visões biocêntricas 250

Racionalidade: a mudança do coletivo de pensamento 258

Concluindo: uma estrutura de pensamento 267

Uma abordagem transdisciplinar 270

Referências bibliográficas 272

ÍNDICE DE TABELAS, GRÁFICOS E FIGURAS

Tabela 1 - Renda Mínima e Renda Média dos 0,1%, 1%, 5% Mais Ricos e Renda Média Total (R$ correntes) na DIRF e nos Levantamentos domiciliares   38

Tabela 2 - Tipologia dos bens   76

Tabela 3 - O crescimento da produção por habitante desde a Revolução Industrial (taxa de crescimento anual média, em %)   97

Tabela 4 - A lei do crescimento acumulado   98

Tabela 5 - Pegada ecológica da humanidade e biocapacidade do planeta (hectares *per capita*)   113

Tabela 6 - Gasto de energia, por regimes socioecológicos   170

Tabela 7 - Visões de mundo   254

Gráfico 1 - A desigualdade mundial, 1700-2012: divergência seguida de convergência?   97

Gráfico 2 - Curva de Incidência do Crescimento Global   99

Gráfico 3 - Taxa de crescimento econômico (PIB) - em % a.a.   102

Gráfico 4 - Aumento da Temperatura Global e da Concentração de CO   119

Gráfico 5 - Curva de Kuznets Ambiental   127

Gráfico 6 - Subsídio da Energia para o Consumidor   159

Gráfico 7 - Evolução do Índice CRB (1980 - 2015)   211

Figura 1 - Fluxo Circular da Renda   104

Figura 2 - Caracterização de Mundo Cheio e Mundo Vazio   109

INTRODUÇÃO

"Os ensinamentos básicos de Jesus são bem bonitos... Assim como o era a intenção original de Karl Marx. O que poderia dar errado? Todos vivendo em igualdade. Fazer pelos outros. Democracia. O povo governando. [...] São ótimas ideias, todas elas... Mas todas sofrem de uma específica falha fatal. Todas elas são baseadas na ideia falaciosa de que as pessoas são, essencialmente, decentes: 'Dê a elas a chance de fazer o certo e elas o farão'. Elas não são estúpidas, egoístas, gananciosas, covardes e pequenas. Fazem o que podem. [...] Só estou dizendo que as pessoas fazem a vida ser pior do que é. E, acredite, já é um pesadelo sem a ajuda delas. Mas, no geral, lamento dizer, somos uma espécie fracassada".

Boris Yellnikoff, personagem do filme *Tudo pode dar certo*, de Woody Allen *(Whatever Works, 2009)*.

No decorrer da história, a cooperação entre os agentes, nas mais diversas sociedades, foi o elemento fundamental para que a humanidade conquistasse saltos evolutivos tanto nos aspectos técnico e econômico quanto no social. Os exemplos históricos de transição do nomadismo para o sedentarismo, bem como a necessidade de organização política que delineou esse processo e culminou no modelo da sociedade atual, são exemplos de tal tipo de cooperação entre os indivíduos. Uma necessidade básica, enfim. Por certo, nem tudo pôde ter sido tão tranquilo nesse percurso, mas uma percepção adquirida pelo homem através dos tempos ressalta a importância de se trabalhar junto para conquistar melhoras em seu dia a dia. Sim, sempre houve episódios de guerras, escravidão, violência, desentendimentos e barbárie..., mas ainda assim, pudemos observar significativas melhorias em termos de vida em núcleos ou em sociedade, com aqueles velhos desafios básicos como comer, se proteger do frio, dos ataques inimigos e das intempéries, sendo superados paulatinamente e, com isso, trazendo uma melhor qualidade de vida para o homem. Trabalhar em conjunto sempre fez sentido. Os exemplos são abundantes.

Apesar da percepção quase imediata dos benefícios mútuos de se trabalhar em conjunto, o egoísmo e a esperteza de curto prazo certamente nunca deixaram de estar em pauta. Em sociedade, descobrimos meios para superar essa característica, talvez básica, do ser humano que, em muitas ocasiões, tornou-se inclusive um traço positivo, como já diziam os clássicos da economia política, ao celebrarem a importância do autointeresse, como na célebre passagem de Adam Smith[1], na *Riqueza das Nações*: "Não é da benevolência do açougueiro, do cervejeiro ou do padeiro que esperamos nosso jantar, mas da consideração que eles têm pelo seu próprio interesse. Dirigimo-nos não à sua humanidade, mas à sua autoestima, e nunca lhes falamos das nossas próprias necessidades, mas das vantagens que advirão para eles" (Smith, 1996, p.74).

E tal interesse move o capital. Considerando tal fato, talvez o homem, tomado como um tipo ideal, não tenha a "indecência egoísta" (comentada por Woody Allen na epígrafe inicial) como sua maior característica. Evidentemente, alguns fazem desta a sua principal característica, sobretudo, pela sua ganância, vaidade e covardia, extremos da aplicação do autointeresse; mas seria importante que pudéssemos dar um desconto a ele: essencialmente, é um ser que se defende com as armas disponíveis, buscando satisfazer

---

[1] A publicação de *Uma investigação sobre a natureza e as causas da riqueza das nações*, por Adam Smith, em 1776, é convencionalmente conhecida como o marco inicial da Ciência Econômica. Sob influência de Thomas Hobbes e Claude Helvétius, Smith analisou a economia como um universo separado da moral e livre das concepções metafísicas, uma dissociação do mundo do egoísmo (economia) ao mundo da simpatia (moralidade). Sob tal contexto, o homem na economia agiria de maneira egoísta, um marco emancipatório da economia em relação à filosofia. Em obra anterior, *Teoria dos Sentimentos Morais*, Smith se centrou na moral, sob influência de Francis Hutcheson e David Hume, explorando o desejo humano de ser aprovado através do autocontrole, atingindo, assim, a simpatia.

suas necessidades (essenciais ou induzidas) e seu sentido de sobrevivência.

Esse instinto de sobrevivência nos trouxe até aqui, para o bem ou para o mal. Nesse mesmo sentido, os últimos três séculos, especificamente, nos trouxeram um grau de desenvolvimento científico e tecnológico espetacular que nos permitiu uma situação de conforto frente à natureza antes quase inimaginável. Atualmente, qualquer cidadão de classe média paulistano (e não estou falando de países ricos) pode ter acesso a uma qualidade de vida superior à de aristocratas do século XVIII. Óbvio que a criadagem e a pompa não são as mesmas, mas as condições de higiene, proteção do frio e acesso a tratamentos e medicamentos básicos contra doenças relativamente simples para essa camada média da população é muito superior ao que dispunham classes altas no passado. Vivia-se menos, sob condições bastante árduas, e se morria muito mais fácil há até bem poucas décadas. Se alguns dos aristocratas da época antiga passavam por esses perrengues, perdiam seus filhos e morriam cedo, é de se imaginar que a situação do cidadão comum fosse muito mais complicada: Engels (1975) já falava da difícil condição da classe operária inglesa em Manchester (e também em outros centros industriais, como Londres, Dublin, Edimburgo) no século XIX: "As ruas, de hábito, não eram planas ou pavimentadas, eram sujas e cheias de detritos, restos de animais e vegetais, sem esgotos ou canais de escoamento, mas semeados de charcos estagnados e fétidos" (p. 99). Já Emile Zola (2006), em seu libelo de luta de classes, *Germinal*, mostrava as difíceis condições de vida dos operários franceses das minas de carvão no mesmo século (interessante é que governantes de nações importantes querem voltar a investir forte nesse combustível em pleno século XXI) e a luta do quase herói Ettiene na organização dos trabalhadores por melhores salários. Fome, calor, frio, condições de trabalho insalubres foram retratados com grande vigor, mostrando a situação vivida pelo trabalhador comum da época, em sua busca por melhores condições de vida e de salários. Luta de classes, aliás, seria o fundamento da evolução na visão de Marx: a percepção do eu e nós contra os outros, na luta emancipatória do operariado. Hoje em dia, essa ideologia emancipatória também entrou em crise, o que traz custos indiretos (mas de impacto sólido) para a tão necessária cooperação entre as pessoas e os povos. A ideologia de luta de classes que fomentou a esperança nos séculos XIX e XX chegou a experimentar um arremedo de situação real, mas foi superada nos últimos tempos por uma pretensa não-ideologia ou o culto à lei da oferta e da demanda pautada no autointeresse, novo dogma monolítico.

Apesar dos avanços dos últimos séculos, mesmo nos dias atuais, ainda nos defrontamos com condições de vida precárias similares em muitos cantos do planeta e, mormente o incessante crescimento do PIB (produto interno bruto) global, verifica-se, também, a contínua deterioração dos indicadores de qualidade de vida em muitos países. A África, sempre ela, quase sempre esquecida das grandes discussões econômicas mundiais, ainda é palco de acontecimentos e exploração da mesma monta. No mundo todo, 821 milhões de pessoas ainda passam fome, segundo o relatório *The State of Food Security and Nutrition in the World 2018*, da FAO. A grande maioria das milhões de pessoas que sofrem de insegurança alimentar vive em países afetados por conflitos. Desde 2010, com o aumento dos conflitos violentos, estabeleceu-se também a tendência de aumento no número de desnutridos nesses locais em guerra.

A África foi a região onde a fome assolou em maior proporção. Quase 21% de sua população estava subalimentada em 2018: 256 milhões de pessoas, das quais 236 milhões eram da região subsaariana, 30,4% a mais em relação aos 181 milhões de famintos contabilizados nessa região do mundo em 2010. Em termos absolutos, a Ásia lidera com 515 milhões, 11,4% de seus habitantes. No Brasil, a fome atinge 2,5% de sua população. Um aspecto que ganha cada vez mais importância é o aumento da obesidade. No mundo, em cada oito adultos, um já é obeso; no total, são mais de 672 milhões de pessoas.

Mais do que preocupações de ordem estética, a obesidade já pode ser considerada uma doença, além de ser um fator de risco para hipertensão, diabetes e doenças cardiovasculares, por exemplo. A epidemia se deve a mudanças no padrão alimentar da população em geral, que, nas últimas quatro décadas, trocou a alimentação tradicional de cada país – composta principalmente por cereais, verduras e carnes – por alimentos ultraprocessados, ricos em gorduras saturadas que fazem o alimento durar mais, são relativamente mais baratos e movimentam uma indústria global trilionária.

Na Ásia, ao lado das potências econômicas China, Japão e Coreia do Sul, países como Laos e Bangladesh, entre outros, vivem também em situação de penúria. Nas Américas Latina e Central, a situação não é diferente. No Brasil, após uma década fora da realidade de sua história, o País despertou do sonho e despencou num velho pesadelo às voltas com as mesmas dificuldades de sempre: se a classe média paulistana consegue um padrão de conforto bastante satisfatório, mesmo dentro da mesma cidade podemos observar pessoas em condições miseráveis, sem acesso a serviços básicos de saneamento, educação e saúde, requisitos essenciais para o desenvolvimento humano. Em outras palavras, em pleno século XXI, existem parcelas expressivas da população mundial vivendo em condições similares à dos moradores de Manchester retratados por Engels há quase 200 anos. E, atualmente, esse quadro está sendo novamente agravado por uma crise macroeconômica, política e institucional, que gera milhões de desempregados, concentra renda e destrói o próprio habitat. A ação econômica do homem já coloca em risco as condições de vida do planeta.

A nova safra de problemas é muito mais complexa e refere-se muito menos ao embate entre homem e natureza do tempo passado, quando os mistérios tinham de ser resolvidos e desmistificados para diminuir alguns problemas hoje considerados banais; na atualidade, grande parte dos problemas – o ambiental, entre eles – deve-se não a uma ignorância sobre os fluxos da natureza e seus potenciais impactos, mas, principalmente, a uma demanda crescente de recursos naturais criada por uma lógica de convivência em sociedade que prescinde maciçamente desses recursos, mas que cria uma série de desigualdades e conflitos em seu acesso, com custos e impactos socializados, o que não ocorre de maneira similar conquanto aos seus benefícios econômicos. A manutenção de certas estruturas e formas de vida pode ser bastante interessante para determinadas parcelas da população (cada vez menores, mas extremamente mais ricas), a despeito dos problemas e impactos que tal forma de agir possa estar causando a outras parcelas muito maiores e no seu próprio habitat (de todos os seres humanos). Para a continuidade dessas estruturas, mais do que a imposição forçada, arbitrária, são fomentados mecanismos "suaves" que acabam por construir um verdadeiro caldo de cultura, o qual assimilamos desde o nosso nascimento, sem que percebamos que o estamos fazendo, e nos impelem a manter – ainda que inconscientemente – o curso em voga. Superação pessoal no sentido do mercado é a pedra de toque do comportamento humano hoje em dia. "Foco no resultado" ou "acelera" são alguns dos lemas básicos.

Os problemas continuam a ser tratados como se não tivessem relações entre si e cada ramo da ciência busca uma solução ideal dentro das suas próprias delimitações. Na realidade, trata-se de um círculo vicioso de condições. O fato é que os problemas se avolumam a cada dia e se tornam cada vez mais complexos. Soluções parnasianas, de burilamento de métodos internos muito peculiares, como no caso da Ciência Econômica, cada vez mais demonstram a sua inadequação na tentativa de real solução dos problemas enfrentados e inclusive – talvez seja este um de seus objetivos – afastam-se de uma visão ampla sobre o tema, ao se concentrar em aspectos menores, sem que exista a perspectiva de se abordar um conhecimento que dê forma ao todo. Dessa forma, a premissa adotada neste trabalho é a de que questão ambiental deve ser trabalhada *não como resultante de um relacionamento entre homens e natureza, mas como uma faceta da relação entre os homens com um entendimento específico do papel da natureza, o que é ao mesmo tempo um problema econômico, político e cultural.*

Para expor tais questões, as perguntas iniciais são: o que sabemos? E o que fazemos? Para tentar respondê-las e entender o *gap* existente entre os dois pontos, optei por falar de conhecimento científico e econômico, conflitos, fatores motivacionais (não de autoajuda) que impelem a determinados comportamentos econômicos e culturais e, finalmente, afirmações de poder, indução, possibilidade de arranjos e incentivos a comportamentos cooperativos, por meio de políticas (e estratégias) deliberadamente instruídas para esse fim, assim como medidas possíveis em termos político--econômicos (como uma verdadeira reforma tributária socioecológica). A partir da análise desses aspectos, a questão fundamental: o que deveríamos fazer? Existem caminhos e eles passam, necessariamente, por um maior esclarecimento dos indivíduos e, principalmente, por uma revalorização da cooperação social. Com tal motivação, este trabalho foi estruturado em cinco capítulos, além desta Introdução e das suas Conclusões (ou tentativa de).

O primeiro capítulo enfoca a questão do autointeresse e argumenta a necessidade da intensificação da ação coletiva para superar as principais dificuldades vividas na atualidade: a mudança climática e a desigual distribuição de renda dentro dos países e no planeta como um todo. Após dissertar sobre a questão do altruísmo e da cooperação, é introduzida, no final deste capítulo, a ideia de bens e recursos de uso comuns como fator-chave para o encaminhamento do tema.

O Capítulo 2 tem o objetivo de expor os registros da pressão econômica sobre a natureza e a interpretação da ciência econômica a respeito de tal fenômeno, destacando o crescimento exponencial registrado nos últimos séculos que fomentou o mito do desenvolvimento econômico que poderia ser estendido a todos, mas trouxe também sérios problemas relacionados à sobreutilização dos recursos naturais disponíveis. E isso traz sérias complicações para o arcabouço da ciência econômica convencional constituída (embora ela ainda insista em não o perceber). O capítulo é finalizado com a exposição da sociedade de risco e dos chamados riscos biográficos que conduzem a sociedade atual a uma situação em que a própria crise global é, muitas vezes, travestida de crise pessoal; no que é democrática, afetando tanto pobres quanto ricos.

O consumo e seus valores são o tema principal abordado no Capítulo 3. Além de estimular o crescimento econômico capitalista, o consumo exacerbado (o consumismo) faz com que os sistemas naturais sejam pressionados, mas, principalmente, é fomentado por uma "pedagogia" específica que conduz as pessoas a tal tipo de comportamento sem que mesmo se deem conta de que o fazem. Técnicas de mercado com grande aparato tecnológico, controle da mídia e dos canais de comunicação são utilizados para que o cidadão moderno se distancie cada vez mais de uma reflexão e compreensão maior dos seus atos e da forma como vive. Não se trata de um processo natural. Para tratar de uma possível cultura de sustentabilidade, são introduzidos alguns elementos, como a formatação de uma possível "pedagogia" específica que poderia até mesmo se utilizar de alguns dos recursos da moderna economia comportamental: os famosos *nudges* ("empurrões") para que as pessoas possam tomar decisões visando a sustentabilidade e melhores medidas de bem-estar.

O Capítulo 4 trata dos temas relacionados aos instrumentos de viabilização de possíveis prescrições mais sustentáveis: são as políticas, soluções, incentivos e, possivelmente, regras comuns necessárias para que possamos superar o intervalo entre o que fazemos atualmente e o que deveríamos já estar fazendo. Para isso, são abordados aspectos como políticas indutoras, propostas de reforma fiscal básicas, enfatizando o meio ambiente, e uma proposta mais radical que deveria sobretaxar recursos naturais de forma que pudessem expressar o seu valor real de escassez e de equilíbrio ecossistêmico. Para isso, no entanto, é de fundamental importância o conceito de recursos comuns já introduzido no Capítulo 1, mas numa escala ainda maior, o que só seria possível com a ampliação das discussões sobre o chamado patrimônio comum da humanidade. Uma mudança de valores em escala global, enfim.

No Capítulo final é tratado o tema essencial do trabalho, o que é relacionado a uma necessária mudança ética e à introdução de uma racionalidade ambiental. Para chegar a este ponto, trouxe à baila o ideal de cientificidade a partir da abordagem de Thomas Kuhn, que vai nos fornecer a ideia de paradigma que será retomada ao final do capítulo como o "coletivo de pensamento", a sua versão embrionária e por isso, muito mais abrangente. As diferentes ideias e visões passadas sobre a natureza e o papel do homem (como mestre ou administrador, por exemplo) são retratadas para mostrar como vivemos o apogeu de uma lógica puramente antropocêntrica que está próxima de seu limite. A partir deste momento, caminharemos para as conclusões deste trabalho, que procurou mostrar o cenário de insustentabilidade interno e externo do modelo econômico em que vivemos. Interno por possuir e fomentar diferenças sociais e econômicas, promovendo cada vez maior concentração dos benefícios econômicos da exploração do planeta. Externo, ao se defrontar com os limites naturais para a sua continuidade. Na tentativa de superação deste monumental problema, é preciso voltar a discutir alguns aspectos essenciais da vida, questões ligadas às noções de igualdade, liberdade e cooperação – uma sadia vida em grupo – para podermos conceber uma nova utopia ecológica e social.

Agradecimentos

O desenvolvimento das minhas ideias sobre economia e sobre a questão ambiental tem se beneficiado muito nos últimos anos do debate e convívio com os meus colegas do Departamento de Economia da Escola Paulista de Política, Economia e Negócios (Eppen) da Universidade Federal de S. Paulo (Unifesp), do qual participo desde 2012, a quem, por isso, agradeço coletivamente.

Mas este livro foi gestado deste o final de meu período de pós-doutoramento no Departamento de Saúde Ambiental da Faculdade de Saúde Pública da USP (isso em meados da década passada...). Desde sempre, a professora Helena Ribeiro foi a sua maior incentivadora, a quem devo os maiores agradecimentos por acompanhá-lo, lê-lo e por apresentar suas sempre pertinentes observações, desde as suas versões embrionárias.

Alguns amigos tiveram papel especial na sua concepção e desenvolvimento, tendo lido e criticado as primeiras versões integrais deste material e feito importantes sugestões. Júlio César Zorzenon Costa, Onildo Cantalice, João Tristan Vargas e o autor da sua apresentação, Clóvis Cavalcanti, cumpriram tal papel. Suas leituras e observações críticas e generosas foram fundamentais para a sua formatação final. Eventuais erros e omissões são, evidentemente, de minha total responsabilidade.

Agradeço também a aqueles que, mesmo mostrando suas discordâncias, dispenderam seu tempo não apenas em criticar e a me persuadir, mas também em elogiar, sugerir e concordar quando assim o analisaram, o que tornou o livro significativamente melhor. Neste sentido, sou muito grato a Wagner da Costa Ribeiro, Tadeu Fabrício Malheiros, Wanda Risso Gunther e a Nely Aparecida de Melo Thery.

Gostaria ainda de agradecer às editoras de revistas e livros onde os primeiros excertos deste livro foram publicados, bem como aos organizadores de congressos onde versões preliminares de alguns dos capítulos foram divulgados e discutidos, como o XII Encontro Nacional da Sociedade Brasileira de Economia Ecológica, realizado em Uberlândia-MG (setembro de 2017) e no XV Coloquio Internacional de Geocrítica, da Universitat de Barcelona-Espanha (realizado em maio de 2018).

1 | PRIMAZIA DO AUTOINTERESSE E A IMPORTÂNCIA DA AÇÃO COLETIVA

> *"Saiba disto: nos últimos dias sobrevirão tempos terríveis. Os homens serão egoístas, avarentos, presunçosos, arrogantes, blasfemos, desobedientes aos pais, ingratos, ímpios, sem amor pela família, irreconciliáveis, caluniadores, sem domínio próprio, cruéis, inimigos do bem, traidores, precipitados, soberbos, mais amantes dos prazeres do que amigos de Deus, tendo aparência de piedade, mas negando o seu poder. Afaste-se desses também".* (2 Timóteo 3:1-5)

No imaginário escatológico fomentado pelas produções de cinema e séries de televisão, o futuro da humanidade já está irremediavelmente perdido. As distopias, aquela visão obscura do vir a ser, que antes eram vistas em romances muito críticos ou marcados por um doloroso ceticismo que estimulava o livre pensar (*Admirável Mundo Novo, 1984, Laranja Mecânica...*), tornaram-se comuns, populares e até mesmo *fast food*, no qual o fim do mundo virou diversão. Guerras nucleares e sequelas do aquecimento global convivem agora com generalizadas invasões de zumbis e percepções de um mundo pós-apocalíptico sombrio que remontam uma volta às origens do ser humano, envolto em batalhas diárias pela sobrevivência, nas quais enfrenta inimigos desconhecidos, guiados no mais das vezes, por "outros" que representam a face do mal (quem seriam eles?). A lista de tais obras já é extensa, mas, apesar da catástrofe, são basicamente infantis, pois são criações para o mero entretenimento. Constituem mais um produto da indústria da diversão e do consumo rápido a refestelar o planeta e a faturar milhões (em alguns casos, bilhões) de dólares.

Esse sentimento de fim dos tempos deverá ser mais discutido e aprofundado pela sociedade e seus estudiosos nos próximos anos e décadas, mas certamente já expressa um espírito do tempo contemporâneo. No entanto, o que causa maior estupefação (ou pelo menos deveria) é que o pessimismo em relação ao tempo futuro convive placidamente com uma passividade mórbida conquanto aos esforços necessários para mudá-lo. No imaginário do limiar dos tempos, alguns milionários investem para descobrir a solução e o segredo para a vida eterna (para se tornarem os seres imortais trans-humanos, numa lógica à parte), enquanto outros buscam se preparar para uma possível hecatombe se resguardando em abrigos nucleares (em muitos casos, antigas instalações remanescentes da Guerra Fria, construídos propriamente para esse fim). Já existem vários empreendimentos com tal propósito nos EUA e Europa, voltados aos endinheirados do planeta para que estes se protejam do apocalipse, mas com todo o conforto necessário (afinal, não é qualquer um que vai morar lá): trata-se de uma classe de humanos especial que acredita sobreviver ao previsível fim do mundo por possuir muito dinheiro. Outra possível saída é montar um *bunker* em um lugar longínquo como a Nova Zelândia, distante dos outros países e pouco habitada, em tese menos visada e, tecnicamente, ao menos em tese, menos sujeita a sofrer bombardeios no caso de uma guerra nuclear. Outros já buscam a saída em Marte. É assim que pensam, por exemplo, muitos dos milionários e cabeças privilegiadas do Vale do Silício. Com seus imensos recursos financeiros, porque não investi-los em projetos para tentar diminuir os riscos, expandir a consciência do perigo e desta forma, beneficiar a si mesmo e também ao resto da população? Não, buscam saídas individuais, seguindo o velho lema "salve-se quem puder".

Bombardeios e hecatombes. Isso é o que passa pela cabeça dos milionários. E nas cabeças dos pobres mortais, que não podem sequer esboçar os seus planos de fuga? Estes tocam suas vidas imaginando que fazem escolhas e possuem autonomia e liberdade em suas decisões. No entanto, tornaram-se fundamentalmente consumidores, superficiais, cada vez mais envolvidos na busca por mercadorias que possam lhes trazer sensações e arremedos de felicidade, o entretenimento do fim dos tempos, para quem os produtores de filmes e séries distópicas têm mais um produto a oferecer. As postagens frenéticas nas redes sociais mostram muito desse comportamento, em que todos buscam transparecer felicidade e realização apresentando aos demais o seu alto padrão de consumo de bens e serviços (no mais das vezes, fictício), mesmo em meio às agruras diárias[2]. Karl Marx já havia denunciado o "fetichismo" da mercadoria[3] (1983), ao observar que, na relação capitalista, o produto do trabalho se distancia e se aliena do trabalhador e da sociedade, e então se autonomiza como mercadoria, uma categoria que passa a adquirir identidade própria. O tal fetichismo se expressaria pelo fato de que as relações de produção entre os indivíduos, estabelecidas na sociedade pela propriedade privada, não se instituem de maneira imediata, mas sim por meio do intercâmbio das coisas no mercado, através da compra e venda de mercadorias, ou seja, assumem a característica de uma mercadoria, e, com efeito, adquirem o caráter de relações entre coisas e se convertem supostamente em propriedades das coisas, das mercadorias. E tais propriedades, travestidas de necessidades, passaram a dominar os próprios homens. Por meio delas, mostram a sua identidade (ou o que imaginam ser) e buscam o seu reconhecimento e pertencimento.

---

[2] As postagens frenéticas no Facebook ou Instagram (ou outras redes sociais) me fazem lembrar dos replicantes tristes de *Blade Runner, o caçador de androides*, de Riddley Scott (1981), aqui comentados por David Harvey (2014, publicado inicialmente em 1988): "[...] o conflito ocorre entre pessoas que vivem em escalas do tempo distintas e que, como resultado, veem e vivem o mundo de maneira diferente. Os replicantes não têm história real, mas talvez possam combinar uma: a história foi, para todos, reduzida à prova da fotografia" (2014, p. 281).

[3] A origem do caráter místico da mercadoria foi uma das primeiras indagações de Marx e um dos pilares de seu pensamento. Para ele, "o misterioso da forma mercadoria consiste, portanto, simplesmente no fato de que ela reflete aos homens as características sociais de seu próprio trabalho, como características objetivas dos próprios produtos do trabalho, como propriedades naturais sociais dessas coisas, e, por isso, também reflete a relação social dos produtores com o trabalho total, como uma relação social existente fora deles, entre objetos. Por meio desse qüiproquó, os produtos do trabalho tornam-se mercadorias, coisas físicas, metafísicas ou sociais. [...] a forma mercadoria e a relação de valor dos produtos do trabalho, na qual ele se representa, não tem que ver absolutamente nada com sua natureza física e com as relações materiais que daí se originam. Não é mais nada que determinada relação social entre os próprios homens, que para eles aqui assume a forma fantasmagórica de uma relação entre coisas" (Marx, 1983, Livro Primeiro, p. 71).

O bombardeio de informações dispersas e cada vez mais incoerentes (em tempos abundantes de *fake news* e de obscurantismo estimulado) a que as pessoas são submetidas o tempo todo dificulta o aprofundamento da experiência e permite apenas a formulação de julgamentos rasos, às vezes apaixonados; no mais das vezes, apenas irracionais, no sentido de falta de conteúdo ou consistência lógica. Mas, no fundo, o sentimento do mundo parece dizer: "vem aí uma tormenta" (como no final do primeiro *Exterminador do Futuro*, de 1984), mas nada podemos fazer a não ser esperar que isso demore ao menos um pouquinho mais e que, nesse tempo que nos resta, continuemos tocando as nossas vidas como sempre fizemos e, tentativamente, cada vez com mais conforto e prazer rápido ("se o fim do mundo está aí, relaxe e goze" é um mote). Embora sejam muitos os que tenham consciência ou percepção dos problemas vividos e do seu aprofundamento vertiginoso – no qual parecemos caminhar para um funil e não sabemos o que podemos esperar após atravessá-lo –, percebe-se também um sentimento muito forte de impotência diante da magnitude do problema. Talvez seja esse outro grande desafio dos dias atuais: dados os meios existentes, o indivíduo conseguir visualizar sua própria importância e por si só voltar a descobrir e definir os seus reais anseios, objetivos de vida e ideais de felicidade (que se tornaram apenas produtos, mercadorias) e, finalmente, voltar a lutar por eles. O discurso (não somente) do fim das ideologias coincide temerariamente com a lógica do fim dos tempos, e nela, de que adiantaria um esforço individual se o mundo todo parece caminhar para esse sentimento de finitude e passividade conjunta e no qual o caos parece inevitável? Sabemos ou, ao menos, sentimos a proximidade do problema, mas o que fazemos? Além do desespero, o que restaria a não ser aproveitar os dias e poucos anos que nos restam? Para pobres e ricos, a solução parece ser a mesma: "agora é cada um por si", uma derivação do "salve-se quem puder".

    O ensimesmamento e o isolamento pessoal não nos instigam mais a pensar em grupo, muito menos a buscar as soluções que precisam ser construídas coletivamente, uma necessidade ur-gente. Cada um assume seus problemas como fracassos pessoais, estimulados por uma cultura que assim os faz interpretar. O ideal utópico, que mobiliza e transforma, deixou de dar o ar da graça. Sobram as divertidas distopias vendidas como entretenimento e utilizadas como torporizadoras da consciência.

Segundo o sociólogo francês Alain Touraine, "o indivíduo, se não se constitui em sujeito, é constituído como Si-mesmo pelos centros de poder que definem e sancionam seus papéis. Estes não são neutros, técnicos, eles não são constituídos pela divisão técnica do trabalho e pela diferenciação funcional das diversas instituições. Aqueles que consomem a sociedade em vez de produzi-la e transformá-la são submissos aos que dirigem a economia, a política, a informação. A linguagem das propagandas e das publicidades tende constantemente a esconder este conflito central, a impor a ideia de que a organização da sociedade corresponde a "necessidades", ao passo que é esta organização que constrói necessidades que certamente não são artificiais, mas que estão de acordo com os interesses do poder" (Touraine, 1994, p. 247).

Com tal espírito, é possível identificar uma (ir)racionalidade que permeia a estrutura (e sua continuidade) no modo de viver contemporâneo e que, ulteriormente, reproduz esse movimento que conduz às grandes mazelas ambientais globais. Diante da magnitude e da escala do problema, o fato é que, quase inconscientemente, continuamos a fomentar essa máquina poderosa dia após dia e a torná-la cada vez mais forte. Muito menos do que tentar combater tal situação, os comportamentos assumidos tornam-no ainda mais poderoso. Para a grande maioria das pessoas, a relação de seu comportamento pessoal com a questão ambiental não é mais que fugidia, imersas que estão na resolução das suas questões diárias mais prementes: contas a pagar, relatórios a entregar, planejamento das férias, programas para o fim de semana, qual carro escolher e comprar... E nisso tudo, trabalhando duro, buscando suas soluções para o curto prazo. E com tantas coisas para resolver, alguém ainda vem e diz que ele pode ser responsável pelas mazelas do mundo? "Não, isso não é possível, sou apenas um passageiro deste ônibus...". Sim, tirando o cobrador e o motorista, somos todos passageiros; mas, de preferência, nós é que precisaríamos indicar o destino e o caminho para onde vamos (ou pelo menos deveríamos esperar que o motorista soubesse para onde está indo...).

Analogamente, um administrador razoável diria professoralmente que o mundo não pode prescindir de uma análise econômica de curto prazo ("sejamos realistas", diria ele). "Sem ela, não chegaremos ao longo prazo e sem o meio do caminho, apenas sobrariam a fumaça, os projetos e os devaneios", concluiria. Numa grande corporação, como um executivo que tenha ambição de crescer "na firma" poderia apresentar aos seus acionistas a perspectiva de redução de receitas e lucros no curto prazo, tendo em vista uma melhora das condições gerais de vida da população no longo prazo (ou de seus *stakeholders*, como agora são chamados)? Certamente, esse executivo não terá vida longa na organização e não faltarão candidatos para substituí-lo. Pensando de forma positiva, ainda que a iniciativa seja aceita, se as empresas rivais não fizerem o mesmo esforço simultaneamente, elas certamente abocanharão fatias de mercado da companhia magnânima, ganhando o seu chamado *market share*, e esta tenderá ao declínio. A pressão é constante, vem dos altos escalões e atinge a maioria das pessoas, que precisam, na medida do possível, dar a sua resposta. Para intensificar a pressão e injetar combustível no sistema, também crescem e são estimuladas as pequenas e as grandes ambições materiais (sonhos de consumo e poder: aquele carro importado, o iate, férias em locais paradisíacos em qualquer outro continente, o apartamento em Nova Iorque...), impulsoras para a realização das tarefas, que são divulgadas e socializadas como necessidades humanas e expressão de sua realização (a comparação com o vizinho pode ser uma característica natural, mas tornou-se economicamente impulsionada em nossa era).

  Assim é também o raciocínio de base entre países e entre os próprios indivíduos. A solução mágica preconizada para a saída do impasse e do estresse social é a manutenção do crescimento econômico (e a continuidade de tudo o que estamos fazendo, sob o mesmo molde), que nos permitirá desanuviar dificuldades e, possivelmente, delinear um novo cenário. Os problemas que potencialmente possam surgir serão resolvidos no seu devido tempo e a tecnologia tende a ser uma importante aliada nesse sentido, "afinal, desde que o mundo é mundo é assim...". Celso Furtado, apropriadamente, chamou tal sentimento de mito, o "mito do desenvolvimento econômico", que dá nome a um de seus importantes livros (Furtado, 1974). Segundo o mito, "os padrões de consumo da minoria da humanidade, que atualmente vive nos países altamente industrializados, poderão ser acessíveis às grandes massas de população em rápida expansão que formam a periferia. Essa ideia constitui, seguramente, um prolongamento do mito do progresso, elemento essencial na ideologia da revolução burguesa, na qual se criou a atual sociedade industrial" (Furtado, 1974, p. 16).

"Sem a reforma da previdência, o país não pode voltar a crescer", afirmam os economistas de mercado brasileiros; noutro canto do mundo, o primeiro ministro japonês diz: "os juros precisam ficar negativos para que voltemos a crescer". Ao mesmo tempo, analistas de mercado ao redor do mundo aguardam o relatório do FMI *World Economic Outlook*, com suas projeções de crescimento da economia global, para traçarem ou checarem os seus cenários vendo o que acontece no mundo todo. Estamos viciados em crescimento econômico, que se tornou uma referência de pensamento e modo de vida. Para os economistas de mercado, os mais bem remunerados financeiramente e, por isso, também os que mais argutamente fazem tal tipo de apologia, é ao que tudo se resume: "quanto o PIB vai crescer? Como fazer para crescê-lo ainda mais? Qual será o crescimento do faturamento da empresa? Como se amplia a rede de consumidores do produto?"; esse sentimento contamina a todos e, desde a década de 1970 (pelo menos), vem também vitaminado pelas assombrosas quantias relacionadas ao capital financeiro, muitas vezes superior ao volume físico do capital. Mas, *pari passu* ao crescimento contínuo e a uma inegável melhora das condições de vida de um razoável número de pessoas, o seu lado perverso revela também, além da mudança climática (que tende a afetar de forma democrática e temerária a vida de todos no longo prazo), uma grande concentração de renda em nível global, que é ainda mais estarrecedora em muitos países e mesmo dentro de seus territórios. Esses dois temas, certamente, constituem-se nos dois grandes problemas da atualidade.

Benefício concentrado

O crescimento econômico é desejado, incessantemente fomentado, mas o benefício e a riqueza gerada são extremamente mal divididos. Atualmente, apenas oito homens possuem a mesma riqueza que os 3,6 bilhões de pessoas que compõem a metade mais pobre da humanidade, de acordo com relatório publicado pela ONG Oxfam, a partir de dados levantados pelo banco global Credit

Suisse, apresentado em Davos, no início de 2017. Segundo o documento[4], a diferença entre ricos e pobres aumenta a cada ano, numa velocidade muito maior do que a prevista. Os 50% mais pobres da população mundial detinham menos de 0,25% da riqueza global líquida em 2016. Nesse grupo, cerca de três bilhões de pessoas vivem abaixo da "linha ética de pobreza" definida pela renda que permitiria que as pessoas tivessem uma expectativa de vida normal de pouco mais de 70 anos. E, contrariando uma possível lógica propositiva de soluções a combatê-la, essa tendência de concentração de renda vem se incrementando ainda mais desde 2009, após a megaoperação de salvamento dos bancos americanos, que expôs publicamente o mecanismo regulador concentrador de riqueza no país mais rico do mundo; e o Credit Suisse ainda acredita que parte dos recursos dos 1% e 10% mais ricos possa estar subestimado, o que tenderia a mostrar um quadro ainda mais concentrado.

Esse grupo de pessoas extraordinariamente ricas se distancia cada vez mais do resto da população, mas é o que "dita tendências, o que ostenta" e, para muitos, é objeto de culto[5]. Em 2007, o jornalista Robert Frank, do *Wall Street Journal*, que acompanhou a vida desses ricos personagens americanos no início da década passada, lançou o livro *Richistan – A Journey Through the American Wealth Boom and the Lives of The New Rich* retratando-os. "Os muito ricos se tornaram, de alguma maneira, culturalmente diferentes do resto dos EUA", disse ele à *Folha de S.Paulo* em entrevista à época. "Mostro como, mesmo que você tenha US$ 10 milhões hoje em dia, há algumas centenas de milhares de lares que ganham mais do que você. E é grande a probabilidade de que você não se sinta rico nos EUA hoje, mesmo com todo esse dinheiro; aliás, é mais provável que se sinta de classe média", o que fomentaria até mesmo a formação dos grupos de apoio aos "decamilionários" pessoas com mais de US$ 10 milhões que se reúnem para dividir suas preocupações. Segundo Frank, antes de 1980, a maior parte dos cidadãos "riquistanenses" (o "Riquistão" seria um país à parte) vinha de áreas como o petróleo, a indústria química, o aço, o setor imobiliário e a produção e venda de *commodities*. Mas as coisas

---

4 Disponível em <http://publications.credit-suisse.com/tasks/render/file/index.cfm?fileid=AD6F2B43-B17B-345E-E20A1A254A3E24A5>.
5 Há alguns poucos anos, numa cerimônia de formatura de alunos do curso de Administração de Empresas de uma das mais prestigiadas faculdades privadas do Brasil, a oradora da turma discursava: "Queremos ser capas da *Forbes*".

mudaram naquela década, com a emergência dos *wall streeters* e a desregulamentação do mercado financeiro, cada dia mais inventivo, sofisticado e, ao mesmo tempo, improdutivo. Com a nova safra, houve um salto. O número de milionários (em dólar) triplicou naquela década. E o número de bilionários pulou de 13 para 67 no mesmo período.

    Mas qual o problema de termos esses cidadãos altamente endinheirados? Afinal, eles não fizeram por merecer tal posição? Em grande parte dos casos, não seria a recompensa pela inovação, pela visão de longo prazo, pelo trabalho duro? Certamente que sim. E esse tipo de comportamento e busca foi ingrediente essencial para o sucesso do empreendimento capitalista no sentido da expansão e multiplicação da produção verificada nos últimos séculos. Mas uma percepção que ficou mais aparente para todos após a crise de 2008 é uma característica que Frank observou no Riquistão, os *"instapreneurs"*. Sua meta não seria mais "construir um negócio para gerações". Seria, na verdade, elaborar uma "estratégia de saída" mais rápida para o seu negócio. E isso não seria produzido diretamente pelas "forças do mercado". Essas forças do "livre mercado" precisam ser engendradas, alimentadas e dirigidas pela atuação política, pelo Estado cooptado. Programas de privatização e desregulamentação, por exemplo, inflaram numerosas fortunas pessoais. E as políticas tributárias e contábeis cuidaram de mantê-las a salvo do fisco. Em resumo: os milionários atuais empregam parte de sua renda para fazer ou comprar as normas.

    Esse cenário no qual os milionários capitalistas dominam o aparato estatal foi também tema de análise do sociólogo alemão Wolfgang Streeck (2018). Para ele, a retomada neoliberal ganhou força como reação às fortes demandas de democratização e proteção social, que culminaram com as manifestações ocorridas na Europa na década de 1960 e princípios dos anos 1970, que coincidiram também com o auge do feminismo e do ecologismo. A partir deste momento, o capital começou a se liberar do sistema de regulação imposto após a II Guerra Mundial e a crise de 2008 teria sido o ponto culminante do processo de dissolução do sistema democrático do Pós-Guerra. "O capitalismo após 1945 encontrava-se numa situação defensiva em todo o mundo. Tinha de se esforçar em todos os países do Ocidente, então em formação, para conseguir prolongar e renovar a sua licença social face a uma classe trabalhadora fortalecida na sequência da guerra e da concorrência de sistemas. Isso só foi possível graças às fortes concessões, previstas e possibilitadas pela teoria de Keynes: no médio prazo, sob a forma de uma política conjuntural e de planejamento estatal para garantir o crescimento, o pleno emprego, o equilíbrio social e uma proteção crescente da imprevisibilidade do mercado; no longo prazo, sob a forma de desaparecimento histórico progressivo do capitalismo num mundo de taxas de juros e de margens de lucro em níveis permanentemente baixos. [...] A assim chamada, na discussão téorica da Escola de Frankfurt, "fórmula da paz" foi mediada, tal como seu cumprimento foi supervisionado por um Estado intervencionista, que impunha disciplina ao mercado, planejava e redistribuia, tendo também de garantir os fundamentos para o negócio do novo capitalismo, sob pena de perder sua própria legitimidade" (Streeck, 2018, p. 72).

A tese de Streeck é a de que a liberalização do mercado se deveu, em parte, às iniciativas destinadas a "comprar tempo", para circundar o problema da difícil relação entre capitalismo e democracia. Uma transação que não se realiza apenas com dinheiro, mas também com regulações destinadas a expandir a mercantilização, a globalização e a financeirização. Neste processo evolutivo, cada crise superada é apenas o prelúdio de uma nova crise. Nesse sentido, o sociólogo alemão é especialmente crítico à perspectiva da Escola de Frankfurt (Claus Offe e Jurgen Habermas, especificamente) no tocante à análise otimista que fizeram na década de 1970 sobre o processo então vivido. Para Streeck, a perspectiva de Frankfurt falhou em seu diagnóstico por renunciar a uma parte chave do legado de Marx, ao subestimar o capital como ator político e força social estratégica, e também por superestimar o papel do Estado e da democracia. Isso lhes impossibilitou de estarem preparados para explicar três acontecimentos principais: o triunfo neoliberal e a expansão dos mercados autorregulados; a aceitação cultural dos modos de vida ajustados ao mercado (acompanhados de um intenso individualismo e consumismo) e as sucessivas crises econômicas a partir de 1970. Isto posto, desde os anos 1970, o que se vê na economia global é uma verdadeira rebelião do capital contra a economia do Pós-Guerra, na qual se sucedem crises de acumulação, não de legitimidade, que tensionam a velha questão da relação entre capitalismo e democracia. Enquanto o keynesianismo subordinou a economia à política, a nova etapa, que Streeck chama de "neohayekiana", separou a democracia da economia capitalista por meio de mecanismos impulsores de cobiça e medo, de maneira que a democracia redistributiva e social keynesiana foi substituída por uma combinação de Estado de direito e meios de entretenimento público.

Em 2008, a coincidência de uma tripla crise (bancária, das finanças públicas e da economia real) mudou as condições do capital, de forma abrupta. A crise bancária, devido às práticas abusivas e fraudulentas, mas, principalmente, pelo fato de que os bancos eram muito grandes para quebrar (*too big to fail*); a crise fiscal devido aos empréstimos contraídos para sustentar a crise dos bancos, que provoca um *deficit* público que passa a ser discutido paulatinamente com ideias de austeridade fiscal, e, finalmente, a crise da economia, manifesta em forma de recessão econômica, precarização do trabalho, desemprego e pobreza. A tripla crise seria resultado do colapso da pirâmide de dívida consistente com promessas de crescimento que o capitalismo já não é mais capaz de prover, aliado ao fato de que a reforma neoliberal também alcançou um ponto de crise. Depois de anos de privatizações e desregulações, o quase colapso do sistema financeiro internacional, em 2008, obrigou as autoridades públicas a elevarem as suas dívidas para salvar o sistema, aprofundando os *deficits* públicos dos Estados endividados ao redor do planeta.

Efetivamente, a intelectualidade neoliberal costuma invocar a ideia da Tragédia dos Comuns (que será abordada nos próximos capítulos, sob o prisma ambiental): basicamente, ela afirma que se um recurso não é de propriedade de ninguém e está à livre disposição de todos, a tendência é que rapidamente estará esgotado por superexploração. Na versão contemporânea neoliberal, seria como dizer que o fracasso das finanças públicas do capitalismo democrático seria produto de um excesso de democracia ("o dinheiro público é de todos e de ninguém") e a crise fiscal seria decorrente de um excesso de benefícios dados aos mais pobres (trabalhistas, previdenciários, saúde, educação...). Mas, argumenta Streeck, o problema não foi que o eleitorado tenha exigido mais pensões ou benefícios, e sim que os bancos, após o estouro das suas práticas especulativas, apresentaram como inevitável o seu resgate, para evitar o emprobrecimento coletivo, o que está realmente acontecendo. No Brasil, a despeito de os bancos não terem enfrentado a mesma crise, parte substancial da dívida pública é devida também aos altos custos financeiros de sua manutenção, viabilizados por uma política permanente de juros altos, que acabou por deprimir a capacidade de realização do Estado, ao mesmo tempo em que rentabilizou fortemente os resultados do setor financeiro.

Para Streeck, o neoliberalismo necessita de um Estado forte, mas não de um Estado democrático. Tal política não se preocupa por um Estado endividado sempre, e sim que os mercados tenham confiança no pagamento dos empréstimos. O problema seria o pouco que o sistema fiscal arrecada dos cidadãos de alta renda, o que aumenta as desigualdades ao impossibilitar a redistribuição. "A pobreza do Estado é a riqueza dos investidores" e isso facilita o controle dos mercados sobre as políticas que se sobrepõem aos interesses dos cidadãos. Esta questão, crise fiscal e transição do Estado fiscal ao Estado endividado, inaugurou uma nova etapa da relação entre capitalismo e democracia[6]. Saímos do período em que o capitalismo tentou conciliar uma espécie de "justiça social" para uma nova fase, na qual as demandas que foram acomodadas no período do Pós-Guerra perderam o seu lugar, para o que Streeck chamou de "justiça do mercado".

Tal situação descrita por Streeck favoreceu o surgimento dos super-ricos e inflamou os desequilíbrios contemporâneos. Os números do universo rico na atualidade parecem obra de ficção. Segundo o relatório da Oxfam, desde 2015, o 1% mais rico detinha mais riqueza que todo o resto do planeta e, de acordo com suas estimativas, ao longo dos próximos 20 anos, 500 pessoas deverão passar mais de US$ 2,1 trilhões para seus herdeiros – uma soma superior ao PIB da Índia, um país que tem 1,2 bilhão de habitantes.

---

6 O neoliberalismo para os países de capitalismo tardio, como o Brasil, possui uma outra cronologia e circunstância (privatizações e abertura comercial por aqui se iniciaram apenas nos anos 1990), sem terem necessariamente passado pelo período glorioso keynesiano em seu aspecto que privilegia o equilíbrio social. No caso, a política de planejamento estatal visava, sobretudo, criar as condições infraestruturais para o fomento da industrialização, a partir do qual adviriam, por consequência (em tese), os benefícios do crescimento econômico (o mito descrito por Furtado). Este processo de desenvolvimento foi viabilizado por tais políticas de cunho keynesiano visando à substituição de importações para o fomento da indústria nacional, a partir, principalmente, dos anos 1940, e foi seguido também pelos governos militares, mas entrou em crise justamente no período de ascensão das políticas neoliberais globais relatadas por Streeck. Ao contrário dos países desenvolvidos, o que se verificou no período foi exatamente o aumento da concentração de renda no País.

No Brasil, um país reconhecidamente desigual, apesar dos avanços das últimas décadas, o quadro é similarmente grave. Segundo estudo de Medeiros *et alii* (2015), a desigualdade é ainda mais alta do que se imaginava (o Brasil está no grupo de cinco nações em que a parcela mais rica da população recebe mais de 15% da renda nacional e o 1% mais rico do País concentra entre 22% e 23% do total da renda nacional, nível bem acima da média internacional) e permanece estável desde, pelo menos, 2006, o que contraria o que foi apregoado incessantemente pelos governos do Partido dos Trabalhadores. Para chegar à tal conclusão, os pesquisadores utilizaram dados do imposto de renda da pessoa física para recalcular a desigualdade. Tradicionalmente, o monitoramento da distribuição da renda no Brasil é feito com a Pesquisa Nacional por Amostra de Domicílios, a PNAD, um levantamento de qualidade técnica, mas que tende a subestimar os mais ricos.

O estudo destacou algo importante, mas que até o momento recebia pouca atenção: informação detalhada sobre os ricos faz muita diferença no resultado da análise, pois eles detêm uma parcela enorme da renda no Brasil, muito além do que se imaginava. A desigualdade de renda entre os adultos medida com o imposto de renda é substantivamente maior do que a medida na PNAD, levantada pelo IBGE. Enquanto na PNAD a desigualdade de renda caiu de 2006 a 2012, com os dados de imposto de renda ela foi estável durante esse período, com flutuações mínimas. O estudo mostrou que a renda no Brasil é mais do que concentrada, sendo extremamente concentrada. Quase metade da renda do País é recebida pelos 5% mais ricos, sendo um quarto pelo 1% do topo. A concentração é tamanha que um décimo de toda a renda de 2012 do País foi apropriada pelos 0,1% mais ricos, um grupo que tem cerca de 140 mil pessoas. E esse quadro é praticamente o mesmo desde, pelo menos, 2006. A Tabela 1, apresentada a seguir, mostra as diferenças existentes na aferição das rendas, quando são utilizadas as diferentes fontes de dados.

Tabela 1 - *Renda Mínima e Renda Média dos 0,1%, 1%, 5% Mais Ricos e Renda Média Total (R$ correntes) na DIRF e nos Levantamentos Domiciliares*

	DIRPF	POF	DIRPF	Censo	DIRPF	PNAD
	2008	2008/2009	2010	2010	2012	2012
0,1% mais rico						
Mínima (R$ milhares)	630,9	288,1	732,5	380	871,7	300
Média (R$ milhares)	1.804,10	466,6	1960,5	911,4	2.373,50	613,5
1% mais rico						
Mínima (R$ milhares)	141,2	124,2	168,7	127	203,1	120
Média (R$ milhares)	403,6	203,7	464,5	263,2	552,9	214,7
5% mais ricos						
Mínima (R$ milhares)	38,6	45	46,7	46,7	57,6	48
Média (R$ milhares)	140,3	95,9	164,6	109,8	197,7	99,7
Média: Brasil (R$ milhares)	15,1	12,4	18,1	13,6	20,4	15,1

Fonte: *Renda dos estratos - DIRPF 2006 a 2009; População - IBGE, projeções de população; Renda das famílias - estimada a partir das Contas Nacionais do IBGE; PNAD 2006 a 2012; Censo Demográfico 2010; POF 2008/2009. In Medeiros et alii, 2015*

Por exemplo, se os dados da PNAD são levados em consideração, a renda média brasileira, em 2012, foi de R$ 15,1 mil (equivalente a um salário mensal de R$ 1,3 mil) e a diferença em relação aos dados do imposto de renda seria de apenas 35%. No caso dos 0,1% mais ricos, a diferença seria muito maior (190%), quase três vezes maior ao que era estimado pela PNAD. Para fazer parte dos 5% mais ricos eterminados pelos dados da PNAD, bastava ter recebido, naquele ano, uma renda média mensal de R$ 8,3 mil. Já segundo os dados da Receita, teria sido necessária a obtenção de uma renda média de R$ 16,5 mil, uma diferença de aproximadamente 100%.

Para gerar igualdade de oportunidades

Retomando a questão da desigualdade, muito além da conjuntura econômica das últimas décadas. O que leva algumas pessoas a acumular grande riqueza, enquanto outras vivem na mais absoluta miséria? O esforço pessoal, o talento, a habilidade e também a sorte ajudam a explicar as distintas posições sociais. Mas, se as pessoas são diferentes, por que deveriam ser igualadas? O liberal de carteirinha: "onde fica a meritocracia nessa hora?". Pensando assim, talvez a questão não seja simplesmente igualar rendas, mas, principalmente, igualar oportunidades. Ou seja, disponibilizar ao maior número de pessoas possível a chance de poder realmente manifestar e explorar o seu talento ou habilidade.

O economista norte-americano Angus Deaton, Prêmio Nobel de Economia de 2015, argumenta: "é possível invocar muitos argumentos em favor da igualdade de oportunidades e da não penalização das pessoas que alcançam o sucesso graças a seu próprio trabalho duro. [Uma forma de medir a igualdade de oportunidades] é analisar a correlação entre a renda de pais e filhos. Em uma sociedade com total mobilidade e plena igualdade de oportunidades, não deveria haver nenhuma interdependência entre as rendas de pais e filhos e a correlação entre elas seria zero; em contraste, em uma sociedade de castas com direitos hereditários, em que os empregos são transferidos de uma geração para outra, tal correlação deveria ser 1 (um). Nos EUA, a correlação é de 0,5, a mais alta dos países da OCDE (Organização para a Cooperação e Desenvolvimento Econômico), superada apenas pela da China e de um punhado de países da América Latina" (Deaton, 2017, p. 192).

Os dados estatísticos brasileiros dão mais uma amostra desse raciocínio. A estrutura familiar pesa muito sobre o nível de rendimentos alcançados por eles no mercado de trabalho. No País, a correlação entre o nível de instrução dos pais e a renda de seus herdeiros é forte, revelou o suplemento de mobilidade sócio-ocupacional da PNAD de 2014, divulgado pelo IBGE. O nível de escolaridade das pessoas ocupadas está bastante associado ao nível educacional de seus pais. A diferença aparece quando se comparam pessoas que têm o mesmo nível de escolaridade. Em geral, aqueles que têm pais mais escolarizados ganham mais, embora o nível de instrução também impulsione o nível de renda.

Um percentual de 41% dos filhos de pais sem instrução está nas faixas de renda mais baixas, com rendimento de até meio salário mínimo (7,5%) ou de mais de meio a um salário mínimo (17,6%). O inverso acontece quando o pai tem nível superior completo. Nesse caso, 47,4% dos filhos ganham acima de cinco salários mínimos, podendo ultrapassar a faixa de rendimento de 20 salários. A idade em que os filhos começam a trabalhar também sofre influência da ocupação dos pais. O IBGE mostrou que filhos de trabalhadores cuja ocupação demanda menor nível de instrução formal e que têm menor renda acabam ingressando mais cedo no mercado de trabalho. O exemplo mais gritante é o dos trabalhadores agrícolas. Quando o pai trabalha no campo, 59,6% dos filhos começam a trabalhar antes dos 13 anos. Quando a mãe é trabalhadora rural, esse percentual aumenta ainda mais e vai a 65,9%.

Tais números evidenciam que grande parte do que conseguimos se deve a como teremos nos saído na loteria genética e social a que somos submetidos quando nascemos. Se viermos ao mundo numa família rica, as chances de maior sucesso profissional e financeiro serão evidentemente melhores; ao contrário, se viermos ao mundo numa família pobre, a chance de assim permanecer é bastante elevada. Por conta disso, muitas desigualdades são injustas; isto é, não seriam resultado de uma sociedade baseada no mérito e no destaque individual, mas sim decorrências de um sistema que tende a perpetuar vantagens e desvantagens. Muitos talentosos e habilidosos pobres acabam assim, desperdiçando os seus dotes. Existem exceções, é claro; e estas são incessantemente alardeadas ("a menina da periferia que foi aprovada em Harvard", "o rapaz pobre que ganhou prêmio internacional de matemática"), como se fossem comuns. "É só se esforçar que qualquer um consegue", diria aquela tia do interior. Estatisticamente, não é bem assim. O fato é que todos desejamos o melhor para os nossos filhos (ou, a grande maioria) e, no mais das vezes, não poupamos esforços para que isso se materialize. Mas, em algumas situações, esses grandes esforços não são suficientes, dada a baixa renda e principalmente, o *deficit* de informação. Mais do que igualar rendas, oportunidades e acesso são os ingredientes mais importantes. A melhoria da renda deveria ser uma consequência.

Abordagens de justiça social

Como tais desigualdades poderiam ser corrigidas? Aliás, seria possível um acordo para pensarmos numa sociedade mais justa? E, principalmente, o que ocorre quando a busca da igualdade entra em conflito com a liberdade? Em *Teoria da Justiça* (2011), publicado em 1971, John Rawls elaborou sua análise para tentar responder a essas questões. Para ele, a sociedade deveria oferecer "um sistema justo de cooperação social através do tempo e que possa se transmitir de geração para geração", embora estivesse sempre consciente de que não existe um acordo público tácito de como lograr tal intento.

Em sua *Teoria da Justiça*, Rawls recorreu a uma ideia clássica, buscando reformulá-la: a do contrato social, ou seja, o acordo tácito entre os cidadãos e o Estado. Hobbes, Locke e Rousseau já haviam utilizado esse conceito para explicar por que a sociedade é como é e por que criam e são necessárias algumas leis, e não outras. Rawls retoma a ideia para estruturar a sua visão de como deveria ser uma sociedade mais justa. Propõe, para isso, um experimento mental no qual precisamos imaginar que nos reunimos para buscar um consenso sobre os princípios fundamentais da sociedade. Mas com um detalhe que tende a fazer toda a diferença: não sabemos qual seria a nossa posição nesta futura sociedade. Isto é, se nasceremos homens ou mulheres, ricos ou pobres, se na Dinamarca ou em Botsuana. Também não sabemos se teremos boa saúde, se seremos inteligentes, nenhuma qualidade ou defeito. Enfim, não sabemos quais critérios poderiam nos beneficiar nesta vida, mas sim à sociedade como um todo. Seria o chamado "véu de ignorância", que Rawls chama de posição original. Seria uma boa oportunidade para se ver e pensar na posição do outro.

Segundo o filósofo americano, em tal situação (se formos sinceros), todos nos imaginaríamos na posição mais desfavorável (vai que na loteria da vida, apesar de sermos hoje ricos, belos e famosos, na próxima venhamos a reencarnar num deficiente físico e filho de uma família pobre no sertão nordestino, cheio de privações...), de forma a optarmos por acordos que criem uma sociedade que nos proteja (ou minimamente se preocupe com isso). Para tanto, Rawls acredita ser razoável chegar a dois princípios básicos de justiça: i) o primeiro asseguraria liberdades básicas e iguais para todos os cidadãos, como a liberdade de expressão e religião; ii) o segundo se refere à igualdade social e econômica. As desigualdades só seriam permitidas se beneficiassem os membros da sociedade em pior situação: o chamado "princípio da diferença". Na análise de Rawls, para saber se uma sociedade é justa ou não, não se deve mirar a riqueza total nem como ela está distribuída. Bastaria examinar a situação daqueles que estão em pior situação. Embora na pior situação, este está numa situação razoável, digamos, aceitável em termos de condições de vida e acesso? Teve oportunidades e as desperdiçou? Ou ele está nela por absoluta falta de oportunidades desde o seu nascimento?

Seguindo a linha tradicional liberal, para Rawls a desigualdade nem sempre é negativa, já que incentiva e permite que as pessoas trabalhem duro, usem seus talentos e recursos de forma inteligente ("o vento do norte fez os vikings", já dizia o manual de autoajuda). Para isso, a única justificativa para essas desigualdades é que acabem beneficiando os mais desprotegidos. Por exemplo, nesse caso, poderia ser uma boa ideia pagar mais aos médicos, mas não porque sua carreira seja mais difícil ou seu trabalho mais nobre (ou por ser mais difícil de passar no vestibular da Fuvest), mas sim para assegurar o provimento para que todas as pessoas tenham um atendimento médico e sanitário mais decente e assim exerçam em boas condições a sua liberdade de opinião e tomada de decisões.

Mas a experiência recente nos mostra que nem todo estudante de medicina tem vontade de ser sanitarista e, muito pelo contrário, muitos são os que pautam suas escolhas profissionais exclusivamente pela opção mais rentável em termos financeiros.

O princípio da diferença não se refere somente a arrecadar impostos para redistribuir a renda, mas, principalmente, para distribuir o que Rawls chama de "bens primários". Ou seja, as liberdades e os direitos dos que estão indefesos. Quais seriam estes "bens primários"?, a saber:

1. Liberdades básicas, que podem ser liberdade religiosa, de pensamento, entre outras, que permitem a base das faculdades morais;

2. A liberdade de movimento e seleção de emprego, entre um amplo leque de oportunidades;

3. A necessidade de que os cargos de responsabilidade tenham algum tipo de privilégio que permita desenvolver a capacidade das pessoas;

4. Salários e riqueza dirigidos à obtenção de uma ampla gama de objetivos. Esses bens são de uso universal; e

5. Por último, "as bases sociais do autorrespeito", sustentadas por instituições públicas, que possibilitam o sentido de valor de cada um, das faculdades morais e a confiança dos indivíduos em si mesmos para alcançar os seus próprios objetivos.

No liberalismo, se afirma que qualquer acordo econômico entre duas pessoas é válido e espelharia as relações (naturais) de mercado existentes (excesso ou escassez de demanda ou oferta), o que permitiria, por exemplo, trabalhar por menos do que o salário mínimo, ou até mesmo vender um rim (se a parte tiver interesse e a oferta for boa...). Se a pessoa quer fazê-lo, por que proibir? O problema, no modelo capitalista vigente, é que nem todos temos o mesmo poder na hora de negociar um acordo. Se o sujeito está há vários meses sem receber um salário e isso está lhe impedindo o acesso a bens mais básicos de alimentação, é muito provável que acabe aceitando condições espúrias que possam lhe ser impostas. Voltando ao caso do rim, qual a liberdade de escolha de vender o órgão a uma pessoa que se encontra em situação de extrema pobreza? Um dos objetivos do véu de ignorância é eliminar, embora apenas um exercício mental, essas diferenças de poder de negociação para chegar a um acordo básico que seja justo para todos.

Um dos maiores críticos de Rawls foi Robert Nozick, que publicou *Anarquia, Estado e Utopia* (2011), em 1974. Num resumo de suas ideias: "quanto menos Estado, mais justiça". Assim como Rawls, Nozick também parte da ideia de um estado natural hipotético parecido com a posição original. Mas, na sua análise, a partir de tais condições surge um Estado que detém o monopólio do poder e da força e garante a proteção das liberdades dos cidadãos, mas sem qualquer função como redistribuidor da riqueza. Se alguém quer dar parte de seu patrimônio ou renda em favor dos menos favorecidos, muito bem ("isso é problema dele"). Mas trata-se de uma opção e não de uma obrigação, pois, para ele, o termo "justiça distributiva" não é adequado. A riqueza não é algo natural e, por isso, deveria ser repartida: antes disso, a riqueza precisa ser criada. Quando as pessoas tomam decisões livres sobre assuntos econômicos ou financeiros, algumas terminam com mais dinheiro e outras com menos. Consequentemente, o que é importante é saber como essas pessoas conseguiram renda e sua riqueza, e não se têm mais ou menos dinheiro. Se, nesse processo, tiver ocorrido um intercâmbio livre, o resultado é justo. Mas, convenhamos, se tiverem comprado normas ou influenciado economicamente na formulação da legislação, não seria este o caso.

Apesar de sua argumentação, Nozick justifica a possibilidade de que existam desigualdades, mas não necessariamente as que existem na sociedade atual. Precipuamente, não houve sempre um mercado livre que tenha permitido a criação de riqueza de um modo justo e segundo decisões autônomas por parte das pessoas que participaram dessas transações. Num exemplo rápido: se a riqueza atual de uma família procede da venda de escravos, ou outra forma escusa, não se pode dizer que tenha tido uma origem justa. Nozick poderia, então, e apenas em situações como essas, admitir que esse tipo específico de desigualdade poderia vir a ser corrigida pela intervenção do Estado.

Além da crítica neoliberal de Nozick, a abordagem de Rawls foi também fonte de um profícuo debate com Amartya Sen. Ao identificar o problema da filosofia política moderna, que consistiria de duas posições antagônicas da tradição democrática que Benjamin Constant nomeou como o choque entre as liberdades dos modernos (Locke) e das liberdades dos antigos (Rousseau), Rawls buscou elaborar uma concepção política com base na ideia seminal e geral de *justiça como equidade*. O conceito de justiça como equidade ganha sentido sob o pressuposto de um sistema de cooperação social dentro de um regime democrático, no qual se articulam as instituições políticas, sociais e econômicas básicas (Rawls, 1996, p. 24).

Parte substancial da crítica feita por John Rawls se relaciona ao critério utilitarista que considera somente o bem-estar individual (promovido pelo autointeresse, no limite, egoísmo), deixando de lado o conceito de igualdade política. Ou seja, para Rawls, o utilitarismo vê apenas uma parte do problema. Daí o enfoque em uma justiça política que dê conta da igualdade, na qual toda pessoa possua igual direito a um regime pleno de liberdades básicas, que seja compatível com um regime similar de liberdade para todos; e as desigualdades sociais e econômicas deveriam satisfazer duas condições: estar ligadas a empregos e funções abertas, sob condições de igualdade de oportunidades, bem como devem beneficiar os membros menos favorecidos. Para conseguir essa igualdade é preciso cooperação social.

A resposta de Rawls ao problema da justiça é o início da reflexão teórica de Sen. Como visto, de acordo com a concepção liberal de Rawls, o que é necessário igualar na sociedade é o acesso dos indivíduos aos bens primários. Para Sen, mais do que o acesso à igualdade de bens primários, é importante pensar que o que precede a igualdade é a liberdade, uma vez que sem ela não poderíamos sequer decidir o que queremos. Mas não se trata unicamente da liberdade individual em sua versão utilitarista, mas a liberdade individual e a liberdade dos outros, ponto no qual o autor introduz o conceito de capacidade, que não é mais do que as combinações de alternativas que possui uma pessoa para fazer ou simplesmente ser. Dentro desse conceito de liberdade, Sen indica como se dá o desenvolvimento das capacidades dos indivíduos: alimentar-se, ter um lugar digno para viver, ser feliz, estar livre de enfermidades. A liberdade não se limita às escolhas do indivíduo, mas também por meio de políticas públicas de como se alcançar um maior grau de liberdade e, com ela, a capacidade de se alcançar o bem-estar e a felicidade, elevando a qualidade de vida dos indivíduos.

Desenvolvendo capacidades

Em *Desenvolvimento como Liberdade* (1998), Sen elabora uma crítica às diversas correntes do pensamento econômico liberal e utilitário anglo-saxão e evoca a importância das mensagens das tradições espirituais asiáticas, numa ordem mundial que identifica carente de compaixão. O economista indiano propõe, assim, uma "ordem mundial compassiva", que elimine a privação de liberdade dos seres humanos despojados e vulneráveis. Para ele, não existe nenhum âmbito da atividade humana que seja superior ou inferior a outro, nem uma forma de liberdade principal e outra secundária. Todas as liberdades são iguais e se fundem numa totalidade viva, coerente e concreta. Ou, ao menos, deveria ser assim. Esse é o objetivo.

A liberdade integral incluiria a expansão das capacidades humanas entendidas como os campos e as possibilidades de ação e identidade: as liberdades democráticas e os direitos humanos; as oportunidades sociais para alcançar uma educação e saúde de qualidade; a transparência das garantias que permitam uma fiscalização e o controle do poder, assim como o debate público; as facilidades econômicas para a obtenção dos recursos destinados ao consumo, ao comércio e à produção e, finalmente, a proteção da seguridade humana na luta contra a desigualdade, a pobreza, o desemprego e a fome. Tais conjuntos de liberdades podem ser diferenciados instrumentalmente, mas são complementares e constituem, ao mesmo tempo, meios e fins. Os meios, no caso, são fins que estão sendo elaborados ou que estão em processo de realização. O desenvolvimento consistiria exatamente na eliminação dessas carências e em fazer crescer tais liberdades integralmente para todos, superando as diferenças de origem social, raça, gênero e de localização nos diferentes lugares da ordem mundial. A administração de tais atributos se transforma na expansão da liberdade total.

A "capacidade", no esquema argumentativo de Sen, não seria apenas um conceito, mas uma perspectiva de análise. Ela se distinguiria de abordagens de avaliação individual e social, como "bens primários" (Rawls), ou a "renda real" clássica dos economistas. Para Sen, essas variáveis tradicionais consistem apenas em instrumentos para a realização do bem-estar e meios para a liberdade. A capacidade, por sua vez, implica a liberdade para buscar *funcionamentos* (parte dos elementos constitutivos do bem-estar e do estado de uma pessoa), além de desempenhar um papel direto no próprio bem-estar. A capacidade possibilita um reconhecimento mais completo "da variedade de maneiras sob as quais as vidas podem ser enriquecidas e empobrecidas" e concentra-se diretamente sobre a liberdade, e não sobre os meios para realizá-la: ela seria, assim, um "reflexo da liberdade substantiva". Nesse sentido, a capacidade de uma pessoa representa a sua liberdade de realizar bem-estar.

A liberdade de bem-estar reflete o conjunto capacitário de uma pessoa, isto é, a reunião total de suas capacidades. Ela pode mover-se em direção oposta à liberdade de condição de agente. Assim, liberdade e realização de bem-estar são também suscetíveis a esse movimento antagônico, em direções opostas. Sen explica, então, a pobreza como uma "deficiência de capacidade". Nessa visão, o papel das mercadorias deve ser substituído pelo conceito de funcionamentos (considera-se o "espaço de funcionamentos", e não o "espaço de mercadorias"). O que está em jogo na análise da pobreza é a capacidade de se realizar funcionamentos (e não as variáveis renda e mercadoria). De acordo com Sen, a pobreza não se traduz em rendas baixas, mas em capacidades básicas insuficientes. A caracterização da liberdade é estabelecida em função do conceito de capacidade; logo, a pobreza como uma deficiência de capacidade não é meramente um problema de falta de igualdade, mas também de falta de liberdade.

O escocês Adam Smith foi a fonte mais importante do pensamento econômico de Sen. A partir dele, Sen expõe seu próprio enfoque de liberdade como símbolo do desenvolvimento humano, fazendo uma crítica tanto ao utilitarismo clássico de Jeremy Bentham, quanto aos utilitaristas posteriores, como enquadra John Rawls e Robert Nozick. Para ele, o mercado é uma realidade global que deveria, como condição necessária para seu desenvolvimento, institucionalizar-se sobre a base de valores e regras de condutas diversas e pluralistas, assentadas na liberdade e na eficiência. O utilitarismo de Bentham e de seus continuadores coloca que a utilidade é uma fonte de felicidade, do desejo e da satisfação do desejo. Para estes, são esses valores e regras utilitários que deveriam reger o mercado.

Amartya Sen argumenta, conceitual e empiricamente, que o enfoque utilitário apresenta problemas e que por isso introduz distorções no mercado: tende a ignorar as desigualdades; não dá importância aos direitos e às liberdades e, finalmente, estimula a ideia de que as grandes massas excluídas do mercado e despojadas de suas liberdades são produtos de "condicionamentos mentais", assim como da carência de "atitudes para adaptação" ao mercado; seriam, enfim, uns "acomodados" e suas condições materiais seriam expressão de sua baixa adaptabilidade ao ambiente meritocrático do mercado. Nozick, idealizador da teoria libertária, estabelece a prioridade da liberdade individual como direito à propriedade sobre todas as outras liberdades do ser humano; estabelece a prioridade da liberdade individual, mas ignora as consequências dessa escolha nas liberdades substantivas de grande massa de pessoas, no que a opção de Nozick se distancia solenemente da liberdade integral e total de Sen. Rawls, por sua vez, coloca a prioridade da liberdade frente à equidade e à eficiência, assim como a preferência por aqueles que estão nas piores condições. A crítica de Sen é conquanto ao estabelecimento de uma hierarquia entre a liberdade – o primeiro princípio – e todos os outros valores a que se propõem – o segundo princípio. O economista indiano recusa uma ordem hierárquica entre as liberdades: para ele, todas são iguais, complementares e possuem uma relação de sentido entre os seus fins e seus meios.

Adicionalmente, Sen coloca a relação essencial existente entre o desenvolvimento como liberdade e a mais ampla democracia, o que possui uma significação múltipla: desenvolver e fortalecer o sistema democrático resulta num componente essencial do processo de desenvolvimento. O significado da sua democracia repousa em três virtudes distintas: 1) importância intrínseca; 2) sua contribuição instrumental e 3) seu papel construtivo na criação de valores e normas.

No capítulo "Cultura e Direitos Humanos" de *Desenvolvimento como Liberdade* (2010), Sen resgata também os valores espirituais asiáticos, para enfatizar a importância da liberdade. Nesse sentido, lembra que a reforma do hinduísmo realizada por Gauthama Buda há mais de 2.500 anos já assinalava a unidade intrínseca entre a contemplação e a ação, e indicava a necessidade de se optar pela compaixão, o "caminho do meio" frente aos extremismos. "Na tradição budista, atribui-se grande importância à liberdade, e a parte da teorização indiana mais antiga à qual se relacionam os pensamentos budistas contém amplo espaço para a volição e a livre escolha. A nobreza de conduta tem de ser alcançada em liberdade, e mesmo as ideias de liberação apresentam essa característica" (2010, p. 301). A partir das tradições espirituais asiáticas, o economista demanda a criação de uma "ordem mundial compassiva" fundada no valor da vida e da liberdade, uma nova ordem de valores e normas de conduta, frente a uma nova ética filosófica, política e econômica. "Meu ilustre conterrâneo Gauthama Buda pode ter demonstrado uma predisposição exagerada ao ver a necessidade universal do caminho do meio (ainda que não tenha chegado a discutir o mecanismo de mercado em particular), mas há algo a ser aprendido nas preleções sobre o não extremismo que ele fez há 2.500 anos" (2010, p. 151).

Como exemplo de tal tipo de conduta, cita o imperador Ashoka, budista nascido três séculos antes de Cristo, que governou compassivamente um vasto império na Índia, no qual criou mecanismos para assegurar a qualidade de vida e o bom governo para todos os habitantes. "Na esfera e abrangência da tolerância, Ashoka foi um universalista e exigiu que todos o fossem" (2010, p. 303). Adicionalmente, Sen também relembra a reforma intelectual e moral de Mahatma Gandhi e o Satyagraha (o neologismo criado por ele em 1906, que pode ser traduzido como "insistência na verdade", "força da alma" ou "força da verdade"), que aprofundou na unidade essencial todas as dimensões da existência humana e, a partir dela, desenvolveu um método de ação nacional de massa e não violento.

Na nova época, a mais importante questão da existência humana para Sen: "é difícil entender como uma ordem mundial compassiva pode incluir tanta gente atormentada por uma miséria extrema, pela fome persistente e por vidas miseráveis e sem esperanças, e porque a cada ano milhões de crianças inocentes precisam morrer por falta de alimento, assistência médica ou social" (2010, p. 358). Em 2015, a foto chocante de um menino sírio de três anos morto numa praia da Turquia correu o mundo e estampou capas de milhares de jornais e sites de notícias, evidenciando as agruras vividas pelos habitantes daquele país em guerra civil. À época, muito se discutiu sobre o tema e suas razões, mas logo ele foi esquecido, perdido entre as últimas notícias dos esportes e do entretenimento. Frente a tais realidade e condições, Sen evoca a unidade intrínseca entre a liberdade individual e o compromisso social. A compaixão se verifica não somente no atendimento aos iguais, como também aos diferentes. A responsabilidade sobre a vida e a liberdade dos outros seria essencialmente uma atitude global de solidariedade.

No quadro atual da humanidade, no qual o aumento da renda tão festejado pelos economistas pode conduzir a ainda mais problemas ambientais e desigualdade social, o que deveria, então, ser igualado? Evidentemente, renda é uma medida básica para se ver diminuída a sua desigualdade, o que poderia ser obtido – não é assim tão fácil – com políticas tributárias mais progressivas sobre ela e sobre a propriedade, bem como com políticas específicas direcionadas ao aumento do bem-estar das parcelas mais pobres da população, os princípios básicos da gestão social-democrata. Mas, para Sen, mais do que renda, o que deveria realmente ser igualada seria, no limite, a capacidade consciente de se efetuar escolhas ou de se exercer a liberdade sem se submeter a mecanismos de pressão. Sen atenta para um ideal há muito suplantado pela supremacia de mercado, o emancipatório. E esse tem sido um aspecto cada vez mais negligenciado na atualidade, na qual impera um modelo de cultura e código de valores relacionado que nos impele a um padrão de comportamento excessivamente pautado no consumo, quase obsessivo, para manter a máquina de produção funcionando.

Autointeresse e altruísmo

A cooperação social vislumbrada por Rawls e aprofundada por Sen no sentido da liberdade e da compaixão é uma necessidade real do nosso tempo. Mas é, ao mesmo tempo, um problema de ordem teórica, com evidentes implicações práticas. Para a economia e para a teoria econômica em si, especificamente, é um problema muito mais profundo. Isto se refere, por exemplo, à necessidade de introdução de um caráter cooperativo nas análises econômicas do meio ambiente – e na do sistema produtivo e nos hábitos das pessoas em geral. Combater o ensimesmamento, enfim; o que se contrapõe, em forte medida, ao indivíduo maximizador autointeressado, epítome do comportamento econômico idealizado pelos economistas utilitaristas. Quando o *Relatório Brundtland* (WCED, 1987) prega a solidariedade para com as gerações futuras, o que advoga é a necessidade de se revisar padrões de consumo e, principalmente, de adiamento de possíveis escolhas (as escolhas intertemporais). O indivíduo egoísta maximizador deve agora preocupar-se também com as futuras gerações.

Tradicionalmente tão distantes e perdidas no tempo ("ao Deus dará"), o fato é que, desde a popularização da questão ambiental e das repercussões do aquecimento global, as futuras gerações estão cada vez mais próximas. Para os mais antigos, quantas gerações seriam? Várias delas poderiam compreender séculos... Mas os alertas do IPCC[7] mostram que esse futuro pode estar muito

---

7 Criado em 1988 pela Organização Mundial de Meteorologia (WMO) e pelo Programa de Meio Ambiente das Nações Unidas (UNEP), o Painel Intergovernamental sobre Mudanças Climáticas (IPCC) é um órgão científico sob os cuidados das Nações Unidas (ONU). Ele não busca conduzir pesquisas ou coletar dados, mas analisar as informações científicas, técnicas e socioeconômicas mundiais, para compreender as mudanças climáticas. Como o IPCC é um painel intergovernamental, ele está aberto a todos os países membros da ONU e da Organização Mundial de Meteorologia e recebe a contribuição voluntária de cientistas de todo o mundo como autores, contribuintes e revisores. Essas pesquisas submetidas pelos cientistas podem ser aceitas, adotadas e aprovadas após análise e revisão, a fim de criar uma balanceada e rigorosa base de dados científicos.

mais perto do que gostaríamos e as "futuras gerações" podem ser mesmo a próxima (a de nossos filhos ou de nossos netos), daí a urgência da questão e a atualidade da necessidade de intensificação da cooperação para se lograr alguns objetivos básicos para a existência humana.

Na maioria dos cenários estudados pelo IPCC, os aumentos de temperatura da superfície global para o fim do século 21 devem ultrapassar 1,5°C em relação a 1850-1900, porém, podendo chegar a 2,0°C. Algumas das principais emissões de CO_2, metano (CH_4) e óxido nitroso (N_2O) foram feitas desde o início da era industrial. "Há apenas pouco mais de 20 anos, em 1995, o segundo relatório de avaliação das mudanças climáticas do IPCC calculava uma probabilidade maior que 50% de tais fenômenos serem causados preponderamente por atividades humanas. No terceiro relatório, em 2001, essa probabilidade subiu para 66%-90%. Em 2007, no quarto relatório do IPCC, ela era de 90%. Na primeira parte do quinto relatório do IPCC, divulgado em setembro de 2013, a ciência mostrava com 95% de certeza de que a atividade humana é a causa dominante do aquecimento observado desde meados do século XX" (Marques, 2016, p. 309). Ainda segundo o quinto relatório do IPCC (2013), as concentrações de gases de efeito estufa, dióxido de carbono (CO_2), metano (CH_4) e óxido nitroso (N_2O) aumentaram, desde 1750, por causa da atividade humana e elas excedem agora, substancialmente, as maiores concentrações registradas no gelo durante os últimos 800 mil anos.

Quando se aumenta a temperatura média do planeta de forma tão abrupta são geradas sérias consequências, das quais as mais decantadas são o aumento do nível do mar e as possíveis catástrofes climáticas, como tempestades e furacões. Mas os riscos são ainda maiores, pois podem conduzir também (ou melhor, intensificar) a guerras pelos recursos naturais, por conta de fatores multiplicados pelos efeitos do aquecimento global.

O aumento do nível do mar se daria pelo incremento da temperatura do planeta, já que induziria a fusão dos gelos das calotas polares e do gelo marinho, assim como dos glaciares. Quando isso acontece, eleva-se a quantidade de água que desemboca nos oceanos de todo o planeta, o que leva ao aumento drástico dos seus níveis, obviamente colocando em perigo as numerosas cidades situadas ao nível do mar. Na cidade de Santos — no litoral paulista —, por exemplo, as mudanças climáticas deverão provocar um aumento do nível do mar de pelo menos 18 centímetros até 2050, podendo chegar a até 45 centímetros em 2100. Se nenhuma obra de adaptação for feita, apenas com os danos aos imóveis, o município deverá ter um prejuízo de, no mínimo, R$ 1,5 bilhão até o fim do século. Um estudo realizado fez simulações de quais áreas da cidade serão inundadas periodicamente em cenários de elevação das marés de 18 a 23 centímetros, em 2050, e de 36 a 45 centímetros em 2100. "Mas essa elevação poderá chegar tranquilamente a dois metros durante a maré alta, as tempestades e as ressacas"[8].

As ondas de calor também deverão se ver potencializadas e se tornarão mais comuns nos próximos anos, dando lugar a enfermidades específicas, bem como podem desencadear muitos incêndios de grandes proporções. De maneira análoga, os padrões das chuvas também estão se modificando muito e as águas mais quentes dos oceanos alimentam a intensidade das tormentas e provocam um maior número de furacões extremamente devastadores, ocasionando inundações, danos às propriedades e mortes.

No polo oposto ao das inundações, as secas. Com o aquecimento do planeta, aumentam os períodos de seca e diminui a quantidade de água doce disponível, dificultando a operação da agricultura e, potencialmente, prejudicando a produção de alimentos; com isso, os objetivos de combate à fome do mundo tendem a ficar ainda mais distantes.

Um dos compromissos globais mais celebrados dos últimos anos, o Acordo de Paris, assinado em 2015, tem como objetivo manter o aumento das temperaturas médias globais em no máximo 2°C acima dos níveis pré-industriais, ao mesmo tempo em que tentariam limitá-lo a 1,5°C. Manter a média de aumento da temperatura global a mais baixa possível é a chave para limitar os impactos ambientais. Na ocasião, o Acordo foi aprovado pelos 195 países participantes que se comprometeram em reduzir emissões de gases de efeito estufa, mas já teve seu primeiro desfalque em 2017, com a saída dos EUA, sob o governo de Trump.

---

[8] Disponível em: <http://sustentabilidade.estadao.com.br/noticias/geral,clima-dara-prejuizo-de-r-1-5-bilhao-a-santos,70001940837>.

Segundo o informe anual do Programa das Nações Unidas para o Meio Ambiente (Pnuma)[9], que analisa o estado dos compromissos políticos em relação ao Acordo de Paris publicado em 2018, estamos ainda muito distantes de cumprir os compromissos de 2015 e, se continuarem as tendências atuais, o aquecimento global será de 3°C ao final deste século, que a partir daí passa a ser ainda mais drástico e catastrófico.

A primeira constatação do informe foi de que no ano de 2017 as emissões de gases de efeito estufa voltaram a aumentar após três anos de estabilidade, agravando a emergência climática e colocando em evidência a fragilidade das instituições políticas para limitar os efeitos da mudança climática. A segunda constatação do informe foi de que as medidas a serem adotadas para conseguir que se cumpra o objetivo de Paris devem ser triplicadas para que consigam lograr seu intento. A terceira constatação do informe: para se conseguir um aquecimento da ordem de 1,5°C será necessário quintuplicar os compromissos assumidos em 2015.

A escalada da temperatura é paralela à irresponsabilidade política. Em 2018, o Pnuma fez um levantamento do estágio dos compromissos assumidos pelos diferentes países e concluiu, por exemplo, que sete países do G-20, que representam 78% do total das emissões mundiais, estariam descumprindo suas obrigações: EUA, Argentina, Austrália, Coreia do Sul, Arábia Saudita e África do Sul. Em toda a Europa, ocorre o mesmo. Somente 57 países dos 195 estariam em um caminho de iniciar uma tendência de baixa antes de 2030. Em geral, para se obter um aquecimento global de 2°C em 2030, as emissões de gases de efeito estufa (GEI) deveriam ser 25% menores do que em 2017.

Para alcançar tal meta, o Informe de 2018 ofereceu uma nova perspectiva sobre ações requeridas para cumprir os objetivos. Os governos municipais, estaduais e regionais, as empresas, investidores, universidades e organizações da sociedade civil cada vez mais se comprometem com uma ação climática mais efetiva e são reconhecidos como elementos-chave para atingir as metas. Este cenário, se acompanhado por uma política fiscal, teria um potencial ainda maior, com a adoção de impostos aos combustíveis fósseis e

---

9 Disponível em: <https://wedocs.unep.org/bitstream /handle /20.500.11822/ 26879/ EGR2018_ESSP.pdf?sequence=19>.

medidas tributárias para subsidiar as alternativas de baixas emissões que poderiam estimular os investimentos corretos no setor energético.

Pelo sim, pelo não, o alerta está dado e o discurso de minimização precisa ir para a prática, mas a grande dificuldade de curto prazo que ainda persiste é a inserção do custo ambiental nos produtos, em tese, decorrente das prescrições ambientais mais exigentes, o que prejudicaria a dinâmica do mercado e provavelmente acirraria ainda mais as desigualdades no curto prazo. Países, empresas e consumidores ainda não se habilitam ao primeiro passo como efetivamente deveriam. Enquanto fazem operações cosméticas, preferem esperar para ver. É, na verdade, o autointeresse de curto prazo imperando mais uma vez. E por que isso ocorre?

No polêmico *O Gene Egoísta*, o biólogo inglês Richard Dawkins (1979) afirma que se desejarmos "uma sociedade na qual os indivíduos cooperem generosa e desinteressadamente para um bem comum, devemos esperar pouca ajuda da natureza biológica. O adepto da seleção individual admitiria que grupos realmente desapareçam e que o fato de um grupo se extinguir ou não pode ser influenciado pelo comportamento dos indivíduos naquele grupo. Ele talvez admita que "se ao menos" os indivíduos em grupo tivessem o dom da previsão poderiam perceber que em longo prazo é de seu interesse refrear sua ganância egoísta para impedir a destruição do grupo todo. [...] mas, a extinção de um grupo é um processo lento comparado com a luta rápida da competição individual. Mesmo enquanto o grupo declina vagarosa e inexoravelmente, indivíduos egoístas prosperam às custas dos altruístas" (p. 23). Destaque-se que, na natureza, os problemas enfrentados normalmente se referem à escassez, que faz com que, na luta pela sobrevivência, sejam aflorados os instintos de proteção genéticos. Na atualidade, embora muitos vivam o problema da escassez, a questão real envolve ainda mais do que isso, ou seja, a distribuição dos recursos.

O grande empecilho para que a cooperação e o comportamento altruísta sejam mais disseminados é que a luta rápida (sempre no curto prazo) da competição individual é o mote de existência do sistema capitalista, tão bem apropriada na leitura dos instintos genéticos do homem e traduzida pela teoria econômica convencional. A competição entre os agentes, mediatizada pelo mercado, na busca por eficiência e recompensa (o mérito) tende a prescindir do longo prazo, no qual as consequências marginais dos atos presentes podem tornar-se irreparáveis.

Após ter recebido muitas críticas pelo seu evolucionismo mecanicista, alguns anos depois da publicação de *O Gene Egoísta*, no seu livro *Desvendando o Arco-Íris* (2000), no capítulo intitulado "O colaborador egoísta", Dawkins sofisticou a sua ideia agregando-lhe a informação de que cada gene tem de ser bom em se reproduzir juntamente com uma comunidade, o genoma, ou *pool* de genes da espécie. Como só existem genes dentro de genomas, a sobrevivência dos primeiros dependeria da manutenção dos outros. "Sobreviver", no caso, quer dizer disseminar-se, tornar-se o mais frequente numa população. Para isso, seriam necessárias estratégias adicionais que permitiriam a manutenção dessa ordem maior.

Mas a luta rápida continua e o próprio Dawkins conjectura que "no exame mais detalhado verifica-se frequentemente que atos de aparente altruísmo são, na realidade, manifestações de egoísmo disfarçado. Não quero dizer que os motivos básicos são egoístas, mas que os efeitos reais do ato [de altruísmo] nas perspectivas de sobrevivência são o inverso daquilo que originalmente pensamos". Para ele, "podemos frequentemente nos comportar egoisticamente como indivíduos, mas, em nossos momentos mais idealistas reverenciamos e admiramos aqueles que colocam em primeiro lugar o bem-estar dos outros. No entanto, ficamos um pouco confusos sobre o quão amplamente queremos interpretar a palavra "outros". Frequentemente altruísmo dentro de um grupo condiz com egoísmo entre grupos" (Dawkins, 1979).

As dificuldades atuais para que as práticas econômicas sejam realmente sustentáveis e deixem o nível da prática cosmética encerram tal tipo de atitudes. O grupo e os "outros" (mesmo sem saber quem são) assumem posições delimitadas e o interesse é competir entre si para ver quem fica com a parte mais aquinhoada. "Farinha pouca, meu pirão primeiro", provérbio popularizado pelo sambista Bezerra da Silva, antes de brasileiro, é um universal. E isso se reflete nos abusos sobre a natureza e na apropriação da riqueza em nível global.

Sob o nome de *Laudato Sí´* (Louvado Seja), com subtítulo *Sobre o Cuidado da Casa Comum*, o Papa Francisco emitiu, em 2015, a segunda encíclica do seu pontificado centrada na urgência de responder, com o que chamou de "ecologia integral", os abusos sofridos pelo planeta. A encíclica é, na verdade, um manifesto para tomarmos consciência de como habitamos a própria casa: "se os homens, povos, os empresários e nações seguem empenhados em viver nela como se fosse um apartamento compartilhado onde pouco importa o espaço comum e só se preocupam com o quarto que cada um ocupa, ou se cada um tomará um papel ativo para tornar a casa um lar para a grande família da humanidade". No resumo da encíclica, é preciso intensificar a cooperação entre os homens para cuidar da casa comum.

A conclamação à cooperação e ao altruísmo feita pelo Papa parece apenas mais um exemplar do devaneio utópico (sempre necessário), mas em outro nível e com outros fins, tal tipo de apelo sempre consegue gerar os seus efeitos. Um exemplo claro se dá no período de guerras: a nação beligerante é uma beneficiária importante de nosso autossacrifício altruísta e espera-se, por exemplo, que em determinadas circunstâncias os rapazes morram, como indivíduos, para a maior glória de seu país como um todo. Além disso, eles são encorajados a matar outros indivíduos sobre os quais nada se sabe, a não ser que pertencem a uma nação diferente. Lembra-nos Dawkins: "curiosamente, apelos em tempos de paz aos indivíduos para que façam algum sacrifício pequeno na taxa pela qual aumentam seu padrão de vida parecem ser menos eficazes do que apelos em tempos de guerra aos indivíduos para que sacrifiquem suas vidas" (1979, p. 29). Tratam-se de situações-limite, quando o inimigo fica delineado e claro; muito embora os reais objetivos disso devam, na maioria das vezes, ser mantidos escondidos e, no mais das vezes, isso não passe de uma construção para defender interesses específicos de classes; o que, convenhamos, não impede que o apelo acabe funcionando muito bem.

Um breve parêntese. É interessante ver que apelos altruístas podem ser construídos e justificados nessas situações e existe uma pedagogia própria elaborada para isso. Em Holywood, para cada *Johnny vai à Guerra* (1971) ou *O Franco Atirador* (1978), são realizadas dezenas de produções enaltecendo a bravura e o heroísmo dos combatentes ao representar o país na defesa dos "interesses soberanos" ou argumentos semelhantes. Não se tratam somente de filmes histriônicos, como *Rambo* ou os do Chuck Norris, mas também alguns muito bem elaborados e com fins bem definidos, como é o caso de *Retorno de um Herói (Taking Chances)* (2009), um filme menor em termos de bilheteria, mas bastante emblemático na apresentação da postura "pedagógica" de cooptação utilizada. Nele, o ator Kevin Bacon interpreta o papel de um oficial veterano graduado que se voluntaria para escoltar o corpo de um jovem soldado morto nos anos 2000, da chegada do Iraque até sua cidade natal, no Wyoming, no interior dos EUA. Um singelo e bonito *road movie* em homenagem aos heróis de guerra e a uma ideia de patriotismo bélico. A glorificação do sacrifício de uma jovem vida numa guerra empreendida e justificada a partir de uma informação falsa, sob interesses totalmente excusos. Os mais desavisados, ou nem tanto, podem ter saído da sessão de cinema direto para uma seção de alistamento. Outro bom exemplar da mesma linha, mas muito mais conhecido, é *O Resgate do Soldado Ryan* (1998), dirigido por Steven Spielberg e estrelado por Tom Hanks. No caso, a missão dele é ir salvar o quarto irmão de uma família que já teve três deles mortos em combate na Segunda Guerra; quando o Capitão Miller, personagem de Hanks, finalmente o encontra, Ryan se nega a voltar, dado que devia cumprir a sua missão cívica e proteger a sua frente, que está num momento bem complicado. Entendendo a importância do momento e a decisão do soldado Ryan, o Capitão Miller resolve também permanecer para defender a posição e acaba morto. Tudo pela pátria.

  O altruísmo pode ser estimulado e existem instrumentos para isso, como bem atesta a propaganda militar norte-americana. Nisso, Dawkins concorda; pois "[...] a seleção natural tenderá a favorecer os filhos que efetivamente agem dessa forma [enganar, mentir, trapacear...] e que, portanto, quando olhamos para populações selvagens, poderemos esperar ver trapaças e egoísmo dentro dessas famílias. Se há uma moral a ser estabelecida, será de que devemos ensinar altruísmo a nossos filhos, pois não podemos esperar que esta seja parte de sua natureza biológica" (1979, p. 162). Trocando em miúdos, precisamos ensinar altruísmo, mas, ao invés disso, incitamos ainda mais à insegurança física e emocional e, consequentemente, à competição. Por outro lado, quando o altruísmo beneficia o autointeresse egoísta de alguns grupos, ele é estimulado e potencializado, mostrando que existem formas estruturadas para se atingir tal objetivo (voltaremos ao assunto no Capítulo 3, sobre a pedagogia da sustentabilidade).

A "racionalidade" do *homo economicus*

Transpondo a natureza biológica para a economia, a ciência econômica conseguiu lograr um importante feito ao circunscrever o mesmo princípio baseado no amor-próprio para expor a racionalidade dos agentes: entendendo o comportamento maximizador de utilidade – autointeressado – como mola propulsora do ser humano, engendrou uma forma de análise do sistema econômico que ajudou a delinear a forma de interpretação e a organização do sistema.

Tal abordagem microeconômica pautada no autointeresse pressupõe que a partir de uma melhor divisão e especialização do trabalho, com possível geração de economias de escala, se torna viável uma alocação mais eficiente dos fatores de produção, que em decorrência tende a ativar uma série de efeitos encadeados até se atingir uma maximização do processo de racionalização, que se verificará, *grosso modo*, numa queda de preços, frutos de aumento de produtividade, e que redundará, consequentemente, num aumento de bem-estar geral. Tudo movido pelo autointeresse de maximização.

Pelo lado da oferta, não se tem dúvida de que a experiência capitalista foi extremamente bem-sucedida. A busca incessante pela maior lucratividade fez com que a especialização trouxesse incrementos de produtividade nunca antes vistos na história econômica do mundo, mas resolveu apenas parte do problema. O aumento do bem-estar geral, além dos domínios da produção, foi observado efetivamente, e não foi pouco significativo, mas numa escala muito aquém da verificada no lado produtivo.

A racionalidade observada no processo de escolha é a pedra de toque da interpretação econômica neoclássica. Isso ocorre em razão de se admitir que os agentes decisórios sejam racionais e que isso consiste em otimizar uma função utilidade, com as restrições que couberem (o que não se baseia necessariamente em evidências empíricas). Essa noção de racionalidade é inspirada por uma visão de mundo que imagina e, metodologicamente, dota o homem de capacidade irrestrita de avaliar e compreender o mundo que o cerca. O individualismo metodológico é a abordagem que considera o indivíduo como a unidade de análise fundamental, a partir do qual se constrói a lógica econômica do pensamento econômico neoclássico. Há, nesse caso, um reducionismo teórico que simula que o sistema social se refere à soma dos indivíduos que o compõem. Nesse sentido, o conjunto dos indivíduos e as interações entre eles não apresentam maior interesse, não sendo, portanto, objeto de análise mais profunda. Ou seja, os resultados das escolhas racionais envolvem claramente o ponto de vista do agente individual. A partir de tal definição, todo o programa neoclássico procura construir um quadro com unidades atomísticas individuais, como a unidade central da mecânica newtoniana, sua fonte de inspiração.

Adam Smith reconhecia em Isaac Newton o pensador que tinha feito os mais importantes acréscimos na filosofia de sua época. Assim inspirado, buscou tratar o processo de sociabilidade a partir de um princípio análogo, por meio da lei da oferta e da demanda. Ou seja, de modo similar ao que se sucedia com a lei da gravidade, o princípio da oferta e da demanda regularia as relações entre os indivíduos, o que supõe tratar a ordem social a partir de um princípio que subordina e regula as suas relações. O princípio se baseia na redução de todos os componentes (volume de trabalhadores, volume de capital e volume de terra) a massas comparáveis entre si, uma comparabilidade que se assenta na noção de uma matéria sem forma, mas que determina a relação, sujeita a leis, entre os seres humanos. Da mesma forma que a gravidade explica o movimento dos planetas, as leis da oferta e da demanda explicariam as relações entre indivíduos e a sua integração na totalidade, mediados pelo mercado livre de amarras.

A analogia com os planetas tem lá as suas consequências. Estes, como natureza inerte, são movidos pela gravidade. A formalidade da legalidade do mercado remetia a um mundo mecânico e, em consequência, inevitável; no limite, "natural". Assim também ocorreria na economia. As consequências dessa ordem legal "inspirada na natureza" surgem não mais como consequências ético-políticas, mas como se fossem consequências naturais, a legitimação das diferenças no mundo e na economia moderna. Uma lei natural.

Essa ainda é a visão dominante na ciência econômica (no mainstream). Nos manuais de economia, a ciência é definida como a teoria da escolha sob escassez, na qual a linguagem matemática é utilizada para realizar análises baseadas nas noções de equilíbrio e maximização. Estudos agregados, quando realizados, são feitos com recurso aos microfundamentos geradores dos eventos observados. Chick (2003) propõe, por exemplo, a instituição de quatro elementos, que seriam característicos, do "modo de pensamento" neoclássico: (i) ausência de tempo (*timelessness*); (ii) certeza e conhecimento perfeito; (iii) atomismo; (iv) dualismo. A partir da proposição da ideia de "meta-axiomas neoclássicos", Arnsperger e Varoufakis (2006) sistematizaram a definição do núcleo rígido neoclássico em torno de três axiomas: (1) individualismo metodológico: toda explicação da economia deve ser empreendida no nível do agente individual; (2) instrumentalismo metodológico: todo comportamento humano é orientado por preferências, sendo entendido como um meio de maximização da satisfação individual; (3) equilibrismo metodológico: consiste em descobrir um equilíbrio, supor que os agentes se encontram nesse equilíbrio e, por fim, demonstrar que esse equilíbrio é estável.

Antes, ainda, a ideia de que vícios privados, como o egoísmo e a vaidade, orientados pela busca da maximização e satisfação individual, poderiam levar a benefícios públicos, sob uma visão exclusivamente antropocêntrica, inspiraram a formulação das teses dos economistas clássicos. Segundo Bianchi, "Mandeville chega a enunciar que os benefícios públicos resultam de ações normalmente consideradas viciosas, posto que suscitadas pela luxúria, avareza, orgulho e outros traços do caráter humano. Submetidas a uma hábil administração, tais paixões podem ser domadas num quadro institucional propício ao progresso da coletividade. Hume, a seu turno, advoga a importância da luxúria como fonte de estímulo para a geração do excedente que se torna objeto do comércio humano e, assim, incrementa o estoque de felicidade nacional" (Bianchi, 1988, p. 134).

Metodologicamente, a construção de um homem econômico racional, autointeressado, voltado para a maximização de utilidade, embora uma abstração, buscou preencher um conceito de generalidade; e o seu grau de realismo constituiu-se na aproximação que consideraram possível. Dessa forma, outras características humanas, como as já mencionadas, foram todas centralizadas na escolha autointeressada, um fundamento do homem. Mas seria essa uma característica realmente inerente ao homem ou simplesmente um artifício metodológico bastante vigoroso? A busca do autointeresse é o princípio imanente ao homem?

"O homem é o lobo do homem", frase célebre que foi popularizada pelo filósofo do século XVII Thomas Hobbes, em sua obra *O Leviatã* (publicada em 1651) (1995), foi utilizada para se referir ao estado natural do homem na luta contínua contra o seu próximo e a natureza. A frase, nesse sentido, se converte na metáfora do animal selvagem que o homem leva dentro de si, capaz de realizar grandes barbaridades e atrocidades contra os elementos de sua própria espécie, como exterminar outros grupos sociais fazendo limpeza étnica, atentados, assassinatos, sequestros, submetendo outros à escravidão, entre outros exemplos pouco nobres. Para a conservação da humanidade, Hobbes indica que a paz e a coesão social podem ser alcançadas quando são estabelecidas, em um contrato social, bases como um poder centralizado que tenha autoridade absoluta para proteger a sociedade, criando uma comunidade civilizada. A epígrafe que coloquei na Introdução, retirada da primeira fala de Larry David no filme *Tudo pode dar certo* (2009), de Woody Allen, retrata basicamente o pensamento hobbesiano: as pessoas são estúpidas, egoístas, gananciosas, covardes e pequenas. O oposto de tal pensamento é a de que "o homem é bom por natureza, um bom selvagem", de Jean-Jacques Rousseau, que, contrariamente a Hobbes, sustentava que os seres humanos nascem bons e livres, mas são corrompidos no meio do caminho.

Para Hobbes, o estado natural dos seres humanos é o da confrontação de um com o outro, gerando ações violentas, cruéis e selvagens. Para superar tal condição, o contrato social é desenhado com a intenção de estabelecer uma autoridade, normas morais e leis a que estão submetidos e que todos os indivíduos devem cumprir para que não caiam na guerra de todos contra todos, que seria uma tendência sem tal intervenção. O próprio contrato social outorga a cada indivíduo direitos e deveres em troca de se abandonar a liberdade que possui no estado natural para assegurar a sua sobrevivência na sociedade. Tais termos, no entanto, poderiam ser modificados com a condição de que todos os implicados no acordo assim o desejassem.

Rousseau, no *Emílio ou da Educação* (1984) (publicado originalmente em 1762, mais de um século após *O Leviatã*), expõe as suas teorias da educação que influenciaram a pedagogia moderna, na qual o ser humano estaria naturalmente orientado para o bem, porém, a educação tradicional o oprimia e destruía essa natureza. A sociedade e seus hábitos adquiridos dariam a pá de cal no sentido da deterioração do homem, que deixa de ser um "bom selvagem". Rousseau se apoiava na tese do bom selvagem, na qual o homem em seu estado primitivo seria moralmente superior ao homem civilizado, se opondo diametralmente a Hobbes. Uma interpretação marxista da teoria de Rousseau readaptaria o seu conteúdo para explicar que o homem, em essência, é um ser social que depende do conjunto de relações sociais que estabelece com outros, mas na sociedade capitalista acaba corrompido pelo sistema, dado que este é escorado na exploração do homem pelo homem e na luta encarniçada para se manter privilégios e posições (a posição original, do véu de ignorância, já ficou lá para trás), na qual se torna fundamentalmente egoísta e individualista, contrário à natureza social do ser humano pregada por Rousseau.

É difícil (talvez, impossível) dizer qual a abordagem essencial do homem que mais condiz com a realidade. Como já dizia o hobbesiano personagem de Woody Allen citado, a ideia de que o homem é, por si só, cheio de falhas, torna as teorizações utópicas de vida comunitária ou mais compassiva (como diriam Amartya Sen e os budistas) absolutamente impossíveis. Mas que homem poderia, em perfeita sanidade, dizer que nunca cometeu nenhuma espécie de pecado (ou pecadilho) em algum momento de sua vida? Longe de querer fechar questão, tendo a crer que uma parcela substantiva dos homens é boa, correta, na maior parte do seu tempo. A outra parte, formada pelos seres com as características hobbesianas, imagino uma parcela bem menor; ao passo que apenas uma porção bem pequena seria intrinsecamente má e por isso não seria mesmo depositária de maiores esperanças, tendo de ser tratada com regras muito duras.

Existe ainda um ponto importante a ser considerado no individualismo metodológico da economia clássica. Bianchi e Santos (2005) apontam que autointeresse e egoísmo são conceitos muito distintos no linguajar de Adam Smith, em se levando em conta o contexto no qual ele escreveu. O egoísmo seria uma exacerbação do autointeresse. Nessa interpretação, é no autointeresse, e não na sua exacerbação, que se baseia o argumento de Smith no tocante aos benefícios públicos: com o egoísmo, "não haveria qualquer garantia de um resultado socialmente benéfico" (Bianchi e Santos, 2005, p. 9).

A definição kantiana do esclarecimento refletiria de maneira adequada aquelas características que marcaram o desenvolvimento do Iluminismo entre os escoceses, do qual fez parte Smith. Antes de tudo, ela coloca em primeiro plano a autonomia do sujeito: o esclarecimento consiste em tomar para si mesmo o controle do próprio destino, não delegar a outrem a direção sobre o uso do entendimento ou sobre a capacidade de deliberar sobre aquilo que deve ser feito. Isso requer vencer "a preguiça e a covardia" que fazem com que boa parcela da humanidade renuncie ao esforço de pensar por si mesmo e, com espírito servil, persista sob a tutela de outro por toda a vida. O conceito de esclarecimento assume, assim, a forma de um postulado moral e, nesse sentido, diz menos respeito àquilo que se pensa – isto é, ao conteúdo de nossas reflexões – e mais ao modo como empregamos a nossa razão.

Segundo Cerqueira (2006), para Immanuel Kant: o Iluminismo não seria mais um sistema filosófico entre outros, mas corresponderia a um tipo de atitude, aquela que é própria de quem ousa conhecer por si mesmo: "Esclarecimento é a saída do homem de sua menoridade, da qual ele próprio é culpado. A menoridade é a incapacidade de fazer uso de seu entendimento sem a direção de outro indivíduo. O homem é o próprio culpado dessa menoridade se a causa dela não se encontra na falta de entendimento, mas na falta de decisão e coragem de servir-se de si mesmo sem a direção de outrem. *Sapere aude!* Tem coragem de fazer uso de teu próprio entendimento, tal é o lema do esclarecimento" (Kant, 1984, p. 100).

Por outro lado, o conceito proposto por Kant remete a uma dimensão social do esclarecimento: de acordo com ele, a condição para que a humanidade escape da menoridade é a liberdade de "fazer um uso público de sua razão em todas as questões", isto é, a liberdade de "qualquer homem, enquanto sábio", dirigir seus argumentos "ao grande público do mundo letrado", tornando-os conhecidos e, desse modo, passíveis de serem discutidos publicamente (Kant, 1984, p. 105).

E o que dizer desse homem metodológico criado pelos economistas? A teoria do *homo economicus* concebida pelos utilitaristas ingleses encabeçados por John Stuart Mill tem predominado na cultura econômica e social até hoje. Os manuais analisam a Teoria dos Jogos e o Equilíbrio de Nash como exemplos de que a nossa própria natureza nos conduz a decisões racionais egoístas, muito embora a colaboração possa vir a trazer melhores resultados para todos os envolvidos, como mostra o exemplo do *Dilema do Prisioneiro* (ver mais à frente).

Os impactos desse paradigma econômico são visíveis na crise atual que atravessamos. Na teoria, o homem econômico racional embasa suas decisões considerando sua própria função de utilidade pessoal, fazendo contínuos cálculos de custo de oportunidade[10]. Frente a esse modelo econômico que mostra suas limitações quando confrontado com o comportamento efetivo dos agentes, vêm surgindo, gradativamente, visões alternativas ao enfoque do *mainstream*. Aparece, nesse sentido, por exemplo, a ideia de capitalismo com rosto humano na Economia da Felicidade (ver, por exemplo, Nery, 2014), que propõe incluir o grau de bem-estar ou felicidade no cálculo do PIB, entre outros atributos. A economia comportamental também mostra que o homem não é sempre racional (Kahnemann, 2004; Thaler e Sustein, 2008).

A teoria da racionalidade limitada, de Herbert Simon (1992), por exemplo, postula que as pessoas tomam decisões de forma parcialmente irracional por conta de limitações cognitivas, de informação e de tempo. Segundo Simon e os autores que lhe sucederam, é muito difícil tomar decisões totalmente racionais, porque nossos recursos para processar a informação são limitados, especialmente quando os problemas são mais complexos. Frente à

---

10 Segundo o *The New Palgrave Dictionary of Economics*, o custo de oportunidade expressa a relação básica entre escassez e escolha. São custos implícitos, relativos aos insumos que pertencem à empresa e que não envolvem desembolso. Esses custos são estimados a partir do que poderia ser ganho no melhor uso alternativo (por isso são também chamados custos alternativos ou custos implícitos). Os custos econômicos incluem, para além do custo monetário explícito, os custos de oportunidade, que ocorrem pelo fato de os recursos poderem ser usados de formas alternativas. Em outras palavras: o custo de oportunidade representa o valor associado à melhor alternativa não escolhida. Ao se tomar determinada escolha, deixam-se de lado as demais possibilidades, pois são excludentes (escolher uma é recusar outras). À alternativa escolhida, associa-se como "custo de oportunidade" o maior benefício não obtido das possibilidades não escolhidas, isto é, "a escolha de determinada opção impede o usufruto dos benefícios que as outras opções poderiam proporcionar".

ideia do *homo economicus*, Simon promoveu a do "homem administrativo", incapaz de captar a complexidade do mundo e a inter-relação entre seus elementos e, por conta disso, acaba utilizando algumas regras gerais e simples para resolver problemas: ainda que possam ser úteis em muitos casos, em outros produzem desvios sistemáticos da racionalidade.

No âmbito da teoria econômica dominante, um maior crescimento da atividade econômica deveria se refletir, necessariamente, no aumento do bem-estar material e, consequentemente, no maior nível de felicidade experimentada pelas pessoas. Mas, evidentemente, as coisas não assim tão simples ou mecânicas. A partir do surgimento da corrente chamada Economia da Felicidade, esse esquema começou a mudar, ou, ao menos, buscar outras perspectivas de análise. Sob tal marco, os economistas buscam compreender e explicar como interagem as flutuações macroeconômicas na felicidade das pessoas e já são diversos os estudos que sustentam que o crescimento econômico não necessariamente implica no aumento da felicidade do indivíduo e da população (Frey e Stutzer, 2000; Di Tella e Macculloch, 2006; Helliwell *et alii*, 2013; Nery, 2014, entre outros). Apesar de muitos ainda acreditarem e defenderem a tese fervorosamente, o dinheiro não compra felicidade. Existem outros elementos que também contribuem para isso.

Nos anos 1970, Richard Easterlin, economista que então lecionava na Universidade da Pensilvânia, publicou alguns estudos (Easterlin, 1972 e 1973) nos quais argumentava que o crescimento econômico não necessariamente propiciava mais satisfação e bem-estar, concluindo, a partir de suas pesquisas, que, se dentro de um mesmo país aqueles indivíduos com maiores rendas reportam maiores níveis de felicidade, os países cujos habitantes dispõem de um maior poder aquisitivo não são, necessariamente, os países com habitantes mais felizes. Assim como, tampouco, são os países com menor poder aquisitivo aqueles que apresentam maiores níveis de infelicidade. Esse fenômeno tornou-se conhecido como o Paradoxo de Easterlin: o crescimento econômico não torna as pessoas mais felizes; as pessoas se julgam (e o seu grau de satisfação de vida) por sua posição relativa às outras. Na conclusão de Eastearlin, mais dinheiro pode, realmente, tornar as pessoas mais felizes, mas sua influência é superada por fatores não pecuniários.

O economista chileno Manfred Max-Neef (1991), por sua vez, coloca as necessidades humanas em duas categorias: existencial e axiológica, o que permite criar espaço para a interação das necessidades expressas em quatro pontos: Ser, Ter, Fazer e Estar. Por sua vez, isso deve estar combinado às necessidades de subsistência, expressas em oitos específicas condições: Proteção, Afeto, Entendimento, Participação, Ociosidade (um tempo de "estado da mente" que permite pensar a criação de algo, não a simples e boa preguiça), Criação, Identidade e Liberdade. A felicidade pode começar com o crescimento econômico e com mais dinheiro, mas algumas das necessidades não podem ser simplesmente compradas.

Cooperação

Com o advento do modo capitalista de produção, com sua teorização lógica amplamente pautada no autointeresse, que em seus últimos desdobramentos trouxe consigo a disseminação de padrões de conduta e de consumo globalizados (bem como a utilização maciça dos recursos naturais), a necessidade de cooperação e ordenamento dos recursos comuns (*commons*) é um debate que vem sendo deixado em segundo plano, tanto nas instâncias políticas quanto na acadêmica. Como, então, sair desta circunspecção produtivista, viciada em crescimento econômico? Nesse sentido, premidos pela urgência da questão ambiental, a preocupação de fundo, nestas primeiras décadas do século XXI, é buscar formas de convivência que atentem para a necessidade de maior entendimento e cooperação entre as partes, visando a um padrão de desenvolvimento mais sustentável.

Ao relacionar o comportamento autointeressado e a teoria do gene egoísta, expus uma primeira explicação para a competitividade de mercado incentivada, dado que o resultado das transações no mercado representaria um caminho em direção ao ponto ótimo: "[...] é possível argumentar que os humanos dominados por genes egoístas (o homem econômico) e sua organização social (o mercado) são consequência da seleção natural que maximiza a capacidade de se procriar. Portanto, para alguns, o processo de mercado competitivo pode representar um processo darwiniano de sobrevivência" (Pearce e Turner, 1995, p. 45). Mas é preciso destacar que o mercado precisa estar no espaço-tempo, relacionando-se com recursos que não são infinitos. E uma perspectiva de longo prazo é essencial para a melhor qualidade desses cálculos.

A abordagem principal sobre o tema da cooperação por parte da ciência econômica, ou sua dificuldade, se dá a partir da Teoria dos Jogos[11]. Dela se depreende que o tipo de resultado a ser obtido em uma negociação dependerá do tipo de jogo que a mesma envolverá. Se o jogo for de caráter cooperativo, espera-se que ambos os agentes chegarão a um acordo benéfico para as partes, situação na qual ninguém se prejudicará (ou terá menores prejuízos). Como a informação é limitada, no caso do jogo ser não cooperativo (numa lógica exclusiva de curto prazo), o resultado esperado é que um agente seja beneficiado e outro prejudicado, gerando dissensões sociais a partir disso. A colaboração, no caso, só é possível quando os indivíduos adotam uma estratégia de cooperação com o objetivo egoísta de obter um melhor resultado para si no longo prazo. Mas a lógica limitada ao curto prazo ainda é a tônica na atualidade.

Dentro dessa visão, organizações como bancos ou escolas, ou instituições sociais como as regras de boas maneiras ou de forma de se vestir poderiam ser todas estudadas com recurso a modelos de teoria dos jogos. Alem deles, Samuel Bowles acrescenta duas instituições – partilha de recursos (*resource sharing*) e segmentação intragrupos, para mostrar como isso leva a um maior desenvolvimento das características de um possível *homo reciprocans*. Contudo, o que Bowles quer dizer é que é possível que instituições que promovem a partilha de recursos e a segmentação social tenham evoluído juntamente a traços de comportamento do *homo reciprocans*, mas nada é afirmado acerca do processo histórico efetivo (se é que ele houve).

Em segundo lugar, Bowles entende preferências como "ra-

---

[11] A Teoria dos Jogos é uma teoria de matemática aplicada usada para entender e explicar os mecanismos que são utilizados quando pessoas tomam decisões. A teoria foi sistematizada pelo matemático John von Neumann e pelo economista Oskar Morgenstern, em 1944. Em essência, a teoria procura entender o funcionamento da lógica da interação estratégica e as relações de interdependência entre as pessoas. Seja em situações de competição ou de cooperação, as decisões têm resultados e afetam os outros envolvidos. De maneria geral, os resultados dependem da combinação de muitas ações em cadeia até chegar a uma situação de equilíbrio. É o chamado Equilíbrio de Nash, homenagem a John Nash Jr., Prêmio Nobel de 1994 e que foi interpretado por Russell Crowe no filme *Uma Mente Brilhante*, ganhador do Oscar de 2002.

zões para o comportamento, atributos dos indivíduos [...] que respondem pelas ações que eles tomam em dada situação" (Bowles, 2004, p. 99). Em sua visão, é errôneo entender o comportamento como sinônimo da busca pelo bem-estar. Vários estudos, como os de Kahneman e Tversky (2011), mostraram que o comportamento humano pode ser míope no que tange ao próprio bem-estar do sujeito. Além do mais, Bowles rejeita a ideia samuelsoniana de "preferência revelada", pelo fato de ela pouco explicar as razões para o comportamento. Dentro da visão de Bowles, emoções e comportamentos não-ótimos deveriam fazer parte do estudo do economista, pois são capazes de explicar comportamentos humanos. Interessante observar que a estrutura dos jogos revela um caráter a-histórico que parece entrar em conflito com a própria ideia de troca disputada, que visava dar mais realismo às relações econômicas dentro do capitalismo. Afinal, se a troca pode ser modelada como um jogo, a pergunta mais importante é: quem faz as regras desse jogo dentro de uma sociedade e época específicas?

Em suma, existe a possibilidade de as regras do jogo serem alteradas à medida que o jogo é jogado e dependendo das intenções de quem o joga? Na expectativa de que a maioria faça a sua parte, alguns deixam de cooperar, mantendo o seu padrão, enquanto os outros realizam seus pequenos sacrifícios, mas numa escala insuficiente para mitigar as transformações. O dilema do prisioneiro, nos termos clássicos em que foi apresentado, em meados da década de 1950, se realiza entre duas pessoas que se encontram presas, acusadas de um delito. Cada uma é alojada em uma cela separada e os prisioneiros ficam incomunicáveis entre si. Um oficial da lei vai em cada cela e faz aos dois a mesma proposta: se o primeiro não acusa o outro e se o segundo também não o faz, ambos serão libertados. Se se acusarem mutuamente, recairá sobre eles somente a metade da pena total que lhes corresponderia. Se um acusa o outro e este não o acusa, sairá em liberdade quem não é acusado e ao outro se aplicará a pena total correspondente. Isto é: um acusa o outro na esperança de que o outro não lhe acuse e assim sairá em liberdade, mas o outro procede da mesma maneira e por isso ambos ficarão presos. O dilema se apresenta entre pessoas incomunicáveis e no caso de uma decisão única.

No caso dos prisioneiros, trata-se uma decisão final. Após sua tomada, o jogo acaba e cada um cumpre a sua sina. Conforme foi demonstrado por Robert Axelrod (1997), a cooperação social se realiza entre pessoas em um processo de comunicação aberto e em um contexto de decisões repetitivas. O dilema aparece quando se considera o que cada jogador deveria fazer quando não sabe o que fará o outro jogador; o problema básico é, então, dado esse dilema, como é que surge a cooperação no mundo em que cada um segue seu interesse pessoal. A resposta é que terá lugar a cooperação se os jogadores esperam que os eventos se repitam no futuro. A racionalidade de curto prazo consiste em maximizar, isto é, fazer o melhor que se pode para si mesmo. No entanto, como no dilema do prisioneiro, pessoas racionais podem não cooperar, apesar da vantagem evidente que poderiam obter por também favorecerem ao outro. Como isso se aplica à realidade econômica e ambiental que vivemos? O dilema se repete cotidianamente em nossas vidas.

Os exemplos são fartos. A Teoria dos Jogos explica, por exemplo, porque colherinhas gradualmente desaparecem das áreas comuns de escritórios. Tecnicamente falando, os usuários de colheres tomam decisões considerando que a utilidade deles (seus próprios benefícios) cresce bastante ao pegar uma colher para uso pessoal enquanto a utilidade de todos os demais colegas diminui uma pequena fração *per capita* (afinal, no começo do raciocínio há ainda um monte de colheres). Mas, à medida que todos tomam a mesma decisão, todas as colheres comuns tendem a sumir do cenário.

Na mesma medida, em um condomínio onde a água do prédio ainda é dividida de forma igual por todos os apartamentos, o morador pode pensar: "se eu gastar um pouco mais não pagarei pelo meu consumo, ou pagarei muito pouco pelo excedente, pois a conta será dividida por todos os 50 condôminos". Raciocínio análogo se dá em relação à economia de consumo de água: "por que vou tomar um banho corrido de 3 minutos, enquanto o vizinho do 502 ouve um disco inteiro do U2 no chuveiro?". É por isso que a tendência dos edifícios mais modernos é possuir medidor individual para cobrar o consumo exato de cada unidade. A conscientização da necessidade de economia de água é extremamente difícil e apelos ao consumo sustentável só se concretizam em períodos de grave crise (que poderão se tornar constantes no futuro se não houver tal mudança de comportamento). "Varrer" a rua com mangueira d'água só se tornou um escândalo público após a crise da água de

2014/2015, que fez a Sabesp implantar o racionamento e utilizar o chamado volume morto das suas represas. Passada a crise hídrica, gradatativamente, as pessoas voltam a gastar no patamar que se verificava no período anterior. Tarifas, isto é, preços mais altos e um aviso travestido de ameaça convincente resolveram a situação no seu momento mais crítico, mas, na volta à normalidade, o comportamento perdulário ressurge e a ameaça desaparece. Em algum momento, o risco foi realmente visível e houve a mudança de atitude, o que conduziu ao sucesso da iniciativa. E nos casos do aquecimento global e da incapacidade de absorção dos resíduos emitidos pelo planeta como um todo? Qual seria a ameaça que realmente convenceria as pessoas sobre os riscos assumidos e socializados por todos? Assim como na crise da água, o problema só passou a realmente existir quando houve o risco real de as pessoas ficarem efetivamente sem água, o que até então parecia uma ficção.

No debate atual sobre a sustentabilidade, o exemplo teórico é observado na prática. As previsões que dão conta de uma piora gradual dos fundamentos ambientais do planeta são francamente subestimadas em razão de uma lógica econômica mais imediata e, sorrateiramente, espera-se que outros agentes tomem atitudes sustentáveis e os efeitos dessa prática já beneficiem a todos de uma maneira ampla. É o prisioneiro que tenta levar vantagem às expensas do outro. Muito por conta desse tal raciocínio (ou principalmente por conta dele), as negociações em torno de um acordo global para o clima, nos últimos anos, têm mostrado seguidos fracassos, denotando a indisposição dos agentes em negociar, o que leva o jogo a não apresentar um resultado definido. Protelação, procrastinação do problema é uma estratégia deliberada para não encarar devidamente a situação e adiá-la até o limite do insustentável ou até quando se esgotarem as suas capacidades de argumentação por meio dos sofismas estratégicos colocados e amplamente divulgados.

Sob a ditadura neoliberal do mercado globalizado, muitas das nações desenvolvidas, envolvidas que estão na sua busca por competitividade econômica, acabam por não investir na adoção das políticas de sustentabilidade, na suposição implícita de que, se parte deles o fizer, já poderão desfrutar das benesses de um modo de vida menos poluente, sem precisar assumir os custos que afetam a sua planilha de custos e diminuem a sua competitividade. Enquanto isso, a cooperação entre as partes passa ao largo. Com essa linha de raciocínio, o presidente americano Donald Trump, tão logo eleito, retirou os EUA do Acordo de Paris (tão festejado em sua assinatura por 195 países, em 2015). "Vamos crescer, não vamos perder empregos" foi seu argumento. Se os outros países admitem colocar entraves em termos ambientais para redirecionar as suas atividades econômicas, esse não é o caso dos americanos liderados pelo magnata. Mas tal comportamento não se dá apenas na esfera dos países.

Trata-se de mais uma manifestação de uma estratégia que, no nível micro, é o conhecido exemplo da *Tragédia dos Comuns*, formulada por Garret Hardin (1967) nos anos 1960 (aqui já referida pelos neoliberais no tratamento da crise fiscal dos Estados). Hardin parte da análise do processo de apropriação das cabeças de gado para pastagem que se deu na Inglaterra no século XIX, caracterizado pelo cercamento dos campos de forma física e jurídica, o que ocasionou um acirramento de interesses entre seus utilizadores. Na história modelo, um grupo de pastores cuidava de seus animais numa terra pública, compartilhada entre todos. Seguindo o cálculo racional individualista, cada pastor pensava em adicionar um animal ao seu rebanho: um animal a mais lhe acrescentaria um lucro adicional e, no geral, a pastagem diminuiria de forma apenas marginal, então parecia perfeitamente lógico aos pastores colocarem um animal extra. A tragédia do pasto comum ocorre quando todos os outros pastores pensam da mesma maneira ("se eu não ficar esperto, o outro passa na minha frente, e eu vou ficar sem nada"). Quando todos resolvem adicionar um animal (por não confiarem um no outro), a terra se torna superpovoada e em breve não haverá mais nenhum espaço para pastagem, ou seja, só sobrará um pasto degradado.

A solução proposta por Hardin ao problema passaria pela redefinição da propriedade de cada bem, ao menos assim entenderam os economistas neoclássicos: a socialização ou a privatização dos recursos (essa a sua preferida), ambos buscando solucionar o problema do conflito de interesses que conduz, de maneira gradual, à destruição dos recursos e meios de subsistência de seus utilizadores. Numa análise liberal, se o pasto tivesse um dono estabelecido, ele deixaria fazer com que ficasse deteriorado, esgotando, assim, a sua fonte de renda? Teria interesse em matar a sua galinha dos ovos de ouro? Não, não parece sensato. A não ser que a oferta seja muito boa e os ganhos, muito promissores. Mas, principalmente, se não houver uma preocupação mais séria com a possibilidade de exaustão dos recursos no longo prazo.

A ideia de bens e recursos de uso comuns

Buscando apresentar outra perspectiva à privatização, a cientista política Elinor Ostrom analisa a *Tragédia*, apontando o erro de Hardin, ao confundir recursos de livre acesso com recursos comuns. Para Ostrom, Garner e Walker (1994), aquilo que Hardin define como *commons* são os recursos que não estão sob uma jurisdição comum e não podem ser considerados um bem comum a todos os agentes envolvidos. Sua resposta à tragédia apresentada reside no conceito de propriedade comum e cooperação entre os agentes que dependem dos recursos, advogando um sistema de acordos que dependa menos do Estado, mas de forma a aproximar o diálogo entre os interessados, aumentando a confiança entre as partes. A questão de fundo seria: como organizar o espaço para que o maior número de pessoas desfrute dele de uma forma que seja sustentável? A cooperação entre os agentes teria que ser realizada de uma maneira em que os próprios usuários fossem responsáveis pela formulação e aplicação de políticas que ocasionassem o benefício de todas as partes envolvidas, respeitando os limites impostos pela natureza. Eliner Ostrom, da Universidade de Indiana, foi a primeira mulher a receber o Prêmio Nobel de Economia, em 2009, juntamente com Oliver E. Williamson, quando a Real Academia de Ciências da Suécia destacou a sua obra pela análise da governança econômica, principalmente no que toca aos recursos compartilhados.

Refazendo a trajetória do conceito: a teoria econômica ortodoxa classificou os bens de forma binária em públicos e privados e não reconheceu o conceito de bens comuns como uma categoria específica. Em sua proposição, Elinor Ostrom apresentou um enfoque dos bens comuns que permite visualizar a sua especificidade conceitual por meio de uma metodologia que examina as formas em que os bens econômicos ocorrem diretamente na realidade, o que contrasta com a classificação padrão que deduz as suas categorias a partir de uma modelagem abstrata. A obra de Ostrom se insere no marco conceitual da Nova Economia Institucional[12] que, a partir da análise microeconômica, desloca o seu foco para aspectos habitualmente negligenciados pela economia convencional, tais como os custos de transação, os estudos das regras do jogo, os mecanismos de controle e manutenção dos acordos sociais. A partir desse enfoque, Ostrom tentou conciliar sob uma mesma perspectiva econômica os conceitos de eficiência e sustentabilidade, destacando o papel das instituições, a necessidade de atender à variável temporal, os incentivos à mudança institucional e os custos de transação.

A tese fundamental de sua obra diz mais ou menos o seguinte: não existe ninguém melhor para gerir de forma sustentável um "recurso de uso comum" do que os próprios envolvidos (1995, p. 40). Mas, para isso, algumas condições precisam ser fornecidas: disponibilidade de meios e incentivos para exercer os seus direitos, existência de mecanismos de comunicação necessários para sua gestão e um critério de justiça baseada na divisão equitativa de custos e benefícios.

Para melhor compreender a importância da abordagem de Ostrom é um bom expediente resgatar os aportes da teoria dos bens públicos[13] desenvolvida por Paul Samuelson (1954), que os definiu como aqueles bens que não é viável nem desejável racionar

---

12 A Nova Economia Institucional (NEI) é uma corrente de pensamento econômico que sustenta que as instituições são peças-chave para explicar as decisões dos indivíduos sem, no entanto, excluir a importância do Estado no momento de análise da realidade. Nasceu como uma resposta à corrente neoclássica, no que se diferencia por não se preocupar tanto com os modelos matemáticos. Por sua vez, infere suas teorias a partir da observação de dados estatísticos. Outra particularidade da NEI é a sua interrelação com outros ramos como a política, a sociologia e a psicologia. Sua origem está nos anos 1930, quando Ronald Coase expôs em seu artigo "The nature of firm" (1937) o papel das normas e da estrutura das organizações na formação dos preços. Posteriormente, já no final do século, esta corrente ganhou maior força com os trabalhos de economistas como Douglass North e Oliver Williamson, que também estudaram o papel das instituições na criação de mercados competitivos.

13 Os bens públicos puros possuem duas características básicas que garantem que o consumo seja não-rival e não-excludente. A primeira remete à sua indivisibilidade, de forma que os indivíduos não podem ser excluídos dos benefícios, garantindo que todos possuam igual acesso. A não-rivalidade no consumo, como segunda característica, implica que o custo marginal de provimento é nulo, o que garante que o ato do consumo não reduz a quantidade disponível para de outros demandantes. Uma vez produzidos os bens públicos, estes são disponibilizados a todos, tornando-se difícil "precificar" as preferências individuais, pois, se todos possuem acesso, consumidores tenderiam a não revelar suas preferências, de modo a reduzir suas contribuições. Neste contexto, existe o problema dos "caronas", pela característica da não-exclusão do consumo; os indivíduos podem negar a necessidade do consumo de modo a não contribuir e ainda usufruir dos benefícios gerados. Esta última característica, atribuída aos bens públicos, torna a iniciativa privada ineficiente na produção da quantidade adequada requerida pelos membros da sociedade, pois existem os "caronas" que irão usufruir dos benefícios, representados pelos indivíduos que não irão revelar suas preferências no consumo. Assim, a provisão dos bens públicos recai sobre o governo (Giambiagi e Além, 2010).

a sua estratégia e cujo uso ou consumo individual não impede o consumo por parte de outros. A iluminação das ruas é um exemplo clássico de um bem público. Musgrave (1959) complementou essa classificação introduzindo a variável de excluibilidade e também o conceito de bens meritórios. A excluibilidade é importante porque descreve a possibilidade de apartar do uso ou consumo de um bem o sujeito que não paga por ele (numa rua iluminada, como excluir aqueles que não pagam pela luz?). Um bem é não-excluível quando, tecnicamente, ou por razões de custo, não é possível impedir que quem não contribui acabe acessando o recurso. Essa classificação não indica, necessariamente, a propriedade privada ou estatal, já que ambos podem ser providos tanto pelo setor público, quanto pelo privado. Os bens meritórios, por sua vez, são aqueles que, embora possam ser explorados pelo setor privado, podem e devem ser produzidos pelo setor público, para evitar que a população de baixa renda seja excluída de seu consumo, como é o caso da saúde e da educação.

James Buchanan, outro Prêmio Nobel de Economia, deu também a sua contribuição ao debate estabelecido por Samuelson com a introdução da ideia de bens puros e impuros, que ia apenas um pouco além da simples descrição do regime de propriedade jurídica até então vigente. A intenção de Buchanan foi sanar o que denominou "a incrível distância estabelecida por Samuelson entre o bem puramente privado e o bem puramente público" (1964, p. 14). A partir de Buchanan, começou-se a falar de bens públicos impuros como uma categoria intermediária entre os bens privados e os bens públicos puros. Mas esse esquema identificou apenas um tipo de bem impuro: os chamados "bens de clube". Os bens comuns e os bens de clube se assemelham na medida em que podem ser utilizados ou consumidos de modo coletivo. A diferença é que os bens de clube incluem uma cota ou um pedágio de acesso que podem excluir parte de seus consumidores de acordo com critérios de mercado. Por isso, podem ser chamados também de "bens artificialmente escassos" e se definem como aqueles que satisfazem as necessidades dos usuários de forma gratuita e livre no momento do uso, mas implicando em custos compartilhados de entrada; a imagem é a de um sócio de um clube que pode usufruir de todas as instalações disponíveis, mas, para isso, precisa adquirir antes um título de sócio.

O aporte de Buchanan conseguiu sofisticar o esquema binário de Samuelson, mas, ao introduzir o conceito de bens de clube, conseguiu apenas destacar os bens excluíveis, mas não rivais; não conseguiu focar o caso contrário: os bens rivais, mas não excluíveis. No seu ensaio, Paul Samuelson (1954) dividia os bens em dois tipos: i) bens privados puros são tanto excluíveis (o indivíduo A pode ser excluído do consumo de bens privados, a menos que pague) e rivais (o que o indivíduo A consome ninguém mais pode consumir); ii) bens públicos não excluíveis (não se pode separar os que pagaram e os que não pagaram) e não-rivais (o consumo de um indivíduo não limita o consumo de outro). Ostrom via nessas leituras de Samuelson, Musgrave e Buchanan uma visão maniqueísta de análise que simplesmente opunha o estatal e o privado e reduzia o papel do cidadão ao de mero consumidor ou votante (Ostrom, 2009, p. 410).

Para superar tal dicotomia entre o público e o privado, Ostrom desenvolveu um enfoque que dá relevância ao que chama de bens comuns, mediante o exame da natureza e das formas em que se manifestam na realidade. O trabalho de Ostrom se caracterizou assim por analisar de forma sistemática uma ampla gama de mecanismos institucionais orientados para administrar e gerir os recursos de uso comum.

No tratamento clássico dos bens públicos, tanto Samuelson quanto Musgrave colocavam ênfase no aspecto da exclusão. Os bens que podiam ter seu consumo excluído por outros indivíduos, além daquele pagante, eram considerados bens privados. Quando os economistas se referiam a esses temas, a preocupação central, então, era a impossibilidade da exclusão. Mais tarde, essa discussão passou a se centrar numa classificação baseada no alto custo da exclusão. A questão da rivalidade veio a ganhar maior importância depois. Esta se refere àqueles bens que somente podem ser consumidos por um número limitado de pessoas ao mesmo tempo; a utilização por parte de uma pessoa ou ator econômico limita o uso dos demais, porque todos os bens teriam um número ótimo de usuários que poderiam compartilhá-los. Ostrom propôs um esquema que vincula a rivalidade como um determinante de igual importância que a excluibilidade na natureza de um bem, o que levou a uma classificação bidimensional baseada simultaneamente em dois eixos, obtendo um quadro com quatro tipos de bens que permite visualizar especificamente os bens comuns, o que não era possível nos esquemas de Samuelson ou de Buchanan:

Tabela 2 - *Tipologia dos bens*

	RIVALIDADE BAIXA	RIVALIDADE ALTA
EXCLUSÃO DIFÍCIL	Bens públicos puros *Defesa Nacional* *Iluminação pública*	Bens públicos impuros ou Bens Comuns *Bibliotecas* *Peixes nos oceanos*
EXCLUSÃO FÁCIL	Bens privados impuros, bens de clube *Televisão a cabo* *Telefonia*	Bens privados puros *Computadores pessoais* *Roupa e alimentação*

Fonte: *Adaptado de Ostrom, 2006*

A novidade da abordagem de Ostrom está no fato de que ela evidenciou que existe uma forma coletiva de uso e exploração sustentável dos campos de pastagem (e dos bens comuns em geral) que não está fadada à tragédia dos comuns. Proteger o pasto de Hardin reconhecendo-o como bem rival não implica, necessariamente, em recorrer aos direitos de propriedade individual ou a outros mecanismos de exclusão que proporciona o mercado. Ostrom mostrou que as formas de exploração comunal podem proporcionar mecanismos de autogoverno que garantem equidade no acesso, um controle radicalmente democrático, uma vez que podem proporcionar proteção e vitalidade ao recurso compartilhado. Ante a possibilidade de sobre-exploração, a opção de Ostrom é "incrementar a capacidade dos participantes para mudar as regras coercitivas do jogo a fim de alcançar resultados distintos aos das anunciadas tragédias" (Ostrom, 2011, p. 44). Nessa busca, é importante identificar práticas concretas que apontem os princípios que permitiram a muitas comunidades, em todo o mundo, alcançar um alto nível de autonomia na gestão eficiente dos bens comuns através dos tempos. Sim, eles existem. E confiança nos demais agentes é um ingrediente fundamental para que os acordos sejam possíveis.

A ausência de propriedade individual não implica livre acesso nem falta de regulação, já que os bens comuns podem ser administrados de forma efetiva se contarem com um grupo de interessados que atuam juntos para garantir a rentabilidade a longo prazo, desses bens. Para Ostrom, diversas sociedades conseguiram desenvolver mecanismos institucionais, formais ou informais, legais ou arraigados em costumes que conseguiram e conseguem gerir de forma eficiente os bens comuns e evitam o seu colapso. E a chave explicativa se baseia na ausência da exclusão, o que faz ao introduzir o conceito de "recurso de uso comum" (*common pool resources* – CPR), um sistema de recursos naturais ou criados pelo homem, suficientemente grande para tornar custoso (embora não impossível) excluir potenciais beneficiários (Ostrom, 2011, p. 77). O termo "grande" está relacionado ao marco da escala em que está situado o recurso. Um bem comum pode ser pequeno e servir a um grupo reduzido ou pode ter escala comunitária, ou mesmo se estender ao nível internacional, podendo também ser muito bem delimitado ou não ter limites claros (Hess e Ostrom, 2006, p. 4-5). Complementarmente, introduz também a diferença entre "sistemas de recursos" e o fluxo de "unidades de recursos" produzidos pelo sistema, enfatizando a sua interdependência (Ostrom, 2011, p. 77). Essas categorias estabelecem a diferença entre uma área de pesca (o sistema de recursos) e as toneladas de pescado capturadas (unidades de recurso) ou entre um canal de água (sistemas de recursos) e os metros cúbicos de água por segundo que se utilizam para a irrigação (unidades de recurso).

Dessa forma, ficam muito melhor diferenciados os proprietários do sistema de recursos dos apropriadores das unidades de recurso. Por exemplo, os irrigadores que extraem unidades de recursos de um canal fluvial ou os pastores que utilizam um trecho de pasto podem ser legítimos apropriadores de unidades de recurso sem ser proprietários do sistema. As unidades de recurso podem ser rivais (a água utilizada por um irrigador não pode ser usada por outro), mas o sistema de recursos pode ser utilizado de forma conjunta por muitos apropriadores. No caso dos recursos renováveis, essa distinção se estabelece também sob as categorias "estoque", equivalente a sistema de recursos, e "fluxo", a unidades de recursos.

A maioria dos recursos de estoque comum é suficientemente grande para que vários atores possam usar simultaneamente o sistema de recursos e os esforços para excluir potenciais beneficiários tenham custos elevados. Exemplos de recursos de estoque comum incluem tanto sistemas naturais como sistemas feitos pelo homem, que abarcam aquíferos subterrâneos, sistemas de irrigação, bosques, pastos, servidores de computador, fundos governamentais e corporativos e a internet. Exemplos de unidades de recurso que se originam de tais estoques incluem água, madeira, pastos, unidades de processamento, bits de informação e assinaturas (Ostrom, 2002, p. 2). Além disso, Ostrom distingue os produtores de um CPR dos seus provedores. Por exemplo, um governo atuando como construtor de uma obra pública de irrigação pode atuar como provedor para entregar em usufruto esse canal aos irrigadores que atuarão como produtores do mesmo, encarregando-se de sua administração ao mesmo tempo em que extraem unidades de recurso. Para tanto, é necessário diferenciar claramente o "sistema de recursos" e o regime jurídico de direitos de propriedade no qual está situado esse sistema, para que os sistemas de recursos compartilhados constituam um bem econômico reconhecível, independentemente do sistema de direitos de propriedade em que se encontram. Schlager e Ostrom (1992) distinguiram cinco formas de exercício do direito de propriedade no âmbito dos bens comuns materiais: acesso, extração, manejo, exclusão e alienação. Essa diversidade daria conta das múltiplas possibilidades que podem surgir na gestão dos bens comuns, o que exige, além da auto-organização, uma forte capacidade de ação coletiva e autogestão, assim como um alto grau de capital social por parte dos interessados. O caminho é possível, mas deve ser alvo de muita discussão para obtenção de consensos. Essa é a cooperação necessária.

Além dos casos positivos de administração do bem comum, Ostrom também se detém nas experiências ruins ou fracassadas. A partir delas, definiu alguns princípios institucionais que caracterizam a sustentabilidade da administração dos sistemas de recursos comuns (Ostrom, 2011, p. 166-185) e que tendem a melhorar os níveis de cooperação, enquanto a sua ausência tende a deprimi-la. De maneira geral, as colocações de Ostrom e sua escola superam as análises convencionais que se movem sob categorias binárias que transitam entre o próprio e o alheio, o estatal e o privado, o de todos e o de ninguém. E demonstram que a compreensão dos bens comuns está em estreita relação com os conceitos que se manejam a partir do Estado, do mercado e das relações de poder e posse nas quais está relacionado.

Para Ostrom (1990), a inconsistência dos direitos de propriedade poderia ser revista a partir da própria conscientização social, na qual os exploradores buscariam novos moldes de exploração dos recursos, que passariam a igualitários e coletivos, regulados por convenções estabelecidas entre os exploradores, obedecendo, assim, suas necessidades e costumes. Em vez dos *commons*, seriam os recursos de uso comum que apresentariam um viés de longo prazo para a resolução dos problemas de propriedade, diferenciando-se da solução de curto prazo de Hardin.

Em outra linha de análise, mas corroborando Ostrom, Horacio Capel (2003) procurou identificar os exemplos de sucesso de gestão de recursos baseados na cooperação entre os agentes ao longo da história. O geógrafo espanhol mostra, em retrospectiva, que desde o início do século XX tem ocorrido um acirramento do processo de apropriação privada do espaço e dos recursos terrestres. Cada vez mais, a superfície do planeta Terra tem sido apropriada e tem deixado de ser um bem comum. Ainda seguindo Capel, e na mesma linha de Ostrom, existem possibilidades para formas de gestão comunitária espacial dos recursos que facilitem a prosperidade coletiva mais que a individual. "Diante de tudo isso, o problema dos bens comuns se apresenta de forma clara e se converte em uma luta de caráter político, ou seja, num problema de ecologia política" (Capel, 2003).

A dificuldade da ação coletiva

Na situação atual de domínio da propriedade privada, que não tem sido capaz de resolver os problemas, como foi aventado por Hardin, talvez convenha o ressurgimento da luta em defesa dos bens comuns em prol do bem da humanidade. Se os princípios éticos combinados não conseguem guiar a busca da ação coletiva, um caminho é a discussão de possíveis regras coletivas de cumprimento obrigatório e desenvolver uma ação pedagógica muito clara que convença os cidadãos de onde estão seus reais interesses coletivos e, por extensão, individuais, já que estamos falando de acontecimentos em escala planetária. Tanto a *Tragédia* quanto o *Dilema do prisioneiro* ilustram a mesma questão da necessidade de cooperação para obtenção dos melhores resultados. Por se tratar de uma negociação, desde a escala global às comunidades, todos precisariam buscar entendimentos sobre o tema, propondo soluções que não penalizem alguns poucos e que, ao mesmo tempo, busquem privilegiar e incluir mais pessoas.

A dificuldade de operacionalização da transformação rumo à cooperação foi ilustrada pela Teoria dos Jogos[14], que mostrou como é difícil ocorrer a cooperação porque todos especulam ser *free-riders*, auferir vantagens sem ter custos[15]. Para Mancur Olson (1965), ao contrário do que se acreditava usualmente, os grandes grupos humanos dificilmente conseguem se organizar voluntariamente para perseguir os seus interesses comuns. O que seria esse interesse comum? É evidente que, numa sociedade cada vez mais multifacetada, existem os mais distintos interesses de grupos e um mesmo indivíduo pode até mesmo pertencer a grupos com interesses diferentes (em períodos de eleições, é fácil verificar tal situação). Até a publicação de *A Lógica da Ação Coletiva*, o pensamento predominante entre os investigadores era de que a comunidade de interesses pessoais de um grande número de pessoas era suficiente para que elas se organizassem para perseguir e lograr seus interesses. Se pensava, por exemplo, que os cidadãos de um país poderiam se organizar voluntariamente em favor de um interesse comum para eleger bons governos; que os trabalhadores se organizariam facilmente em torno de seus interesses comuns de ganhar salários mais altos e melhores condições de trabalho ou que qualquer gru-

---

14 O instrumental de ponta da Teoria dos Jogos popularizou-se nas academias, voltando a recolocar os principais pressupostos da teoria neoclássica, modernizando-os, ao estilo *hard-science*.

15 *Free rider* ou caronista é uma expressão utilizada em economia para se referir àqueles consumidores de bens ou serviços indivisíveis, sobretudo públicos, que se beneficiam deles sem pagar contraprestação alguma; assim como a utilização excessiva de algo pelo fato de que seja gratuito.

O economista e sociólogo Mancur Olson, em seu livro *A lógica da ação coletiva* (1965), considera determinante o tamanho dos grupos no problema dos *free riders*. Comprova que o nível de interação dos grupos pequenos é muito maior do que nos maiores, ainda que somente pelo fato de que, nestes, existe a dificuldade de se estabelecer relações com os demais membros a partir de um certo número.

Nos grupos pequenos, se um não participa, rapidamente receberá uma resposta por parte dos demais indivíduos. Já num grupo maior, é mais fácil que um caronista passe inadvertido, já que o esforço que não colabora se reparte entre todos, representando uma quantidade menor de trabalho adicional para cada indivíduo, quanto maior seja o grupo. Desta forma, o caronista pode conseguir alcançar a invisibilidade social. Olson propõe que somente um benefício reservado estritamente a membros de um grupo motivaria alguém a se unir e contribuir, o que chama de "incentivos seletivos" — aqueles que recebem unicamente os indivíduos que pagam ou contribuem para diferenciá-los dos que não o fazem e que motivaria estes caronistas a procurar o bem coletivo.

po de empresários se estabeleceria rapidamente para pressionar o governo em busca de políticas que facilitassem os seus segmentos. Esses, sim, se anteciparam e perceberam as vantagens da ação coletiva na busca de facilitadores jurídicos e legislativos para a defesa de seus interesses. O ponto é que a complexidade e a abrangência crescente dos problemas tornam muito difícil ao cidadão comum uma visão ampla sobre todo o processo, o que beneficia a ação de grupos menores, mas mais estruturados intelectual e financeiramente.

Olson baseou sua análise teórica no postulado de que as pessoas atuam racionalmente quando tomam decisões em função de seu interesse pessoal restrito. Apenas excepcionalmente surgem manifestações altruístas como, por exemplo, o patriotismo. Olson destaca duas exceções a essa regra geral: i) uma é de que a ação coletiva pode ser alcançada em grupos pequenos; ii) a outra é quando se aplica algum modo de coerção[16], o que chama de "incentivos seletivos", que tornam a ação coletiva factível em grupos mais numerosos. Mas, antes que seja possível alguma forma de ação coletiva, os grupos devem se formar em torno de uma comunidade de interesses pessoais de seus membros. A associação é facilitada quando o objetivo de seus membros é muito pontual ou claro, como no exemplo dos trabalhadores que querem melhorar os seus salários (daí a importância dos sindicatos em organizar e expor as dificuldades e os anseios de uma categoria específica de trabalhadores). Por outro lado, quando os objetivos são vagos ou divergentes, a organização comum é muito difícil de ser atingida ou é muito instável, o que torna a ação coletiva praticamente impossível.

Trata-se de um paradoxo: os indivíduos não se organizam para defender seus interesses pessoais ou têm dificuldade para isso, exatamente devido ao fato de que seus interesses pessoais lhes impedem de participar voluntariamente das atividades de tal organização comum. Frente aos grandes desafios globais hodiernos, apenas tal organização e a determinação dos reais interesses comuns é que fariam a diferença para a conquista de resultados

---

16 Um exemplo de coerção para a ação coletiva é a contribuição sindical obrigatória: por meio dela se tornam possíveis a formação de sindicatos mais fortes e organizados, que podem reivindicar, de forma sistemática, benefícios e melhores salários para sua categoria. Uma forma de se diminuir o poder de união de classes trabalhadoras é cortar a obrigatoriedade das contribuições sindicais e assim reduzir o poder dos sindicatos.

realmente significativos[17]. O problema maior que identifico é que o ensimesmamento planejado revelou-se uma estratégia muito mais poderosa e mostrou que os outros grupos, menores mas mais poderosos, possuem interesses antagônicos e se organizam melhor, sob a mesma lógica. A história da humanidade se constitui numa miríade de exemplos em que grupos organizados, ainda que pequenos, tomam conta de uma situação mais ampla. O ponto é que, para os cidadãos poderem defender seus interesses, é necessário saber se organizar.

Além da perspectiva neoclássica, é importante também uma ampliação da compreensão das forças que regem ou podem reger o mercado. A sociologia econômica (Swedberg, 2004), nesse sentido, é uma aliada interessante para melhor compreender as mazelas contemporâneas, ao partir da constatação de que os padrões de relacionamento e as instituições sociais e políticas jogam um papel importante nesse cenário. Segundo a perspectiva sociológica – amplamente contrária à perspectiva econômica neoclássica –, os mercados competitivos não estão formados por atores econômicos "atomizados", sem contato entre si. Sua literatura afirma que a capacidade competitiva dos mercados está associada a instituições, regras e normas que são resultado de ações coletivas e de colaboração entre os atores econômicos. "Muitas perguntas sobre as condições que facilitam ou obstaculizam as transações econômicas e as ações coletivas para a geração de bens públicos ainda não foram respondidas" (Wanderley, 2008). Também não são devidamente focadas as questões sobre os tipos de redes sociais (mercantis e não mercantis) que permitem o surgimento de um padrão de transações econômicas que combine dinamicamente competição e colaboração.

Várias explicações podem ser sugeridas para a formação de ações coletivas entendidas como a associação de atores econômicos que procuram garantir benefícios coletivos por meio de um esforço comum. Essas análises também oferecem explicações sobre as condições para a formação de cooperação econômica em termos de instituições e de relações sociais que facilitam as transações e

---

17 Um exemplo intrigante de organização em grande escala foi o das manifestações brasileiras de 2013: queriam todos demonstrar as suas insatisfações e foram aos milhares (milhões no Brasil todo) para as ruas; mas, efetivamente, quais eram os seus interesses comuns?

resolvem disputas na esfera econômica. Para Coleman, por exemplo, muito do que é ordinariamente descrito como não-racional ou irracional o é meramente porque os observadores não descobriram o ponto de vista do ator, a partir do qual a ação é racional (1990, p. 18).

Na teoria de Coleman (1990), a racionalidade econômica é entendida de forma ampla. Não são somente as compensações materiais que constituem os fins a serem atingidos por atores racionais. Respeito, amor, honra e glória, entre outros atributos, podem entrar como ingredientes no momento de escolher, entre possíveis fins, qual será o objetivo a ser alcançado. Coleman procura encontrar explicações racionais inclusive para ações já satisfatoriamente explicadas como irracionais por outras teorias, como a interiorização de normas. No entanto, ele admite que as normas não são interiorizadas apenas por introspecção e por considerações racionais dos atores. A coerção exercida sobre o ator e o hábito de obedecer desempenham um papel fundamental. Uma teoria baseada na ação racional tem, portanto, a mesma deficiência no nível individual (considerado como um sistema) que uma teoria que começa com normas sociais tem no nível do sistema social (Coleman, 1990, p. 292). Mais à frente, exporei a ideia de uma pedagogia da sustentabilidade, junto com a noção de paternalismo libertário.

Por uma economia substantiva

Para reconhecer as dimensões políticas da questão ambiental é preciso atentar para a existência de diferentes instâncias do conhecimento e de poder que estão relacionadas. Além da questão do poder em si, com sua capacidade de legislar e implementar acordos globais que usem políticas diferenciadas de exploração de recursos, para além das propostas da COP-21 (como, por exemplo, um *trade-off* entre trabalho e energia ou uma diretriz sobre o que venha a ser uma propriedade comum), é preciso reconhecer que existe um aspecto cultural profundamente imbricado nos corações e mentes dos consumidores modernos, que, antes disso, deveriam ter se transformado em cidadãos.

Tal aspecto cultural reflete a necessidade de maior conscientização acerca do encadeamento dos problemas de nível micro ao macro, e isso é uma variável importante para a consecução de políticas, afinal, mais do que saber da existência de um problema e até ter meios para potencialmente resolvê-lo, o mais importante é efetivamente desejar resolvê-lo; com um processo de consciência das condições em que este é gerado e realimentado.

Acostumamo-nos a analisar os problemas de forma departamentalizada, mas hoje não é mais possível tratar a questão ambiental analisando-a simplesmente como uma conjunção de fatos isolados que acabam afetando o clima, a fauna e a flora. Talvez essa seja a principal contribuição de uma possível ciência ambiental. A multiplicidade de aspectos relacionados, que vão desde formas de acesso a bens e recursos até sua destinação como parte de uma estratégia de geração de necessidades, precisa ser entendida para uma abordagem plena do tema. Uma ciência ambiental transcende as disciplinas como nos acostumamos a pensar nos últimos séculos.

É necessário reencadear os fatores. Algumas decisões políticas de caráter global precisam do desenvolvimento em paralelo com um fomento às iniciativas individuais que sejam sustentáveis. Isso pode parecer muito distante, mas a popularização do conceito do desenvolvimento sustentável mostra que, gradativamente, as pessoas e empresas podem começar a pensar e agir não apenas em termos locais ou de uma geração, mas em termos de todo o planeta e das gerações futuras. E existem experiências que dão esperanças nesse sentido. Não são muito divulgadas, mas existem.

A ideia de fundo é superar as limitações da análise unidimensional, profunda, mas com um único foco. Não se trata de negar a importância do conhecimento aprofundado, mas, sim, de desfrutar do desenvolvimento acumulado nos últimos séculos. Porém, com um fator de diferenciação: o conhecimento deve estar entrecruzado com outras percepções, notadamente quando avalia um mesmo problema.

Tal distinção é muito importante quando essa perspectiva abarca também a economia, pois, com o intuito de explicar a realidade da revolução dos meios de produção ocorrida nos últimos três séculos, ela (como ciência) teve de assumir uma série de premissas e pressupostos que moldaram a sua concepção e o entendimento do processo econômico real. Nenhuma atividade que se pretenda lucrativa pode subsistir sem a preocupação com a sua racionalidade econômica, sua possibilidade de sobrevivência em um ambiente hostil e extremamente competitivo. A ciência econômica, precisamente, busca analisar essa dinâmica e suas implicações no modo de vida das pessoas. Pelo lado da oferta, seu sucesso é incontestável, pois conseguiu sistematizar o conhecimento na área em suas distintas esferas, tanto públicas quanto privadas. Pelo lado da demanda, no entanto, sua eficiência é bem menos patente e a distribuição dos benefícios é extremamente limitada. A visão de demanda do *mainstream* é uma ideologia do consumo, ao passo que a sua análise do lado da oferta poderia ser considerada uma filosofia da produção.

No entanto, sua compreensão padece de um mal de início, dado que analisa somente os processos produtivos e suas decorrências, categorizando de forma extremamente simplificada todo o processo social no qual está incluso e suas relações com o entorno natural. A ciência econômica, como está constituída, seria a crematística (Martinez-Alier e Schlupman, 1991), não uma economia substantiva, que abarque todos os processos (Polanyi, 1980). Para Martinez-Alier e Schlupman, a diferença entre economia e crematística é que a primeira se ocuparia dos estudos dos fluxos e estoques de recursos naturais para a satisfação das necessidades humanas, ao passo que a segunda trataria apenas dos fluxos e estoques de valores de troca. Depois dos fisiocratas, a chamada Economia foi se convertendo em crematística, sendo a abordagem neoclássica, hoje dominante, o caso extremo do esquecimento do fato de que a economia se insere nos ecossistemas (é parte deles) e depende destes para sobreviver, como veremos no próximo capítulo.

A resolução de problemas reais complexos, como o da busca da sustentabilidade, demanda mais do que uma visão estreita do processo, não podendo privilegiar somente a análise econômica ou, no seu extremo, apenas a análise ecológica. Existe uma realidade construída e estruturada em torno das relações econômicas e sociais moldadas pelo capitalismo. Na medida em que tal estrutura dá sinais cada vez mais claros de uma tendência à insustentabilidade, é interessante que visões unidirecionais deem espaço para alternativas que busquem estimular uma compreensão mais totalizadora dos problemas, em vistas de uma possível revisão de aspectos claramente negativos do processo. Utopia? Não necessariamente. O crescimento das dissensões sociais; dos problemas de saúde mental e coletiva; a destruição da natureza e das condições de vida do planeta; crises econômicas em que o aumento da riqueza e da opulência convive com a pobreza e a fome; do espocar das compulsões e vícios que, por sua vez, estimulam uma indústria paralela, movida pela busca de lucros financeiros (assim como as indústrias legalmente constituídas) mostram a roda viva em que a humanidade vive. É preciso ampliar a análise para dar conta do problema.

A primeira sinopse: obscuros objetos do desejo

Para finalizar este primeiro bloco, é importante destacar algumas das principais ideias apresentadas até aqui e reencadeá-las, antes de apresentar outros temas que, ao final, deverão concatenar as conclusões e propostas.

Um primeiro ponto a pôr em relevo é a ideologia do crescimento econômico, que molda as formas de pensar e de atuação das pessoas. O seu elemento fundante é o mito do progresso, a ideia de que um determinado tipo de benesses do processo de desenvolvimento econômico poderia ser ampliado a todas as pessoas. É evidente que as condições de vida de um bom número de pessoas na atualidade são muito melhores do que costumavam ser há algumas poucas décadas, dado que muitos foram os bens e serviços que puderam ser estendidos a um grande número de indivíduos. Condições de saúde e higiene melhores levaram a um substancial aumento na expectativa de vida e, atualmente, a grande quantidade de pessoas mais velhas já se revela até mesmo um problema, como refletido no caso da previdência social, concebida num tempo em que as perspectivas de envelhecimento da população não estavam devidamente calculadas (ou precificadas, no jargão dos analistas do mercado)[18]. O problema é que o mito não se reve-

---

18 Essa é uma forma demográfica de interpretação da crise da previdência social e certamente é a mais explorada pelos analistas de mercado. Outra forma de se analisar tal crise ou a falta de condições financeiras para sustentar o modelo previdenciário é a necessidade de participação do Estado para arcar com parte das despesas (o modelo tripartite, com participação dos trabalhadores, Estado e empresas, que é usado em muitos países da

lou realidade (ou o foi por algum tempo, em algum espaço); mas, não gradativamente, ele vem se mostrando a cada dia mais falso e excludente, pois a altíssima concentração de renda verificada no planeta como um todo (e que é ainda mais profunda nos países mais pobres) tem se revelado a tônica deste modelo, que, a despeito disso, continua a imprimir cada vez maior ritmo de crescimento, introduzindo diariamente milhares de novos consumidores e assimiladores de padrões de vida que são altamente demandantes de recursos naturais e que — inconscientemente — fazem desta busca a sua razão de existência. O poder de consumir é o combustível que abastece e aciona os ânimos para continuarem a proceder sempre da mesma forma. Para tudo continuar rodando, é preciso sempre continuar produzindo, gerando crescimento econômico. Hoje em dia, esse problema é ainda mais agravado pelo poder do capital financeiro, que com seus papéis e opções conseguiu gerar um mecanismo amplificador do dinheiro, que é muitas vezes superior ao seu volume, obtido em bases físicas, gerando ainda maior capacidade de endividamento das pessoas, que ganham um gás a mais para consumir com ainda maior voracidade.

Mas essa ânsia de consumo, essa perseguição aos objetos do desejo não seria uma característica humana inata? Os homens, desde sempre, já não pensavam em conseguir mais e melhores bens, para com isso desfrutar de muito mais conforto e segurança? O importante aqui, no entanto, não é descaracterizar uma propriedade humana tão importante; mas, principalmente, tentar qualificá-la e dar o seu devido peso, pois ela pode até mesmo ser uma das principais características do homem, mas não é a única, e talvez a sua ponderação tenha sido artificialmente inflada por uma retórica e forma de pensamento que se consubstanciou numa verdadeira ideologia de crescimento econômico cuja pedra de toque é a maximização do autointeresse: o capitalista, ao buscar a taxa máxima de lucro (no que foi muito bem-sucedido), e o consumidor, ao maximizar a sua satisfação (nesse quesito, a ideologia não cumpre a sua promessa). Todas as medidas tomadas para que o modo de vida hedonista ganhasse foro privilegiado nesta nova dinâmica econômica. Mas, como podemos observar ao dar uma volta rápida pela cidade (ou pelos campos), a promessa se cumpriu apenas pela

---

OCDE). A crise fiscal do Estado, que direciona recursos para outros fins (pagamentos de juros e amortizações financeiras, por exemplo), debilita a sua capacidade financeira e torna a previdência social simplesmente um problema atuarial.

metade. Por toda parte que observamos, principalmente nos períodos de crise econômica mais aguda, encontramos um grande exército de sujeitos-indivíduos que se tornam resíduos sociais, que não conseguem ser assimilados pelo modelo como consumidores, mas que continuam a viver em busca de melhores condições de vida, porém, não têm nada a oferecer, estão descartados do sistema, fora do mercado de trabalho e, por extensão, do mercado consumidor. Para muitos, são desnecessários. Personagem do humorista Chico Anísio lá nos anos 1980, o corrupto deputado Justo Veríssimo sintetizava, de forma engraçada e dura, mas não irreal, o pensamento de uma elite econômica e política: "Quero que os pobres se explodam!". De forma não tão sincera, muitos cidadãos da elite econômica continuam pensando desta mesma forma.

Como superar essa situação e passar a buscar uma outra alternativa ou caminho? Um primeiro passo seria se conscientizar a respeito de tal situação. E isso não é tão simples assim, como veremos no Capítulo 3, pois existe uma verdadeira pedagogia para que continuemos alheios a uma análise mais profunda da realidade. Antes disso, uma bandeira que levanto é a da necessidade de voltarmos a pensar em termos conjuntos, em nos religarmos uns aos outros e, com isso, trabalhar de forma cooperativa: não é privilegiando o comportamento individualista que poderemos superar os problemas. Na lógica atualmente imperante, os problemas estruturais são transformados em fracassos pessoais. Para o cidadão comum, é preciso fazer de tudo para manter o seu *status* de "bem-sucedido", em contraposição ao "fracassado", o "perdedor". Se o indivíduo não consegue vencer na vida, "o problema é dele". A repressão vem de dentro do próprio indivíduo, numa espécie de servidão voluntária.

Precisamos buscar formas integradas para expor as verdadeiras necessidades, não as induzidas. Mas, para isso, é importante a ação coletiva, para fomentar uma nova ideia de movimento social que permita um progresso mais abrangente e realmente libertador desta servidão.

2 | LIMITES FÍSICOS PARA O CRESCIMENTO ECONÔMICO

> *"Ter dinheiro significa mais do que ser capaz de comprar coisas: significa que as privações do mundo jamais nos atingirão. Dinheiro no sentido de proteção, portanto, não de prazer. Por ter vivido sem dinheiro quando menino, e portanto, vulnerável aos caprichos do mundo, a ideia de riqueza tornou-se para ele um sinônimo da ideia de fuga: fuga da injustiça, do sofrimento, de ser uma vítima. Não estava tentando comprar a felicidade, mas simplesmente a ausência de infelicidade. Dinheiro era a panaceia, a objetivação de seus desejos mais profundos e mais inexprimíveis como ser humano. Ele não queria gastá-lo, queria possui-lo, saber que estava ali. Dinheiro não como um elixir, mas como antídoto: o diminuto frasco de remédio que levamos no bolso quando partirmos para a selva, no caso de sermos picado por uma cobra venenosa". (Paul Auster, "A invenção da solidão", 1999, p. 63-64)*

O mundo perfeito: um mundo de facilidades em que a tudo que se deseja se tem acesso. Se se tem fome, a comida está à mão; no caso de sentir frio, há uma grande oferta de lugares aconchegantes. Nele, não existem desconfortos, e estando tudo disponível, as necessidades básicas são supridas sem que se necessite do esforço diário para a sua obtenção.

 A cidade moderna, em seus princípios (ou em sua visão idílica), seria o contraponto moderno da visão de Paraíso. Nela, as pessoas têm acesso a tudo o que se necessita e não é mais necessário o vínculo direto com a natureza. Um cidadão moderno (uma criança, por exemplo) não consegue perceber (se não parar um instante para refletir), porque quando acorda ele já tem o seu leite quente disponível à mesa. Para que essa facilidade seja possível e esteja disponível diariamente em nossas casas, todo o esforço anterior – montar um estábulo, criar uma bezerra, torná-la vaca leiteira, alimentá-la, vaciná-la, acordar de madrugada para ordenhá-la, entre outros aspectos (descritos aqui de forma romântica) –, foi condensado em uma medida monetária (isso tudo custa ao consumidor em torno de R$ 2,00/litro em fevereiro de 2019). Assim ocorre com quase todas as coisas que consumimos em nossas casas: as verduras, os cereais, a televisão, o *smartphone*, nossas roupas, o cimento das paredes e o tão sonhado carro. Eles estavam, anteriormente, dispostos na natureza e, por meio de um processo de transformação produtiva e economicamente viável (isto é, lucrativo), chegaram às nossas mãos; isso, é claro, se tivermos os recursos financeiros para pagar a compensação monetária exigida.

 O homem, gradativamente, foi comprando esse ideal de mundo de facilidades. Quando se quer comer um prato quente, não é mais necessário entrar no meio do mato para procurar lenha, como fazíamos até pouco tempo atrás: basta ligar a boca do fogão e, em poucos minutos se tem o bife ou o arroz desejado. Pode também ir a um restaurante e escolher o prato que mais lhe atrai (ou cabe no seu bolso) ou, ainda, sacar o *smartphone* (na verdade, não é necessário sacar, ele já está na sua mão para ver as redes sociais...) e pedir que uma pessoa entregue um prato pronto diretamente na sua casa. O contraponto desse mundo perfeito e cômodo é que a natureza ficou distante, abstrata e, para muitos, não passa de uma mera provedora de recursos que se acessa a um simples toque num equipamento eletrônico. Distante no espaço, no tempo e, principalmente, na percepção de sua existência.

 O lado bom disso tudo é que não é mais necessário dispensar uma parte substancial do dia resolvendo coisas básicas (ao menos, não diretamente), como faziam nossos ancestrais até bem pouco tempo atrás. Não há dúvidas de que se trata de uma evolução, muito bem-vinda por sinal. A ideia original era de que com isso, com essa menor dependência dos humores da natureza (pense em encontrar lenha seca num dia chuvoso, se já não tiver feito um estoque preventivo num dia de sol), poder-se-ia, talvez, dispensar um tempo maior à contemplação, ao lazer, ao estudo ou a uma tentativa de aumento da compreensão da vida: seria a emancipação do homem. Isso, no entanto, deu-se somente em parte. A maior compreensão ocorreu apenas no plano material (e ainda assim de forma muito desigual, como vimos); ao mesmo tempo em que foram desenvolvidos os meios para a domesticação da natureza, as necessidades se sofisticaram em um nível em que tal avanço passou a ser simplesmente a sua razão de ser: o meio tornou-se o fim.

É preciso argumentar, antes que um crítico mais precipitado mergulhe num verdadeiro desfiladeiro de críticas ao antropocentrismo econômico, que tal evolução parece ter sido buscada com grande afinco pelos nossos ancestrais. O grau de desenvolvimento tecnológico alcançado na atualidade era inimaginável há pouco mais de dois séculos. O francês Júlio Verne (1828-1905), inspirador do nosso Santos Dumont e embalador de leituras infantojuvenis até poucos anos atrás, ficou famoso no século XIX por imaginar situações de absoluta ficção científica até então, como uma viagem ao redor da Lua ou uma volta ao mundo em 80 dias, em um balão. Hoje, viajar no espaço já é uma realidade possível para alguns endinheirados do Riquistão e uma volta ao mundo em 80 dias na atualidade, com uma disposição típica dos turistas de classe média modernos, permitiria a visita a mais de uma centena de países. A humanidade desenvolveu conhecimento e tecnologia em um nível incrivelmente acelerado nos últimos séculos e isso não pode ser visto somente como um dado negativo, ou meramente sob uma visão pessimista.

Mas, consequência das consequências, o mundo não pode ser considerado, a muitos olhos – e sob diversos critérios –, muito melhor hoje do que há alguns séculos, pois tantos desenvolvimentos nos trouxeram também ao limiar de uma crise ambiental de proporções planetárias, ao mesmo tempo em que a miséria ainda continua a grassar em muitos territórios. Existe, por certo, uma lista infindável de melhorias obtidas que não podem ser desconsideradas e que vão desde um aumento na expectativa de vida, um maior conforto físico (um menor esforço para realizar coisas que, no passado, consumiam uma energia extraordinária) e um leque de necessidades satisfeitas bastante amplo. Por outro lado, a lista das mazelas parece também ter crescido à mesma medida.

A situação de desenvolvimento tecnológico e econômico descrita não foi acompanhada ou obtida por todos; uma consequência do aumento de produtividade e da tecnologia, por exemplo, foi a menor necessidade de mão de obra. Nesse sentido, o ideal de cidade como Paraíso foi ficando pela metade. As facilidades sonhadas são possíveis mediante aporte monetário a que se tem acesso por conta de uma colocação no processo econômico, que não está mais acessível a todos. Antes disso, Marx, já no século XIX, mostrava que a distribuição dos benefícios do crescimento econômico não era realizada de forma equitativa (denunciava, pelo contrário, a existência de uma apropriação), o que para os defensores do sistema se constituía (e ainda se constitui) no seu principal efeito de propulsão, o esforço competitivo.

O contínuo desenvolvimento técnico e, por extensão, econômico, conduziu, na atualidade, a uma situação de extrema produtividade, que acabou por dizimar postos de trabalho, principalmente nos países desenvolvidos, conduzindo-os aos locais que oferecem muito menor rede de proteção social, diminuindo, assim, ainda mais os custos de produção das empresas hoje transnacionais. Por conta disso, o desemprego nos países desenvolvidos é um dos grandes problemas da atualidade, desencadeando uma grande onda de reacionarismos: o bilionário Donald Trump se aproveitou desse viés e venceu as eleições nos Estados Unidos em 2016. Em uma campanha marcada pela promessa de deportação de imigrantes, ofensas aos mexicanos, muçulmanos e também às mulheres, o candidato antes impensável acabou assumindo o poder do país mais rico do planeta com um apelo xenófobo e de ofensa aos políticos tradicionais, obtendo votos em regiões que sofrem com a desindustrialização e com as maiores taxas de desemprego, com apoio significativo de parcela dos trabalhadores brancos nos EUA. No mesmo ano de 2016, o Reino Unido aprovou em plebiscito a sua saída da União Europeia. As causas foram várias, mas a questão do desemprego e a da imigração certamente foram preponderantes: a campanha pela saída do bloco transformou a questão da imigração em seu trunfo, principalmente ao englobar assuntos como identidade nacional e cultural, o que tinha apelo principalmente entre os eleitores de baixa renda. O argumento central era de que o Reino Unido não poderia controlar o número de pessoas entrando no país enquanto continuasse no bloco, por isso era crucial retomar o controle das fronteiras e garantir a soberania nacional, bem como os empregos para os britânicos. Por conta das implicações econômicas desse movimento (pouco consideradas no calor das discussões), três anos depois tal resultado ainda continua em suspenso.

Na França, mais uma vez a extrema-direita disputou o segundo turno das eleições presidenciais em 2017, dando a impressão de que, em um futuro não muito distante, possa realmente chegar ao poder; e, na Alemanha, Angela Merkel chegou a mais um mandato, tendo agora que se defrontar com os nazistas, pela primeira vez compondo bancada no parlamento desde o fim da Segunda Guerra Mundial. Tempos difíceis.

Apesar da crise política nos grandes países desenvolvidos, a riqueza global continua crescendo, embora extremamente concentrada, o que acaba por suscitar algumas questões: se o desenvolvimento econômico foi tão grande, por que não se pode aproveitá-lo para que as pessoas possam desfrutar deste maior tempo livre disponível para que se dediquem à sua emancipação, ao ócio, à criatividade ou ao que bem entenderem, dado que são teoricamente livres? Alguns problemas, mais uma vez, consequência das consequências, devem ser enfatizados: na roda viva que se tornou a sociedade ocidental (e também parte significativa da oriental) moderna, perdeu-se todo e qualquer vínculo com o objetivo inicial (se é que ele tenha sido colocado de forma objetiva por qualquer pessoa, a qualquer tempo). As facilidades obtidas perderam qualquer comparação com a situação anterior de aventura física diária pela sobrevivência. A sofisticação das necessidades planejadas tornou-se a razão de ser e o mote de existência de toda a estrutura tecnológica e de conhecimento obtida. Não sem razão, foi a partir da percepção de tal aspecto que a humanidade pôde experimentar um crescimento ainda mais acelerado no século XX, um período marcado por gritantes contradições. A que se deve tudo isso?

Crescimento exponencial

Do clássico programa de TV transmitido em vários países ao redor do mundo, *Cosmos*, de Carl Sagan (originalmente de 1980 e depois regravado em 2015): se a história de 13,8 bilhões de anos do universo fosse condensada num ano do nosso tempo, a Terra só teria surgido em meados de setembro, e a vida logo depois. Já a humanidade, seus sonhos, conquistas e barbaridades, tudo isso ocuparia os últimos 20 dias de dezembro. Sob a mesma perspectiva, o capitalismo e a explosão de crescimento econômico a partir dele representariam milésimos de segundo. O tempo é curto, mas o impacto de sua atuação recente é desproporcional.

Tendo como referência os estudos de Angus Maddison (2007), Thomas Piketty apresenta, no capítulo 2 do seu já clássico *O Capital no Século XXI* (2014), os dados históricos do crescimento populacional e econômico do mundo através dos tempos. A tabela a seguir, reproduzida do livro, mostra que, entre o ano 1 e o de 1700, tanto o crescimento da economia quanto o da população mundial corresponderam a mero 0,1% ao ano, resultando em estagnação da renda *per capita* mundial durante os primeiros 17 séculos da Era Cristã. Entre 1700 e 1820, houve aceleração do crescimento populacional (0,4% a.a.) e econômico (0,5% a.a.), mas o aumento da renda *per capita* mundial permaneceu muito baixo (0,1% a.a.). Todavia, após a Revolução Industrial, houve grande crescimento da população e um incremento ainda maior do produto total da economia. A ampliação da renda *per capita* foi de 0,9% ao ano, entre 1820 e 1913, e de 1,6% ao ano, de 1913 a 2012. Nos chamados "Trinta anos gloriosos", entre 1950 e 1980, o crescimento da renda *per capita* mundial atingiu seu valor máximo de 2,5% ao ano, em média.

Tabela 3 - *O crescimento da produção por habitante desde a Revolução Industrial*
(Taxa de crescimento anual média, em %)

PERÍODO	PRODUÇÃO MUNDIAL POR HABITANTE	EUROPA	AMÉRICA	AFRÍCA	ÁSIA
0-1700	0,0	0,0	0,0	0,0	0,0
1700-2012	0,8	1,0	1,1	0,5	0,7
1700-1820	0,1	0,1	0,4	0,0	0,0
1820-1913	0,9	1,0	1,5	0,4	0,2
1913-2012	1,6	1,9	1,5	1,1	2,0
1913-1950	0,9	0,9	1,4	0,9	0,2
1950-1970	2,8	3,8	1,9	2,1	3,5
1970-1990	1,3	1,9	1,6	0,3	2,1
1990-2012	2,1	1,9	1,5	1,4	3,8
1950-1980	2,5	3,4	2,0	1,8	3,2
1980-2012	1,7	1,8	1,3	0,8	3,1

Fonte: Piketty, 2014

Gráfico 01 - *Evolução da desigualdade mundial, 1700-2012*

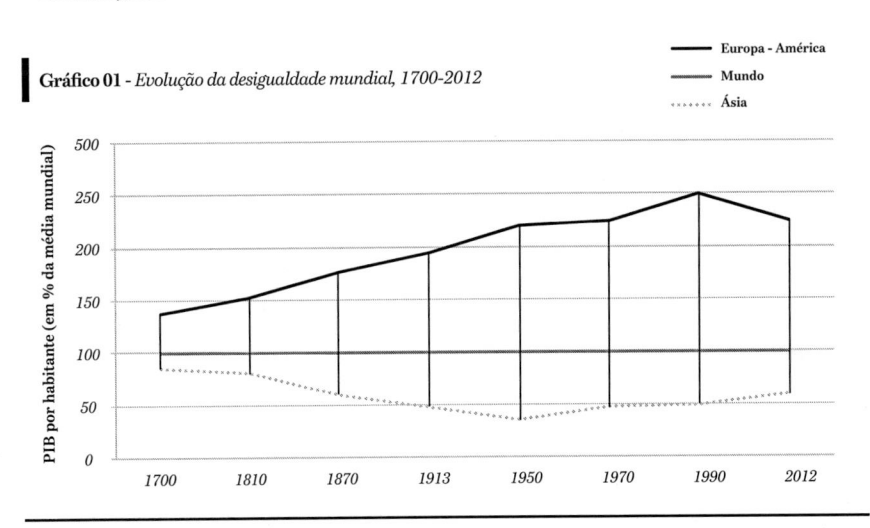

— Europa - América
— Mundo
······ Ásia

Fonte: Piketty, 2014

Sem dúvida, o capitalismo foi o sistema de produção histórico que mais gerou riqueza material em todos os tempos, embora à custa da utilização massiva dos recursos naturais, numa proporção nunca antes vista na história do homem. Apesar de ser um crítico do modelo malthusiano[19], Piketty não se furta a reconhecer o poder da "lei do crescimento acumulativo" (exponencial), que torna impossível um alto crescimento no longo prazo. Por exemplo, se o incremento populacional de 0,8% ao ano ocorrido entre 1700 e 2012 (com o pico de 2,1% a.a. em 1965-70) se repetisse nos próximos três séculos, a população mundial atingiria a casa de 70 bilhões de habitantes em 2300, o que, segundo o autor, "não é plausível e nem desejável" (2014, p. 83). Na verdade, é impossível (a tendência já é outra) e seria absolutamente insustentável. Sobre o futuro do crescimento populacional, o economista francês trabalha com a abordagem da transição demográfica e as projeções da divisão de população da ONU, que, no cenário médio, apontam para uma redução das taxas de crescimento, com a população global atingindo cerca de 11 bilhões de habitantes em 2100.

A Tabela 4 mostra como as taxas de crescimento às quais estamos acostumados, se mantidas constantes, podem levar a um crescimento exponencial que é insustentável a médio e longo prazo:

Tabela 4 - *A lei do crescimento acumulado*

UMA TAXA DE CRESCIMENTO ANUAL IGUAL A...	...EQUIVALE A UMA TAXA DE CRESCIMENTO GERACIONAL (30 ANOS) DE...	...OU SEJA, UMA MULTIPLICAÇÃO AO FIM DE 30 ANOS POR UM COEFICIENTE DE...	...UMA MULTIPLICAÇÃO AO FIM DE 100 ANOS POR UM COEFICIENTE DE...	...E UMA MULTIPLICAÇÃO AO FIM DE 1000 ANOS POR UM COEFICIENTE DE...
0,1%	3%	1,03	1,11	2,7
0,2%	6%	1,06	1,22	7,4
0,5%	16%	1,16	1,65	147,0
1,0%	35%	1,35	2,70	10.959
1,5%	56%	1,56	4,43	2.924.437
2,0%	81%	1,81	7,24	398.264.652
2,5%	110%	2,10	11,80	52.949.930.179
3,5%	181%	2,81	31,20	...
5,0%	332%	4,32	131,50	...

Fonte: Piketty, 2014

---

[19] O primeiro trabalho publicado de Thomas Malthus foi "An Essay on the Principle of Population", em 1798, e tinha como objetivo criar bases científicas para prever o estado futuro da humanidade. Nesse ensaio, Malthus afirma que o tamanho da população tenderia sempre a exceder o estoque de alimentos. De acordo com as previsões ali apresentadas, no futuro não haveria recursos ou, mais especificamente, alimentos suficientes para saciar a fome de toda a população do planeta. De acordo com a hipótese do "Equilíbrio Malthusiano", uma população crescente tem como reflexo uma redução dos padrões de vida. Isso, por sua vez, contribui para o aumento da mortalidade e para a redução da fertilidade, levando a população, finalmente, a uma estagnação ou equilíbrio.

A população deve ainda aumentar um pouco e depois estabilizar, o que é bom para a economia e para o planeta. Mas a renda não parece ter a mesma projeção e deverá, tudo o mais constante (*coeteris paribus*), crescer muito mais, mas sob um padrão extremamente desigual. O economista francês mostra que o crescimento total da economia americana ao longo dos 30 anos que antecederam à grande crise de 2008, isto é, de 1977 a 2007, foi desigual: no país, os 10% mais ricos se apropriaram de três quartos desse crescimento – o 1% mais rico absorveu sozinho cerca de 60% do crescimento total da renda nacional ao longo desse período. Para os 90% restantes, a taxa média de crescimento da renda foi de menos de 0,5% ao ano. O americano médio está empobrecendo, o que ajuda a explicar o seu voto "consciente" em 2016.

Na mesma linha, o economista sérvio Branko Milanovic (2016), em *Global inequality: A New Approach for the Age of Globalization*, mostrou que o "mundo é atualmente o lugar mais desigual do mundo" e algumas de suas conclusões ajudam a explicar, ao menos em parte, a razão da onda de conservadorismo que tem varrido a economia e a política global nos últimos anos.

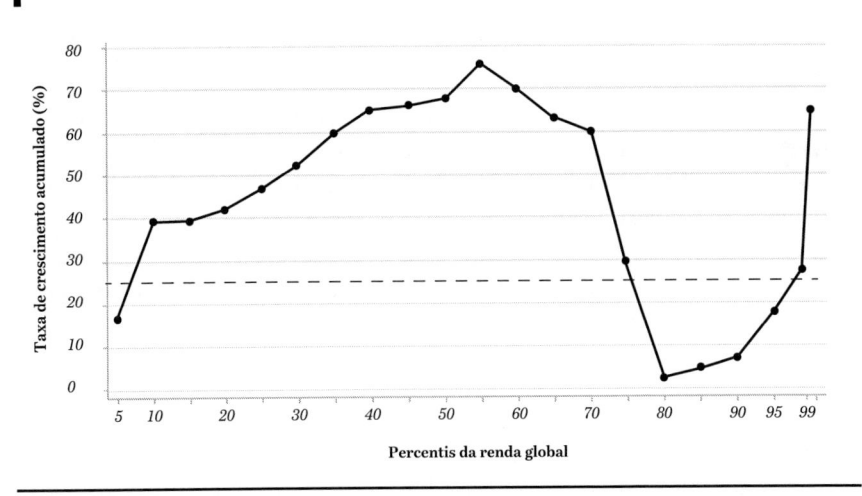

| Gráfico 02 - *Curva de Incidência do Crescimento Global*

Fonte: Milanovic, 2016

O Gráfico 2 mostra o nível de crescimento dos salários nos 20 anos compreendidos entre 1988 e 2008 para cada percentil da população mundial. O eixo vertical mostra o percentual de crescimento dos salários e o horizontal indica a posição que ocupam os indivíduos em função do seu nível de renda, de forma que as pessoas com maior renda são encontradas à medida que se desloca para a direita do gráfico. Por exemplo, o 5 representa os 5% da população mais pobre do planeta, o 50 (50%) os indivíduos situados na metade da distribuição mundial e o 99 corresponde ao 1% mais rico. Trata-se de um dado agregado da população de todos os países, de maneira que a origem de cada um não está representada: são levantadas as pessoas por seu nível de preços e por seu nível de renda (sob o critério de paridade do poder de compra), independentemente de onde tenham vindo. O método e a qualidade dos dados utilizados, em alguns casos, podem até mesmo vir a ser objeto de críticas, mas é uma aproximação possível. Mostra também a grande complexidade que envolve um trabalho de tal monta.

Analisando o gráfico, de pronto é possível observar uma situação boa, pois houve aumento generalizado em quase todos os níveis de renda. Apenas o percentil 80 teve um crescimento próximo a zero. Vemos que os 40% mais pobres da população mundial aumentaram seus salários significativamente e que o maior incremento foi verificado entre os percentis 40 e 65, aproximadamente. Deslocando-se no gráfico para a direita, observa-se que entre os percentis 70 e 95, ou seja, entre os 30% e os 5% mais ricos do planeta, a variação positiva é muito menor, sendo inclusive, praticamente nulo em alguns pontos. Finalmente, o 1% da população com os maiores salários do mundo viram os seus proventos aumentarem de modo muito mais signicativo. Se esta fosse a trajetória dos salários em um país, o cenário não seria tão dramático. Afinal, apesar da parcela do 1% estar enriquecendo muito, o que se vê mais fortemente é o crescimento significativo da classe média. Mas esse não é bem o caso.

Os números descrevem o cenário global e mostram as transformações da ordem econômica mundial no período compreendido. O vácuo de crescimento observado entre os percentis 75 e 95 corresponde às camadas baixas e médias da Europa Ocidental e dos Estados Unidos, que viram seus postos de trabalho do setor industrial migrarem para os países asiáticos (China e Índia, principalmente), seja de modo direto, com o deslocamento das fábricas, ou de modo indireto, pelas importações. Antes em posição superior, essas camadas dos países desenvolvidos estão empobrecendo. Ao mesmo tempo, os que estão no topo da pirâmide ficam cada vez mais extraordinariamente ricos, como já foi apresentado no Capítulo 1.

Uma das possíveis soluções para o problema seria, como sugeriu Thomas Piketty, a criação de um mecanismo fiscal para a redistribuição de renda em nível global, o que é extremamente difícil de operacionalizar, senão impossível: uma redistribuição desse tipo implicaria, por exemplo, que as tais camadas médias dos países ricos, que têm suas rendas estagnadas, teriam também que transferir parte de seus rendimentos para os países em desenvolvimento. A introdução de políticas tributárias progressivas é um dos principais elementos constitutivos dos modelos social-democratas, e também principal alvo das políticas neoliberais que vicejaram a partir dos anos 1970. Mesmo em países pobres como o Brasil, ela conduz a grandes controvérsias por parte da população com renda mais alta; e a simples proposição de alíquotas diferenciadas de imposto de renda a partir dos estratos mais altos tende a criar grande celeuma na classe média.

Além do problema da desigualdade de renda que conduz e aprofunda todo tipo de dissenssão social, é fato que não é possível crescer indefinidamente sem afetar os recursos naturais do planeta e sua condição de sustentabilidade; isto é, como provedor de recursos e repositório de dejetos. Piketty mostrou, na Tabela 4, que crescer 2,5% em média, no fim de 100 anos, significa multiplicar a produção por 12. E na conjuntura atual, um crescimento do PIB de 2,5% ao ano é até um número modesto, pois mesmo após a grande crise de 2008, que colocou o mundo em recessão por dois anos, o PIB global vem, a partir de 2010, sempre crescendo em um patamar superior aos 2,5%, embora a participação dos países ricos nesse desempenho venha diminuindo sensivelmente. São os emergentes que puxam o crescimento global, expandindo o mesmo padrão de consumo adotado nos países ricos. O desempenho da economia global nos últimos anos está expresso no Gráfico 3, a seguir. De 2010 a 2016, a média de crescimento do PIB global foi de 3,8% ao ano.

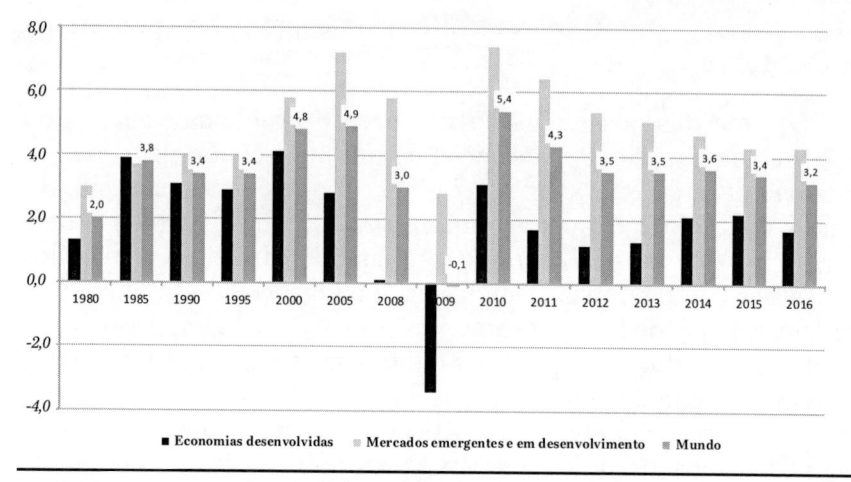

Gráfico 03 - *Taxa de crescimento econômico (PIB) - Em % a.a.*

[Gráfico de barras mostrando taxas de crescimento do PIB por ano (1980-2016) para Economias desenvolvidas, Mercados emergentes e em desenvolvimento, e Mundo. Valores destacados: 2,0; 3,8; 3,4; 3,4; 4,8; 4,9; 3,0; 5,4; -0,1; 4,3; 3,5; 3,5; 3,6; 3,4; 3,2]

■ Economias desenvolvidas   ■ Mercados emergentes e em desenvolvimento   ■ Mundo

Fonte: FMI

A economia do "passe de mágica"

A teoria econômica dominante enfrenta a questão ambiental com grandes dificuldades, embora tenda a não admitir tal fato, sob pena de ter todo o seu arcabouço posto sob suspeição. Em sua formulação teórica, ela trabalha com a ideia de um mundo fechado, no qual tudo gira em torno da economia e os recursos naturais são infinitos. A fórmula $Y = f(K,L,R)$, conhecida como Solow-Stiglitz, representa tal pensamento: significa que a quantidade de recursos naturais (R) requerida pode ser tão pequena quanto se deseja, desde que a quantidade de capital (K) seja suficientemente grande.

Em retrospectiva: na década de 1970, Solow, Stiglitz e Hartwick (1974, 1976) postularam que o capital econômico poderia substituir o capital natural, devido aos possíveis avanços e descobertas da mudança tecnológica, poderia tornar possível uma exploração ilimitada dos recursos naturais. A regra assinalava que o consumo pode permanecer constante ou aumentar com o declínio dos recursos não renováveis de tal forma que fossem reinvertidas as rendas desses recursos em capital reprodutivo.

Uma das primeiras definições de capital natural, posteriormente utilizada por diversos autores, foi apresentada por Daly (1991, p. 18) como sendo o "estoque que permite o fluxo de recursos naturais", muito próximo à ideia de *common pool resources* de Ostrom. Como exemplos de capital natural, o autor cita as populações de peixes, que permitem o fluxo de pescado; as florestas, que possibilitam o fluxo de madeiras, e o estoque de petróleo, que permite o fluxo de óleo cru que é extraído. O'Connor (1999), por sua vez, menciona que capital natural é um conceito híbrido, formado a partir da economia e da ecologia, que ressalta a importância da qualidade ambiental como pré-condição para o bem-estar da sociedade humana e sua sustentabilidade (econômica) a longo prazo. O capital natural, para O'Connor (1999, p. 20), constitui-se de "qualquer elemento ou sistema do mundo físico (geofísico e ecológico) que, diretamente ou em combinação com bens produzidos pela economia, fornecem materiais, energia ou serviços de valor à sociedade". Sua importância é inquestionável, uma vez que suporta toda atividade humana e provisiona, com bens e serviços, o mundo que nos mantém vivos.

O capital natural, portanto, fornece toda espécie de funções ambientais (bens e serviços) que a sociedade humana pode converter em produtos úteis, os quais têm o objetivo de manter ou elevar seu bem-estar, no presente e no futuro. O capital manufaturado, por seu turno, é aquele produzido por meio da atividade econômica e das mudanças tecnológicas (frutos da engenhosidade humana), por meio de interações entre os capitais natural e cultural. Ou seja, são recursos materiais produzidos pelas atividades humanas, tais como máquinas, estradas, aviões, alimentos etc., úteis ao funcionamento do sistema econômico. A produção de capital manufaturado, por meio da atividade econômica, pode causar alterações no capital natural, em seu ambiente físico e biológico, dado que os sistemas do capital natural são, no mais das vezes, frágeis e, uma vez degradados, podem nunca ser recuperados (irreversibilidade), trazendo consequências de médio e longo prazo para a atividade econômica e a saúde humana. Mas isso tudo é questionado pelos economistas do *mainstream*.

Robert Solow, em *Intergenerational equity and exhaustible resources* (1974), sustentou: "o mundo pode acabar de fato sem recursos naturais de maneira que o esgotamento de recursos é uma daquelas coisas que acontecem, mas... Não é assim uma catástrofe". Solow e Stiglitz, por sua vez, demonstraram matematicamente que o fluxo de recursos usados na produção pode ser tão pequeno quanto se deseje, sempre que o capital seja suficientemente grande, postulando a substituibilidade total entre o capital econômico e o natural.

O valor da elasticidade da substituição de capital por recursos é um dos elementos cruciais no debate sobre a possibilidade de existência do crescimento contínuo. O pensamento econômico ainda hegemônico se sustenta na tese da substituição infinita, que, em extensão, considera que a substituição de um material ou forma de energia por outra também pode continuar indefinidamente, ao passo que a realidade mostra que as reservas totais são limitadas. Criticando tal concepção neoclássica, o matemático e economista romeno Nicholas Georgescu-Roegen publicou, em 1971, *The Entropy Law and the Economic Process*, em que apontava as limitações físicas para o crescimento econômico infinito. A consideração da Lei da Entropia no raciocínio econômico forçaria a revisões profundas no corpo teórico convencional, a começar pela representação básica do funcionamento da economia por meio do diagrama do fluxo circular entre firmas e consumidores, no qual não há lugar para os recursos naturais como insumos e como rejeitos lançados ao meio ambiente.

Figura 01 - *Fluxo Circular da Renda*

FLUXO REAL

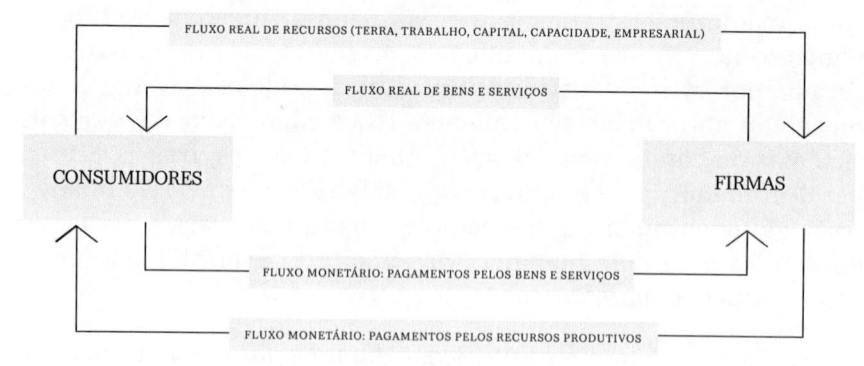

FLUXO REAL DE RECURSOS (TERRA, TRABALHO, CAPITAL, CAPACIDADE, EMPRESARIAL)

FLUXO REAL DE BENS E SERVIÇOS

CONSUMIDORES → FIRMAS

FLUXO MONETÁRIO: PAGAMENTOS PELOS BENS E SERVIÇOS

FLUXO MONETÁRIO: PAGAMENTOS PELOS RECURSOS PRODUTIVOS

FLUXO MONETÁRIO

O modelo tradicional do fluxo circular da renda busca exemplificar como a divisão do trabalho e a especialização solucionariam o problema da busca de bem-estar na sociedade capitalista. Nele, cada indivíduo é convertido em um agente econômico que se relaciona com o resto para formar uma economia de mercado. Os agentes se apoiam no mercado para repartir os recursos, estabelecendo relações em torno de dois mercados complementares: i) o mercado de bens e serviços, no qual as empresas vendem às famílias os bens e serviços que estas demandam, em troca de dinheiro; ii) o mercado de fatores de produção, no qual as famílias aportam os fatores de produção (trabalho, terra e capital) para as empresas, em troca de uma remuneração (salários, aluguéis, juros...). E assim funcionaria a economia. O fluxo da natureza não é levado em consideração. Ela é, para todos os modos, infinita e inesgotável.

Mas a natureza pode ser mais complexa e nela, as coisas se transformam. Um processo de produção consiste em utilizar os ecossistemas, transformando insumos, capital e trabalho em bens e serviços. A massa total dos insumos utilizados no processo de produção é igual à massa de produtos, subprodutos e energia liberada. Em resumo, os produtos não se consomem e depois, simplesmente, desaparecem. No jargão do saneamento básico, por exemplo, o esgoto é tratado (nem sempre) e afastado, diluído num ambiente maior. Mas esse afastamento tem um limite: se ele se der em excesso (e não for tratado), acaba inviabilizando determinado ecossistema. No caso do planeta, visto como um todo, tais subprodutos em excesso não têm como escapar *ad infinitum* (ou serem afastados) e acabam se transformando, na maior parte dos casos, em contaminantes do ar, da água e do solo.

De maneira geral, a teoria econômica convencional ignora que o processo econômico compreende, além da produção, distribuição e consumo, também a deposição dos produtos. Ou seja, não leva em conta as transformações econômicas geradoras de valor que tratam do ecossistema complexo, que é finito e materialmente fechado. Nesse sentido, o grande paradoxo na economia é que o valor é gerado criando escassez, e degradando os recursos se aumenta o seu valor. Dentro da teoria econômica, apenas os recursos que são tidos como escassos são usados de forma mais eficiente; assim, os itens não escassos (outrora abundantes) dificilmente chegam a sê-lo.

Ignorando as limitações da teoria econômica convencional, Georgescu-Roegen introduziu a ideia de irreversibilidade e de limites na teoria econômica, que decorre da Segunda Lei da Termodinâmica (Lei da Entropia), em contraposição à Primeira Lei da Termodinâmica (sobre a transformação da matéria), na qual tal ideia não faz sentido e sobre a qual se baseia implicitamente a teoria econômica convencional dominante.

A dimensão do custo físico do recurso natural esbarra em sérias dificuldades metodológicas para sua real quantificação, que se constitui num desafio que perturba as bases científicas da disciplina. O fato é que a consideração da alteração por causas antrópicas mostra que o desafio é real e a ideia de circuito fechado foi chamada por Georgescu-Roegen de "passe de mágica", pois seria uma máquina capaz de produzir trabalho ininterruptamente utilizando a mesma energia, o moto-perpétuo. Pelas leis da Termodinâmica, um sistema fechado (ou seja, sem energia entrando ou saindo do mesmo) sempre tende a aumentar a sua entropia ao máximo, de modo a minimizar a sua energia e, assim, se tornar mais estável (entropia é o número de possibilidades de arranjo de um sistema). Ao se aumentar a entropia de um sistema, tem-se um grande número de possibilidades de baixa energia para transitar entre elas, mas, ao se deixar um sistema com uma baixa entropia, existem somente algumas possibilidades de alta energia para ele. Toda a vida econômica se nutre de energia e matéria de baixa entropia (Georgescu-Roegen, 1971). Os economistas, ao focarem no fluxo circular monetário, ignoram o fluxo metabólico real. "Assim, a essência da Lei da Entropia é que a degradação da energia tende a um máximo em sistema isolado, e que tal processo é irreversível. Claro, sistemas que conseguem manter um padrão de organização, como as mais diversas formas de vida, não são isolados. São abertos e existem em áreas de fluxo energético. Sistemas isolados não trocam nem matéria nem energia com o meio. Os sistemas abertos trocam tanto energia quanto matéria. E os "fechados" são aqueles que trocam apenas energia. O planeta Terra é fechado, pois a quantidade de materiais não muda, mesmo recebendo permanentemente o indispensável fluxo de energia do Sol (Schneider & Sagan, 2005, in Cechin & Veiga, 2010). Também é assim que o "sistema econômico" mantém sua organização material e cresce em escala.

O economista espanhol Juan Manuel Naredo (*Desarrolo*

economico y deterioro ecologico, 1996) também fez algumas constatações sobre esse processo. A primeira delas versa sobre a consideração e valoração do funcionamento do metabolismo da civilização industrial, analisando a evolução e o comportamento conjunto dos fluxos físicos e monetários (comerciais e financeiros). Ao perceber que a civilização industrial se caracterizava por apoiar seu metabolismo em extrações da superfície terrestre, que não somente superavam em muito, em termos de toneladas, as derivadas da fotossíntese, mas que também se utilizavam destas últimas injetando energia e materiais nos sistemas agrários, um desafio para a ciência econômica é, precisamente, estimar o custo físico da reposição destes minerais extraídos.

Outro tópico importante para Naredo é a necessidade de se avaliar a sustentabilidade do sistema industrial, quantificando a evolução da deterioração da superfície terrestre, que é a principal causa da contaminação da biosfera. Essa quantificação considera a superfície terrestre como um estoque de energia acumulada que se pode utilizar de forma mais ou menos rápida, de acordo com os meios técnicos e os critérios de gestão empregados a partir da Revolução Industrial. O conhecimento dos custos de reposição dos minerais que compõem a superfície terrestre permitiria suprir uma carência básica que afeta o cálculo econômico convencional, acostumado a considerar somente os custos de extração dos recursos (esses são facilmente valorados monetariamente), mas não os de reposição. Tal raciocínio estreito favorece totalmente a atividade da extração em detrimento da reciclagem, pois estimula a utilização massiva dos recursos. Este é o fundamento econômico da cultura do desperdício em que vivemos: é muito mais fácil e "econômico" extrair, produzir e consumir mais do que simplesmente prolongar a vida de uso dos produtos, reutilizá-los para outros fins ou reciclá-los. Uma melhor compreensão dos custos reais, além dos que hoje são mensurados pelo valor de mercado do produto, permitiria uma maior cientificidade para o estabelecimento de taxas de reposição, que poderiam incidir sobre a formação de preços, favorecendo a reciclagem (ou menor e melhor utilização dos recursos), frente à atividade de extração.

Sobre a assimetria existente entre os custos físicos dos materiais e sua valoração monetária, que resultam dos jogos imperantes de mercado: definitivamente, o reducionismo econômico não confere o valor real dos materiais, apenas o seu valor estipulado pelo mercado. Ao superar o reducionismo monetário, no qual se assenta a economia convencional, a análise conjunta da formação dos custos físicos e da valoração monetária permite apreciar que a assimetria entre ambos não somente se deriva do fato de que a valoração ignora os custos de reposição dos produtos primários, mas que afeta todo o processo econômico, acentuando o crescimento mais do que proporcional da valoração monetária em relação ao custo físico.

Os economistas, de maneira geral, tendem a ignorar as leis da Termodinâmica. A partir do Primeiro Princípio, é possível deduzir que o dinheiro pode ser impresso a partir do nada, já a energia ou os materiais, não. Como consequência, o dinheiro não é um indicador de esgotamento que seja apropriado. Do Segundo Princípio, é possível deduzir que a atividade econômica pode gerar benefícios, mas sempre acaba destruindo recursos (irreversibilidade). A consequência é que, em um planeta com recursos limitados, o crescimento infinito é impossível. Mas uma pergunta anterior: qual seria o limite para o crescimento econômico?

Existem, ainda, outras formas de se abordar o tema. Contrariando os neoclássicos, a visão do economista ecológico Herman Daly (1989) se baseia na tese de que o capital artificial e o natural são fundamentalmente complementares e apenas marginalmente substituíveis entre si. Ao analisar os problemas das funções de produção que ignoram o capital natural, Daly menciona: "o fato de ter duas ou três vezes mais serras e martelos não nos permite construir uma casa com a metade da madeira requerida". O problema fundamental do paradigma neoclássico é a falta de reconhecimento da dependência básica da economia humana sobre um amplo campo de recursos biológicos e físicos para obter seus materiais, energia e alimentos, bem como o reconhecimento da interdependência dos processos (ciclos de água e nutrientes, relação do clima e os gases atmosféricos... Enfim, uma miríade de consequências) que suportam toda a vida sobre o planeta.

Herman Daly traz o prisma de "mundo cheio" e "mundo vazio" para explicar o quanto o crescimento populacional e o excesso de crescimento afetam o meio ambiente. No mundo cheio, o custo de oportunidade em relação ao capital natural é extremamente alto, devido ao nível populacional e à alta demanda de recursos naturais por conta do padrão de consumo exigido. Sendo assim, os recursos naturais passam a ser fator limitante na economia. Já quando levamos em consideração o mundo vazio, a abundância de recursos naturais reduz o custo de oportunidade, propiciando uma possibilidade de expansão, além de que os dejetos, devido ao nível populacional, não causam degradação em um nível significativo, haja vista que a parte reutilizada (ou absorvida) compensa esses poluidores.

Figura 02 - *Caracterização de Mundo Cheio e Mundo Vazio*

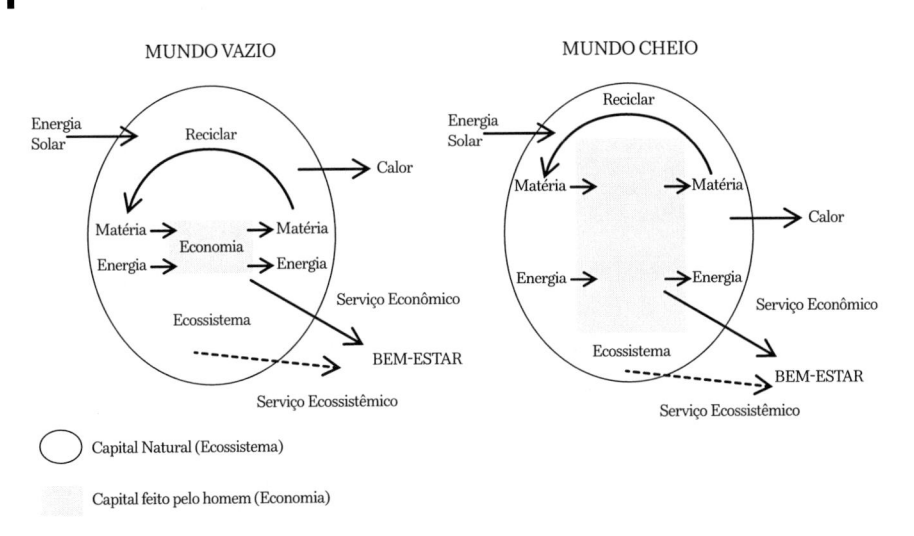

MUNDO VAZIO

MUNDO CHEIO

Energia Solar, Reciclar, Calor, Matéria, Economia, Energia, Ecossistema, Serviço Econômico, BEM-ESTAR, Serviço Ecossistêmico

○ Capital Natural (Ecossistema)

▢ Capital feito pelo homem (Economia)

No mundo vazio, Daly considera que as atividades humanas e o tamanho da economia não ameaçam o ecossistema e, ainda, possibilitam ao ser humano incrementar seu bem-estar e mantê-lo utilizando os próprios recursos naturais. Por outro lado, no mundo cheio, o desaparecimento dos serviços ecossistêmicos, em detrimento do crescimento desenfreado dos serviços econômicos, começa a desequilibrar a balança, esgotando as ofertas do ecossistema em função de uma economia com consumo desenfreado. O bem-estar começa a sofrer impactos negativos, principalmente para os mais pobres que, além de não serem beneficiados pelo sistema de maneira satisfatória, veem os recursos tornando-se cada vez mais escassos, bem como suas perspectivas futuras. O quadro a seguir ilustra a passagem e as alterações sofridas quando os serviços econômicos aumentam mais rapidamente que os serviços do ecossistema.

Para Georgescu-Roegen, que foi professor de Herman Daly, existiria uma necessidade de "decrescimento" da economia para que os recursos naturais sejam capazes de nutrir a população e atender às suas necessidades de produção e consumo. Ao contrário do que defendiam os economistas neoclássicos, o crescimento material sem limites não pode ser mantido. A economia como se apresenta no momento é suicida, insustentável por dentro e por fora; por dentro, ao gerar dissensões sociais que tendem a ser insuportáveis ao concentrar a renda e enriquecer assombrosamente alguns poucos. Pelo seu lado físico, porque as demandas da economia em expansão superam o rendimento sustentável dos ecossistemas, consumindo a sua dotação de capital natural, destruindo lentamente os seus sistemas de apoio. A combinação desses dois ingredientes dá o tom da tragédia atualmente vivida e deve dimensionar e direcionar os esforços necessários para tentar mudá-la.

A perspectiva econômica do lado da oferta qualifica o desafio do desenvolvimento sustentável como o que busca manter o valor do estoque de capital total de uma sociedade sobre um futuro indefinido, incluindo estoques de capital natural, humano, cultural e construído. A maioria dos economistas ecológicos, porém, fazem uma exigência explícita para a necessidade de manutenção de certo nível de capital natural ou crítico, incluindo sistemas ecológicos de apoio à vida, além de artefatos culturais insubstituíveis (Pearce e Warford, 1993; Costanza e Daly, 1992). Em sua fala no Fórum Econômico Mundial de Davos, em 2019, o mais conhecido naturalista britânico, *sir* David Attenborough, disse que certamente pertence ao Holoceno, a era geológica que precedeu à atual. Explicou que o clima no Holoceno foi estável e permitiu que a humanidade desse um salto inédito na história das espécies. E avisou: "O Holoceno terminou. O Jardim do Éden não mais existe. Nós mudamos de tal modo o mundo que os cientistas dizem que estamos em outra era geológica: o antropoceno — a era dos humanos (...) e o que fizermos agora e nos próximos anos afetará profundamente os próximos milênios". Depois de sua fala, dirigindo-se a jornalistas, deu um recado ainda mais direto: "O crescimento terá um fim, seja um final repentino ou em um modo controlado". E emendou com uma piada conhecida falando que quem diz ser possível um crescimento ilimitado em circunstâncias finitas é "ou um lunático ou um economista".

Antropoceno: registros da pressão econômica sobre a natureza

Parece não haver dúvidas de que a atividade econômica cada vez mais intensa está provocando transformações drásticas sobre a face da Terra, conduzindo a diversos tipos de impactos em termos de depleção de recursos e também quanto à capacidade de regeneração dos seus rejeitos. Parece não haver dúvidas, mas elas ainda existem e continuam suscitando muitas discussões.

O químico holandês Paul Crutzen adquiriu fama mundial ao receber o Prêmio Nobel de Química, em 1995, por seus estudos sobre poluentes atmosféricos. Em 1970, ele demonstrou que os óxidos de nitrogênio (NO e NO_2) reagiam como catalisadores sem se consumirem e aceleravam a redução do ozônio na atmosfera. Após trabalhar no Centro Nacional de Investigações Atmosféricas de Boulder, no Colorado (EUA), Crutzen mudou-se, em 1980, para a Alemanha, para assumir a direção do Instituto Max Planck.

Em 2000, o cientista cunhou o termo *antropoceno* para salientar o impacto causado pela atividade do homem sobre a face da Terra, mostrando que o debate dos limites do crescimento[20] já se apresentava novamente, atualizando a celeuma dos anos 1970 (Meadows *et alii*, 1972). A era geológica atual, o Holoceno, abarca 12 mil anos de clima estável desde o último período glacial. Este

---

20 *Limites do Crescimento* é o nome de um livro lançado nos anos 1970 sobre a questão ambiental. Para evitar o colapso total do planeta, o documento sugeria controle do aumento da população mundial e a estabilização da produção industrial. Com isso, diminuiriam a necessidade de produção de alimentos e o consumo dos recursos naturais não-renováveis. As conclusões do documento tiveram enorme repercussão na Conferência de Estocolmo e têm sido até hoje, muitos anos depois, uma referência em todos os debates sobre sustentabilidade. Foi patrocinado pelo Clube de Roma, que nasceu em abril de 1968, em um encontro de trinta pessoas de dez países. O objetivo do Clube de Roma era examinar o complexo de problemas que afligem os povos de todas as nações, como a pobreza em meio à abundância; perda de confiança nas instituições; expansão urbana descontrolada; insegurança de emprego; alienação e outros transtornos econômicos e monetários. Estes elementos, aparentemente divergentes da "problemática mundial", têm três características em comum: ocorrem até certo ponto em todas as sociedades; contêm elementos técnicos, econômicos e políticos e, o que é mais importante, atuam uns sobre os outros (Meadows *et alli*, 1972, p. 11).

clima estável trouxe consigo o florescimento da civilização.

No entanto, desde meados do século passado, as emissões de dióxido de carbono aumentaram de forma extraordinária, bem como o nível do mar e a extinção em massa de espécies da flora e da fauna em nível mundial. Além disso, houve a transformação da Terra, em consequência do desflorestamento e da atividade de extração dos recursos naturais. Tais fatos marcariam o fim do Holoceno, já que as transformações são tão profundas que parecem ter iniciado uma nova era geológica.

As divisões geológicas não se definem por datas, mas sim por marcos-limites específicos entre distintas capas de rochas ou, no caso do Holoceno, o limite entre capas de gelo em um núcleo localizado na Groenlândia e que atualmente está armazenado na Dinamarca. Além disso, estão sendo analisados sedimentos de barro próximo à costa de Santa Barbara, na Califórnia, e na Cova de Ernesto, no norte da Itália, onde seus estalagmites e estalactites continuam a formar anéis anualmente. Os sedimentos dos lagos, dos núcleos de gelo da Antártida, os corais e os anéis de crescimento das árvores também são objetos de consideração nesta análise.

O reconhecimento oficial do antropoceno ainda está para ocorrer nos próximos anos, mas os impactos já se mostram flagrantes: a aceleração das taxas de extinção da fauna e da flora já está muito acima de um ritmo natural de longo prazo. Se tal ritmo for mantido, nos próximos séculos serão extintos cerca de 75% de suas espécies. O nível de CO_2 na atmosfera, causador da mudança climática, aumenta no ritmo mais vertiginoso dos últimos 66 milhões de anos. Antes da Revolução Industrial, o consumo de combustíveis fósseis era da ordem de 280 partes por milhão; na atualidade, já é de 400 partes por milhão e continua aumentando. Como efeito disso, a pegada ecológica global[21] vem crescendo substancialmente desde a Revolução Industrial e, desde a década de 1970, já é superior à biocapacidade do planeta, como mostra a Tabela 5.

---

21 A pegada ecológica é a medida do impacto das atividades humanas sobre a natureza, representada pela superfície necessária para produzir os recursos e absorver os impactos de tal atividade. Esta superfície soma a terra produtiva (ou biocapacidade) necessária para os cultivos, o pastoreio e o solo urbanizado, zonas pesqueiras, bosques e a área de bosques requerida para absorver as emissões de CO_2 de carbono que os oceanos não conseguem absorver. Tanto a biocapacidade quanto a pegada ecológica se expressam na mesma unidade (hectares globais) (Wackernagel e Rees, 1996).

Tabela 5 - *Pegada ecológica da humanidade e biocapacidade do planeta (hectares per capita)*

	1961	1965	1970	1975	1980	1985	1990	1995	2000	2005	2008
Pop. Global (bilhões)	3,1	3,3	3,7	4,1	4,4	4,9	5,3	5,7	6,1	6,5	6,
Pegada Ecológica Total	2,4	2,5	2,8	2,7	2,8	2,6	2,7	2,5	2,5	2,6	2,7
Agrícola	0,6	0,6	0,6	0,6	0,6	0,6	0,6	0,5	0,6	0,6	0,6
Pecuária	0,4	0,4	0,3	0,3	0,3	0,2	0,2	0,2	0,2	0,2	0,2
Produtos florestais	0,4	0,4	0,4	0,4	0,4	0,4	0,3	0,3	0,3	0,3	0,3
Pescados	0,1	0,1	0,1	0,1	0,1	0,1	0,1	0,1	0,1	0,1	0,1
Pegada de carbono	0,8	1,0	1,3	1,3	1,4	1,2	1,3	1,3	1,2	1,4	1,5
Área construída	0,1	0,1	0,1	0,1	0,1	0,1	0,1	0,1	0,1	0,1	0,1
Biocapacidade Total	3,2	3,0	2,8	2,5	2,4	2,3	2,1	2,0	1,9	1,8	1,8
PET/Biocapacidade	0,7	0,9	1,0	1,1	1,2	1,1	1,3	1,3	1,3	1,5	1,5

Fonte: Global Footprint Network - www.footprintnetwork.org/atlas

Como visto na tabela da pegada ecológica, a capacidade de absorção do carbono emitido é o principal fator de pressão sobre o meio ambiente, ou seja, o aquecimento global é uma das maiores manifestações do impacto causado pelo desenvolvimento econômico antrópico. Apesar das fortes evidências, a grande discussão que permeia o tema e conduz às dificuldades para o seu devido encaminhamento não é trivial: ele existe mesmo ou se trataria apenas de uma especulação científica? Não são poucos os céticos que renegam a sua existência, sob os mais variados argumentos. Existem os que não aceitam a existência da mudança climática, bem como aqueles que afirmam que ela pode até existir, mas suas causas não seriam humanas ("faz parte da natureza"); outros são mais radicais e chegam a dizer que seus efeitos são pequenos e poderiam até trazer benefícios para algumas regiões.

Um dos mais famosos dos céticos é o dinamarquês Bjorn Lomborg, que publicou, em 2002, *O Ambientalista Cético*. Em alguns dos diversos artigos que escreveu desde a década passada, Lomborg minimizou os resultados do IPCC, afirmando, entre outras coisas, que a emissão de mais dióxido de carbono seria até positiva, pois serviria como fertilizante para as plantas. Apesar da análise e dos procedimentos científicos sérios do IPCC, qual a razão para que estes céticos continuem rechaçando as fortes evidências sobre a mudança climática? Uma das respostas mais comuns tem sido a de apontar o interesse das grandes companhias de petróleo ou mesmo os países exportadores do produto, numa situação similar à daqueles defensores da inocuidade do fumo que estavam, direta ou indiretamente, associados às empresas da indústria de tabaco, num debate que perdurou por mais de 40 anos. No caso da mudança climática, poderia estar ocorrendo o mesmo, mas a situação é bem mais complicada, já que, em vários episódios, os céticos acreditam piamente em seus argumentos e sequer querem discuti-los.

Além dos céticos, existem também os negacionistas. Diferentemente dos primeiros, que refutam a existência de qualquer tipo de mudança na Terra, os negacionistas, de forma geral, reconhecem que o planeta vive uma transição climática. Para eles, a temperatura muda, as concentrações de dióxido de carbono (CO_2) na atmosfera também, mas nada disso seria reflexo de uma ação coordenada pelo homem. Para estes, a ideia de que as atividades do ser humano provocam o aquecimento global seria uma falácia, um discurso reforçado por nações mais desenvolvidas — sobretudo as europeias — a fim de desestimular políticas de desenvolvimento em lugares como o Brasil. Essa intervenção externa, segundo a comunidade, viria na forma de metas e convenções impostas por países mais influentes, que acabam freando atividades essenciais para a economia brasileira, como o agronegócio e as indústrias nacionais. Tal abordagem pode conter entusiastas tanto do espectro da esquerda quanto da direita.

Diante de tais argumentos, é possível que os alertas do IPCC estejam incorretos? A ciência do clima pode estar equivocada? Segundo Marques (2019), "Ciência não é dogma, é diminuição da incerteza. Contestar um consenso científico, mesmo o mais sólido, não pode ser objeto de anátema. Mas quem o põe em dúvida deve apresentar argumentos convergentes e convincentes em sentido contrário. Na ausência destes, contestação torna-se simples denegação irracional, enfraquece o poder persuasivo da evidência, milita em favor da perda da autoridade da ciência na formação de uma visão minimamente racional do mundo e turbina a virulência das redes sociais, dos 'fatos alternativos', da pós- verdade, do fanatismo religioso e das crenças mais estapafúrdias e até há pouco inimagináveis. O negacionismo climático é apenas mais uma dessas crenças, ao lado do criacionismo e do terraplanismo, e seu repertório esgrime as mesmas surradas inverdades, mil vezes refutadas: os cientistas estão divididos sobre a ciência do clima, os modelos climáticos são falhos, maiores concentrações atmosféricas de CO_2 são efeito e não causa do aquecimento global e são benéficas para a fotossíntese, o próximo mínimo solar anulará o aquecimento global, não se deve temer esse aquecimento, mas a recaída numa nova glaciação etc. Esse palavreado resulta de esforços deliberados de denegação das evidências. Diretamente ou através, por exemplo, da Donors Trust e da Donors Capital Fund, as corporações injetam milhões de dólares em *lobbies* disseminadores de desinformação sobre as mudanças climáticas".

A polêmica continua e as discussões acontecidas na Conferência de Copenhague em 2009 (COP-15) continuam muito vivas[22]. A história segue com uma pesquisa da Universidade de Bristol (Inglaterra), que ofereceu uma abordagem diferente ao analisar as formas de pensar e as concepções básicas que possuem as pessoas frente aos temas com alto conteúdo técnico-científico, como a mudança climática ou os relacionados aos alimentos transgênicos[23]. A partir dessa pesquisa, encontrou-se que aqueles que defendem posturas políticas conservadoras, creem que a melhor ordem é o livre mercado ou insistem nas menores intervenções possíveis por parte dos governos têm maiores probabilidades de não aceitarem a mudança climática ou de que a sua causa são as atividades humanas. São conservadores que não aceitam a evidência científica, embora não seja por uma questão de falta de educação, dado que muitos destes céticos possuem bons níveis de formação acadêmica. Como defendem um mundo que se escora no livre mercado e as medidas para enfrentar o aquecimento global tendem a estimular medidas de regulação para as economias e para as empresas, entendem que as manifestações são intoleráveis. Seu neoliberalismo deveria ser entendido, então, como uma questão cultural ou ideológica.

---

22 Em 2009, às vésperas da Conferência das Partes de Copenhague, houve o vazamento de centenas de e-mails trocados entre pesquisadores que colaboravam com o IPCC. Segundo alguns críticos, uma das mensagens que vazaram sugeriria que o chefe da unidade de pesquisas, professor Phil Jones, queria excluir alguns documentos da avaliação da ONU sobre o clima, levantando suspeitas de uma tentativa de manipulação de dados sobre o aquecimento global, o que desacreditaria as informações e os resultados do relatório.
23 Disponível em https <://www.theguardian.com/environment/climate-consensus-97-percent/2015/jul/08/climate-denial-linked-to-conspiratorial-thinking-in-new-study>.

O estudo liderado pelo professor de psicologia cognitiva Stephan Lewandowsky levantou outro dado interessante: a mudança climática também é amplamente negada por aqueles que, caracteristicamente, creem nas chamadas "teorias da conspiração". Segundo o estudo, são pessoas que possuem um estilo cognitivo específico, do tipo "Arquivo-X": são aqueles, por exemplo, que acreditam que o FBI matou Martin Luther King, que a Nasa fraudou as imagens da primeira aterrissagem (alunissagem) na Lua ou que a Princesa Diana foi assassinada pelo Serviço Secreto Britânico. Esse tipo de elocubração seria típico de pessoas que sustentam que existem ações ou pessoas boas ou más definidas de forma autorreferencial, às vezes a *priori*, sem considerar outras evidências. São aquelas que não aceitam as informações ou evidências sobre os fatos e para as quais somente são válidas as teses que corroboram as suas próprias teorias.

Diversas questões ambientais sofrem por conta desses modos conspirativos. Existem vários céticos que negam que o extrativismo exacerbado possa trazer impactos ambientais, apesar das evidências científicas. Outros creem que se podem anular ou minimizar tecnologicamente tais problemas, como no caso da mineração ou extração de petróleo na Amazônia, a fé na tecnologia. Este mesmo estilo de negação está naqueles que denunciam que os grupos cidadãos que protestam contra o extrativismo escondem agendas políticas ou conspiram, quando, na maior parte das vezes, estes estão simplesmente defendendo seus interesses, lares e territórios.

Na mesma linha de entendimento das distintas visões sobre o aquecimento, o historiador espanhol Martin-Vieda (2008) levantou alguns dos argumentos que suportam as diversas opiniões existentes sobre o fenômeno, com indicação do estudioso ou profissional a quem competem as afirmações. Nesse caso, não se trataria de negação simples, mas de possíveis visões diferentes sobre o processo, que deveriam ser foco de análises mais profundas (como no caso dos relatórios do IPCC).

Na visão do profissional da geografia, a variabilidade temporal seria uma das características essenciais do sistema climático global. Este profissional, que estuda o território e suas paisagens, bem como a expressão da ação do ser humano sobre o meio natural, sabe bem que o seu objeto de estudo é dinâmico e que muda muito no decorrer do tempo. Para ele, a atmosfera apresenta um comportamento com grandes variações (naturais) em qualquer escala de tempo que seja considerada e todas as variáveis climáticas mostram uma variação independentemente da existência ou não de tendências em seu comportamento cronológico. Grandes precipitações de chuva podem ter ocorrido no passado, assim como se manifestam na atualidade. Variações meteorológicas e climáticas são, assim, variáveis no tempo.

Para os geólogos, por sua vez, ao largo da história geológica do planeta já ocorreram numerosas mudanças climáticas e de grande magnitude. Com a preocupação de reconstrução geológica do passado, fundamentada em princípios e analogias científicas, seus estudos de paleoclimatologia demonstram que a mudança climática não é uma novidade na história geológica de 4,5 bilhões de anos do planeta. Com efeito, as mudanças climáticas com origem exterior ao planeta, como as derivadas de variações na constante solar ou nos parâmetros orbitais da Terra e as de origem endógena ou geológicas, causadas por oscilações na atividade vulcânica ou pela dinâmica continental fruto dos movimentos das placas tectônicas, têm sido frequentes na escala geológica. Entre os exemplos mais conhecidos, estariam as glaciações do Período Quaternário, que conduziram a sensíveis resfriamentos em grande parte do planeta[24]. A novidade é que a mudança climática atual seria a primeira causada pelo homem.

Sob tal análise, dois séculos (ou um pouco mais) de registros históricos meteorológicos são dados importantes, mas seriam insuficientes para determinar, por comparação, se a situação atual se constitui numa anomalia ou numa real mudança climática. O desafio para os historiadores ambientais é, então, o de ampliar a janela temporal com dados afins *(proxies)* que permitissem reconstruir, ainda que de forma aproximada, os valores de chuva, temperatura, entre outros dados, do passado pré-instrumental. Dessa forma, a

---

24 Durante o Holoceno, a variabilidade natural do clima não ultrapassa 0,5°C acima ou abaixo da média do período 1961-1990. Um período de máximo aquecimento, no Holoceno inicial (10 mil a 5 mil anos atrás), é seguido por um resfriamento de cerca de 0,7°C durante o Holoceno médio e tardio, culminando nas suas mais frias temperaturas durante a chamada "Pequena Idade do Gelo" (-0,4°C em relação à média do período 1961-1990), encerrada por volta de 1850. A partir dos anos 1970, observa-se um rápido aquecimento médio global antropogênico que supera a variabilidade natural e os limites dessa zona de estabilidade do sistema climático, típica do Holoceno (Shaun *et alli*, 2013).

climatologia histórica teria por objetivo a reconstrução do clima do passado a partir de registros documentais. Além dos históricos, outros ramos da paleoclimatologia já possuem um prestígio consolidado, com a utilização de métodos de análise objetivos e rigorosos, como é o caso da glaciologia, com suas complexas campanhas de extração de amostras de gelo na Groenlândia e na Antártida, a partir das quais são analisadas as bolhas de ar contidas em seu interior e que permitem deduzir a atmosfera planetária há dezenas de milhares de anos; ou a dendroclimatologia, que estuda as relações entre o clima e os anéis de crescimento das árvores e permite aferir a precipitação pluviométrica e a temperatura de cada temporada, com reconstruções climáticas de vários séculos.

A modificação química da composição da atmosfera desde os primórdios da Revolução Industrial é um foco de estudos para o químico, que pode constatar, a partir dos dados disponíveis, as condições do ar que respiramos sem a influência dos contaminantes locais. Nesse caso, o impacto antrópico é plenamente justificado, pois, nos últimos séculos, quando os combustíveis fósseis começaram a ser queimados em grandes quantidades, a presença de CO_2 na atmosfera tem crescido de forma considerável e desde 1958 sua concentração na toposfera é medida no observatório de Mauna Loa (Havaí). Posteriormente, outros observatórios foram adicionados a uma rede internacional de medição de gases de efeito estufa. Em 1958, registraram-se 315 ppm de CO_2 e em 2007, 384 (medidas indiretas estimam 280-290 ppm para a segunda metade do século XIX), como mostrou o IPCC.

O climatólogo, no caso do aquecimento global, é o cientista capacitado (físico, geológo, biológo...) para provar a significação estatística e climática do aumento de temperatura no último século (1906-2005), que segundo dados do IPCC, viu a temperatura do planeta aumentar em 0,74°C, conforme o Gráfico 4, a seguir.

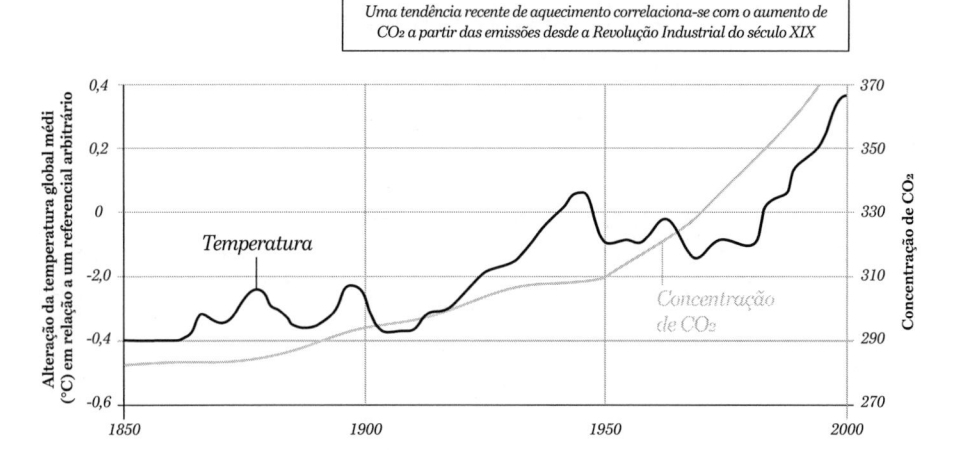

Gráfico 04 - *Aumento da Temperatura Global e da Concentração de CO_2*

> Uma tendência recente de aquecimento correlaciona-se com o aumento de CO_2 a partir das emissões desde a Revolução Industrial do século XIX

Fonte: IPCC

Já sob uma visão psicológica, a percepção sobre o clima difere muito da realidade climática, pois as mudanças percebidas dificilmente possuem aval dos registros instrumentais e isso tem relação com a sensação de mudança climática vivida pelos homens. Nesse sentido, o cidadão médio tem sua bagagem de experiências pessoais sobre a atmosfera limitada ao tempo de sua vida, e é relacionado a esse período que vai construindo o seu mundo interno de recordações, referências e percepções, que lhe permitem formular opiniões com base em sua origem e experiência vivida. No caso da mudança climática, seja por sua memória, por influência dos meios de comunicação ou pela própria mudança social experimentada (uma história vivida por muitos nestas últimas décadas), que parece informar sobre a mudança no tempo. É comum se opinar que hoje é mais quente do que antigamente, assim como chove menos; tal como achar que o "tempo ruim" se concentra aos sábados e domingos.

Sobre a importância dos meios de comunicação e o papel do jornalista nesse sentido: o tema aquecimento global tornou-se uma estrela e tem sido difundido em grande escala, pois desperta interesse em todos os setores da sociedade. Está presente desde a indústria, que busca inserir a sua preocupação com a responsabilidade ambiental e ecológica de seus produtos (preocupação algumas vezes séria, mas, no mais das vezes, apenas como estratégia de marketing) até o grande público atraído por um certo ideal de pureza ambiental e vida simples, em contraste com o meio urbano agressivo e industrial onde vive e trabalha[25]. O seu viés catastrófico também ajuda na sua divulgação pelos meios: o aumento do nível do mar, a extinção de espécies animais e vegetais, possível propagação de epidemias. Tragédias sempre vendem jornais.

Com tanta informação (e também contrainformação) divulgada sobre os impactos ambientais, fica difícil ao leitor e cidadão comum avaliar a real extensão do problema. Se ocorre uma mudança abrupta de tempo em São Paulo, logo vem a explicação que se torna cada vez mais popular: "é por causa do aquecimento global"; seca no Nordeste, idem. E o furacão Katrina? "Sem dúvida, aquecimento global". É difícil relacionar todo tipo de evento climático com o grande problema da atualidade. Como os geógrafos e geólogos já afirmaram, no decorrer da história ocorrem nevascas pequenas, grandes e também aquelas que causam profundas transformações.

Segundo Luis Marques (2019), "apenas a abundância dos meios colocados à disposição da desinformação não pode explicar seu relativo sucesso. O que, sobretudo, o explica é o fato que a mensagem dos negacionistas encontra um terreno fértil onde florescer. Ela se encontra, a meu ver, numa mutação histórica fundamental do teor do discurso científico. Das revoluções científicas do século XVII a meados do século XX, a ciência galgou posição de hegemonia, destronando discursos de outra natureza, como o religioso e o artístico, porque foi capaz de oferecer às sociedades vitoriosas mais energia, mais mobilidade, mais bens em geral, mais capacidade de sobrevivência, em suma, mais segurança. Seus benefícios eram indiscutíveis e apenas confirmavam suas promessas, que pareciam

---

[25] *Greenwashing* é um termo usado para descrever a prática de certas companhias para tentar transmitir uma roupagem ambiental ou sustentável aos seus produtos e serviços. Não obstante, esta roupagem é meramente de forma, e não de verdade, no que se converte em um uso enganoso da comercialização verde. São exemplos as embalagens de um produto elaborado com produtos químicos danosos à sociedade e ao meio ambiente, fazendo-o parecer como se fosse um "amigo da natureza". As empresas podem recorrer ao *greenwashing* por várias razões: uma delas é como uma forma de esconder práticas pouco saudáveis em termos ambientais; outra é a de que, atualmente, os produtos ditos virtuosos, frutos de políticas autênticas e de responsabilidade social estão encontrando boas respostas por parte dos consumidores. Neste caso, buscando se aproveitar desta nova tendência, algumas marcas simplesmente fazem uma maquiagem ambiental, sem necessariamente adotar tais práticas.

ilimitadas". Na atualidade, no entanto, como vimos no Capítulo 1, vivemos uma situação diferente no interior do sistema, o que provoca uma grande angústia e incerteza no cidadão comum, cada vez mais ensimesmado e, sobretudo, um consumidor, o que tem aberto um grande espaço para posições mais obscurantistas, que são claramente exploradas.

A importância dos indicadores de sustentabilidade e a fé na tecnologia

Reside na dúvida ainda persistente a importância dos chamados indicadores de sustentabilidade. É preciso, mais do que nunca, provar a existência de um problema ambiental. Um indicador deste tipo pode ser comparado a um exame de colesterol. Uma pessoa que apresente um índice elevado pode – em muitos casos – não estar ainda apresentando os sintomas do que pode vir a se constituir no futuro em uma situação que coloque sua vida em risco. Ainda que não esteja clara tal situação num dado momento (em que não se manifestaram as suas consequências), um exame prévio pode indicar uma situação de alta probabilidade de insustentabilidade no futuro; o que pode levar o paciente a rever as suas políticas, atitudes e hábitos pessoais e, consequentemente, mudar o diagnóstico futuro. Em muitos casos, a indicação pode conduzir a mudanças profundas de comportamento, a principal motivação para um exame prévio. Conviver bem com um nível de colesterol alto durante alguns bons anos é possível, mas após algum tempo o corpo passa a dar demonstrações claras de suas limitações e as condições de qualidade de vida tendem a piorar muito; ter consciência, de antemão, de que suas práticas não são das mais saudáveis e conhecer os meios para mitigar tal condição certamente contribui para uma vida mais plena no futuro. Mas, muitas vezes, a informação é desperdiçada: não se trata de um perigo imediato e, antes do infarto, muitas coisas podem acontecer por outras vias (um acidente de carro, uma queda da torre ao tirar uma *selfie*...); ou seja, aproveite a vida. Esse é o raciocínio de muitos, dos jovens principalmente, para quem ainda é difícil dimensionar os riscos.

Todas as ocupações criam os seus indicadores diários. Um balanço contábil, por exemplo, nada mais faz do que cumprir essa função para os administradores de empresas. Relações entre os dados de um balanço contábil (maior ou menor lucro, aumento de custos, quais áreas ou departamentos são mais produtivos ou grau de endividamento, por exemplo) podem, de antemão, prover uma série de informações bastante úteis aos administradores, que a partir deles traçam suas estratégias de mercado. Essas e outras informações, conjugadas aos dados macroeconômicos e financeiros, fornecem importantes pistas para o planejamento das empresas.

Ampliando a análise ao nível macro, verificamos que também o mundo econômico é composto por um universo de indicadores à parte, no qual alguns poucos especialistas conhecem a estrutura conceitual envolvida na sua construção, mas que é diariamente anunciada nos noticiários jornalísticos que atingem (ou pretendem atingir) toda a população. A confusão bastante conhecida quanto aos indicadores econômicos mostra uma característica desse instrumento que deveria ser evitada: o desconhecimento sobre o seu objetivo e sentido. Para a maioria das pessoas, os indicadores só se tornam mais claros e compreensíveis (entenda-se úteis) quando se referem à sua realidade diária ou a um arcabouço sobre o qual possuem algum grau de conhecimento.

Alguns indicadores, como as taxas de desemprego ou a de inflação, são exemplos de aproximação à realidade. Outros, também constantemente divulgados na grande mídia, como risco-país ou o índice da bolsa de valores, indicam algo, mas a maior parte das pessoas não sabe exatamente o quê. Apesar de mais próxima à realidade das pessoas, a mensuração de inflação ou desemprego envolve uma clara necessidade de definição conceitual prévia de atributos e parâmetros que lhe permitam descrever uma fatia de realidade da forma mais acurada possível, ainda que seja transmitida de forma direta. Algum grau de inflação ou desemprego parece necessário e inerente ao funcionamento da economia; mas descobrir a partir de quais patamares se converte em problemas e animadores de política específica são motivos para uma investigação mais acurada. Basicamente, tais dados correm junto com indicadores de crescimento econômico: maior volume de produção, saldo da balança comercial, desempenho setorial do PIB, por exemplo.

Essa mesma preocupação atinge os indicadores de meio ambiente. Algumas estatísticas buscam retratar as condições de poluição (do ar, da água, do solo), desmatamento, perda de biodiversidade, entre outros; a partir de um determinado ponto, um certo grau de poluição do ar, por exemplo, pode conduzir a uma série de problemas de saúde pública. Verifica-se, em alguns casos, no entanto, a dificuldade de se estabelecer parâmetros. Embora, em sua maioria, possam aferir a velocidade da ação – sua dinâmica de movimento –, em alguns casos não se consegue responder a perguntas básicas como: em que nível de degradação está? Determinada taxa é aceitável ou não? Sob quais condições? No curto, médio ou longo prazo? A prática econômica atual está tornando em quanto o mundo "mais cheio"?

Na tentativa do desenvolvimento sustentável, a questão dos indicadores revela-se de grande importância, pois eles devem, conjugando-se os ambientais aos sociais e econômicos, retratar e auxiliar na busca de soluções e políticas para a sua possível consecução. Os indicadores econômicos e sociais possuem uma história mais longa e, de certa forma, já podem se considerar sedimentados (na medida do possível...). Os indicadores ambientais (de base biofísica) possuem história mais recente e ainda são passíveis de críticas quanto às suas metodologias de mensuração e gradação, e mesmo quanto aos seus significados. Ressalte-se, ainda, que os objetivos do desenvolvimento sustentável atentem também para a necessidade da variável institucional (a capacidade de organização social e de resposta política à questão) no trato do tema.

Num indicador de sustentabilidade, esses quatro fatores devem ser abarcados para que, somados, possam fornecer um quadro da situação abordada, dado que a percepção da crise ambiental suscitada pelos debates realizados nos últimos 50 anos tem nos mostrado que estão francamente interligados. Entre esses quatro aspectos, a quantidade de variáveis possíveis de serem incorporadas é imensa; identificar quais as mais importantes para uma melhor qualificação da realidade é uma dificuldade sempre presente. O peso e a importância de cada uma também é um fator a ser pensado. E como elas se relacionam entre si, o maior desafio.

Sob a análise econômica, o conceito fundamental é o de capital natural, aqui já referido. A forma como este pode ser substituído pelo capital manufaturado é motivo para extensos debates. A avaliação da abordagem do "capital natural crítico" especula nessa mesma direção; a da busca por um pretenso ponto de equilíbrio na relação econômica do homem com a natureza, um limite a partir do qual adentramos no campo da insustentabilidade (Chiesura e Groot, 2003; Ekins, 2003; Deutch, Folke e Skanberg, 2003). Identificar esse ponto é o grande desafio que está implícito em toda a discussão acerca do desenvolvimento sustentável.

À escala das preocupações globais, frente a uma demanda crescente e constantemente ampliada por recursos naturais (renováveis e não-renováveis), a probabilidade de que a escassez de alguns recursos vitais para a vida humana atinja o seu extremo parece ser um perigo real. E nesse estágio não será somente um problema de má-formulação de políticas, de questões políticas paroquianas ou de incompetência, o problema será realmente de escassez do bem.

Tentar estabelecer quão perto ou distante esse momento se encontra deve ser o objetivo dos trabalhos de indicadores de sustentabilidade. A possibilidade de sua ocorrência em um período de 250 anos certamente nos dará certo alívio, pois poderemos nos preparar para isso com um tempo maior de acomodação, assim como se daria tempo para a tecnologia encontrar meios alternativos para a diminuição do estresse preconizado (na escala planetária, no entanto, seria um tempo muito curto). Se um indicador nos mostrar que a degradação e o consumo de determinado bem caminham em um ritmo extremamente acelerado e o fim deste estará próximo (por exemplo, num horizonte de poucos anos), a preocupação será maior, assim como suas eventuais medidas deverão ser mais drásticas. Os alertas do IPCC nos dizem precisamente isso; mas, como jovens saudáveis que somos, nos contentamos em tentar protelar as medidas, preocupados com coisas mais "reais" e mundanas.

No recente relatório especial do IPCC, de 2018[26], atualmente, evitar um aquecimento médio global não superior a 1,5ºC requer agora em menos da metade, a cada década, as emissões glo-bais de gases de efeito estufa, causadas sobretudo pela queima de combustíveis fósseis, pelo desmatamento e pela agropecuária. Dos 41 bilhões de toneladas (gigatoneladas ou Gt) de CO_2 atuais, deve-mos passar a emitir apenas 18 $GtCO_2$ em 2030 e enfim zero $GtCO_2$ em 2050 (emissões líquidas). O perigo está mais perto.

---

26 IPCC, Global Warming of 1.5ºC, 08/10/2018.

Dessa forma, a medida de insustentabilidade parece estar diretamente relacionada à probabilidade do dano. Um indicador de sustentabilidade deve, em suas entrelinhas, dizer qual a probabilidade de atingirmos um estado de insustentabilidade, dadas as condições observadas e o estado do ambiente. Assim como numa análise de risco, se para a grande maioria das pessoas a probabilidade de ocorrência do evento dano ambiental é baixa, parece baixa, ou mesmo não se tem como medi-la, a tendência é de que o anúncio da sua gravidade perca parte de seu impacto e os agentes continuem a atuar da forma a que já estamos acostumados, sem sermos tentados a alterar as formas de comportamento vigentes, de modo a prevenir ou minimizar a ocorrência do dano. Um gás a mais para a passividade mórbida ("deixe tudo como está, que tudo se resolve").

Adicionalmente, a experiência tecnológica dos últimos séculos também nos permitiu nutrir alguma esperança — muito limitada — nas possíveis soluções que ainda possam vir a surgir. Um exemplo mundano disso é o que se verifica nos poluentes emitidos pelos automóveis. No Brasil, embora a população de automóveis tenha mais do que triplicado desde os anos 1980, de lá para cá os veículos melhoraram muito no quesito ambiental (ainda que não o suficiente): atualmente, os carros lançam no ar cerca de 0,25 g/km de monóxido de carbono, contra 28,7 g/km em 1985, uma redução de 99%, que foi possível pela implantação, em 1986, do Programa de Controle da Poluição do Ar por Veículos Automotores (Proconve), executado pelo Instituto Brasileiro do Meio Ambiente e dos Recursos Naturais Renováveis (Ibama). O programa estimulou mudanças empreendidas nos veículos e combustíveis por causa das exigências estabelecidas para se combater a degradação do ar causada pela emissão de gases poluentes por veículos automotores. No entanto, o ar das grandes cidades continua extremamente poluído e é urgente que medidas para a diminuição de automóveis, favorecendo o transporte público (mais econômico e sustentável), sejam também estimuladas e implementadas; mas, é preciso admitir, já seria absolutamente insuportável se os carros continuassem emitindo poluentes no padrão a que estavam habilitados na década de 1980. O mesmo ocorreria com o nível de poluição das cidades, com o desenvolvimento das tecnologias apropriadas. Mais crescimento, mais renda e menos degradação ambiental e poluição. Essa é a esperança.

Com tal intento, nos anos 1990, alguns autores investigaram uma relação que passaria a ser chamada de Curva de Kuznets Ambiental (CKA), a partir da qual algumas medidas de degradação ambiental aumentariam nos momentos iniciais do crescimento econômico, porém, eventualmente, diminuiriam quando certo nível de renda fosse alcançado, quando poderiam ser direcionados mais recursos para mitigar os efeitos do período anterior. Em resumo, o conceito da CKA surgiu no começo da década de 1990 para descrever a trajetória, no tempo, que a poluição de um país deveria seguir como resultado do desenvolvimento econômico.

Quando o crescimento ocorre em um país extremamente pobre, a poluição inicialmente cresce porque os aumentos na produção geram emissões de poluentes e porque o país, dada a sua pobreza, coloca uma baixa prioridade sobre o controle da degradação ambiental. Uma vez que o país ganha suficiente grau de afluência, sua prioridade muda para proteção da qualidade ambiental. Se esse efeito renda é forte o suficiente, causará o declínio da poluição. Tal efeito refletiria o que aconteceu e está acontecendo na China, que verifica altíssimos índices de poluição atmosférica (como a Olimpíada de 2008 mostrou a todo o mundo), mas que recentemente passou a se preocupar um pouco mais com o tema. Segundo Deacon e Norman (2004), tal raciocínio sugere que a melhoria ambiental não poderia vir sem crescimento econômico.

| Gráfico 05 - *Curva de Kuznets Ambiental*

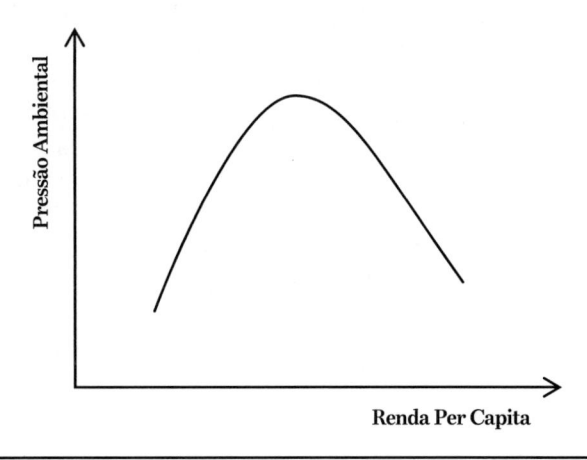

[Gráfico: curva em formato de sino com eixo vertical "Pressão Ambiental" e eixo horizontal "Renda Per Capita"]

Fonte: Stern et alii, 2006

Em consonância com essa ideia, diversos países passariam por estágios de desenvolvimento, regidos pelas forças de mercado e por mudanças na regulação governamental. No primeiro estágio, marcado pela transição de uma economia tradicional agrícola para uma industrializada, o crescimento econômico implicaria numa pressão cada vez maior sobre o meio ambiente, resultado da criação e ampliação do parque industrial. O estágio seguinte seria caracterizado pela maturação da sociedade e da infraestrutura industrial. Nesse ponto, o atendimento das necessidades básicas permitiria o crescimento de setores menos intensivos em recursos e poluição e as melhorias técnicas começam a reduzir a intensidade de matéria/energia e rejeitos da produção. Por fim, no terceiro estágio de desenvolvimento, ocorreria o "descolamento" (*de-linking*) entre o crescimento econômico e a pressão sobre o meio ambiente, a partir do momento em que o primeiro não mais implica um aumento do segundo (Grossman e Krueger, 1995; Shafik, Selden e Song, 1994). Outra forma de visualizar essa sequência, de um modo mais crítico, é perceber também os movimentos de relocalização do capital, quando os países mais ricos, em outra fase de sua produção industrial, tendem a deslocar suas unidades produtivas e seus setores mais poluentes para os países mais pobres.

Apesar de tal constatação, são vários os fatores identificados na literatura que economicamente seriam responsáveis pelo formato descrito pela CKA. A inversão da trajetória positivamente inclinada para uma negativamente inclinada foi atribuída por Selden e Song (1994) a: i) uma elasticidade-renda positiva para qualidade ambiental, ou seja, conforme aumenta a renda, as pessoas tendem a querer mais qualidade ambiental; ii) mudanças na composição da produção e do consumo; iii) níveis maiores de educação ambiental e conscientização das consequências da atividade econômica sobre o meio ambiente (que contribuiriam na relocalização das unidades produtivas, por querer "afastar" as mais poluentes) e iv) sistemas políticos mais abertos (que abririam espaço para maiores reivindicações em termos ambientais). Aumento na rigidez da regulação ambiental, melhorias tecnológicas e liberalização comercial também são apontados como possíveis causadores do "descolamento" (Cole, 2004; Stern, 2004).

A pressão subjetiva

Além dos fatores físicos, no debate da sustentabilidade existe uma esfera que é ampla e constantemente esquecida. Trata-se do mecanismo de pressão cultural-comportamental que acompanha todo o processo de crescimento econômico capitalista e culmina nas mazelas ambientais, o combustível que fomenta a máquina. Desde o início do século XX, as empresas já começavam a perceber que a manutenção e o aumento de seus níveis de produção deviam crescer paralelamente aos níveis de consumo; mas a antiga Ley de Say, que argumentava que "toda a oferta criaria a sua própria demanda" não encontrava ecos na realidade. A teoria Keynesiana surgiu exatamente para estudar tal problema, mas em um nível macroeconômico.

No planejamento das empresas, elas já percebiam que o nível de consumo não dependia única e somente do nível de renda das pessoas, mas sim que havia um componente psicológico muito forte que podia gerar grandes massas consumidoras: deveriam gerar crenças e costumes, bem como estimular a criação de necessidades, uma virtual insatisfação, que demandaria bens materiais a serem supridos pelo capitalismo. Voltando aqui às necessidades de Max-Neef (1991), muitas das mais importantes necessidades humanas poderiam ter produzidas suas contrapartidas em termos e bens materiais, ou poderiam ter a sua obtenção mediada por eles, com destaque para aspectos como identidade, afeto, participação ou proteção. A identidade, como Veblen já sublinhava, pelo padrão de consumo demonstrado, pelas escolhas que exprime o seu estilo, a sua forma de pertencimento e participação em um grupo, por exemplo.

A avaliação desse aspecto mais sociológico do consumo da sociedade tem sido alvo de análise de uma série de disciplinas como psicologia, antropologia, filosofia e psicanálise, entre outras; além da economia, propriamente, que convencionalmente possui uma visão estritamente utilitarista desse processo. No tocante à questão ambiental, a sociedade de consumo ainda tem sido relativamente pouco explorada quanto à sua componente essencial de mantenedora do sistema insustentável vigente; a extensão de tal comportamento às sociedades que ainda não partilham em sua totalidade de tal lógica (as que apresentam atualmente as maiores taxas de crescimento do produto do mundo) pode levar os recursos naturais do planeta ao ocaso. Um agravante é que todo meio de comunicação de massa, ao mesmo tempo em que divulga as possíveis catástrofes ambientais e prováveis consequências da mudança climática (o que é um ponto positivo), incumbe-se também de incrementar ainda mais tal lógica de satisfação de necessidades subjetivas por meio de bens materiais, que é o que financia a sua própria existência e razão de ser. Uma contradição grave, de princípio, que depõe contra o ideal da sustentabilidade, agravando a probabilidade de que os riscos enfrentados assumam uma proporção ainda maior, a despeito dos alertas ambientais.

Vivemos, dessa maneira, numa sociedade de risco, como assim foi descrita a atual era pelo sociólogo alemão Ulrich Beck (1998). Escrita ainda na década de 1980 sob os efeitos da catástrofe nuclear de Chernobyl, a obra de Beck coloca que vivemos na passagem da modernidade industrial para uma sociedade de risco, por meio de uma transformação dada a partir da confrontação da modernidade com as consequências não desejadas de suas próprias ações. Dessa forma, o desenvolvimento industrial não regulado pelo sistema político traz riscos de uma nova magnitude: são incalculáveis, imprevisíveis e incontroláveis pela sociedade atual.

De maneira adicional, esses riscos não podem ser simplesmente controlados desde os Estados-Nação – na forma como nos acostumamos a ver –, dado que transcendem as suas fronteiras; o que implica que surge objetivamente uma comunidade mundial, na qual falta e será necessário construir de uma forma política. Segundo Beck, a sociedade de risco implica numa série de mudanças que condicionam a paisagem da atualidade e que nos levam a refletir sobre alguns novos aspectos:

a) A passagem de uma sociedade de classes a uma sociedade de risco. Segundo Beck, *o smog*, por exemplo, é democrático, dado que seu efeito alcança todas as classes sociais;

b) A passagem de uma sociedade estamental, de identidades fixas sustentadas pela etnia, pela religião, pelo trabalho, a uma sociedade cada vez mais individualizada, na qual as pessoas constroem as suas trajetórias de forma reflexiva, escolhendo seus trabalhos, seus pares, seus modos de viver;

c) Uma mudança do estatuto da ciência, de uma situação de monopólio do saber para um cenário no qual as opiniões dos especialistas passam a competir com um saber leigo e uma racionalidade social.

O conceito de sociedade de riscos permite analisar alguns fenômenos contemporâneos como a gripe aviária, o aumento dos furacões cada vez mais fortes, relacionados ao aquecimento global, ou os tsunamis que passaram a aparecer com muito mais frequência nos últimos anos. Os riscos não se referem somente aos danos produzidos e não são o mesmo que a destruição; o discurso dos riscos começa onde acaba a nossa confiança na segurança e deixa de ser relevante quando ocorre a catástrofe potencial.

A iminência da possibilidade ou probabilidade dos riscos deveria ativar uma série de movimentações de ordem política por parte da sociedade, mas o fato é que a sociedade em que vivemos (em todo o mundo) prefere que nada aconteça, ao mesmo tempo em que lamenta os fatos. A identificação com a sociedade de risco permite desfrutar tanto da boa quanto da má vida e as suas ameaças.

Para Beck, em sua fase inicial, os riscos são consequências não desejadas da lógica de controle que domina a modernidade, cuja sociedade é uma empresa para a construção da ordem e do controle. Dessa forma, são geradas as consequências que colocam em questão a mesma afirmação de controle por parte do Estado, não somente devido à globalidade dos riscos, mas também devido às indeterminações e incertezas inerentes ao seu diagnóstico. Os novos tipos de riscos são simultaneamente locais e globais e os perigos ecológicos não mais reconhecem fronteiras. Esse distanciamento espaço-temporal dos perigos das escolhas entre os riscos locais e globais confirma o diagnóstico da sociedade de risco global: nessa configuração, é muito mais difícil se atribuir os danos a culpados bem definidos, de modo que o princípio do "poluidor-pagador"[27] se torna de difícil aplicação. Além disso, não existem medidas paliativas no caso em que o pior cenário possível e imaginado se torne real. Nesse sentido, a lógica de controle entra em colapso.

Os novos riscos são invisíveis e de difícil percepção. Entre eles destacam-se as contaminações nucleares e químicas e, o que ainda carece de uma devida comprovação científica, os poluentes de gêneros alimentícios, principalmente os geneticamente manipulados[28]. Beck (1998) tem estipulado três tipos diferentes de riscos globais. Entre os quais estão aqueles: a) provenientes da riqueza e associados ao desenvolvimento tecno-industrial (como o buraco na camada de ozônio, acidentes envolvendo tecnologias de alto risco como engenharia genética, nuclear e química); b) aqueles condicionados pela pobreza: Beck (1998) reconhece o papel do Relatório Brutland ao chamar atenção para o fato de que a pobreza, tal como a riqueza, pode ser um estímulo para a degradação ambiental. E, em terceiro lugar, c) os riscos oriundos do uso de armas de destruição de grande escala em circunstâncias excepcionais, que podem surgir do embate entre nações (no caso específico de uma guerra) ou das ações provindas de grupos terroristas (Beck, 1998, p. 69).

---

27 No Capítulo 3, o princípio será mais detalhado.
28 Existe uma grande gama de riscos que, argumenta-se, estão associados aos chamados transgênicos: a existência de novas toxinas, que levariam a um potencial risco de alergias; a disseminação de genes resistentes aos antibióticos, que levariam a uma menor eficácia de alguns medicamentos; aumento do uso de produtos químicos sobre as plantas, com o consequente aumento da contaminação da água e dos alimentos; aparecimento de ervas resistentes aos herbicidas, que poderiam invadir os campos; disseminação de enfermidades por meio de barreiras entre espécies; perda de biodiversidade dos cultivos.

Um ponto importante a se destacar nesta análise de Beck é o caráter amplamente democrático dos riscos desta sociedade: se, tradicionalmente, os impactos ambientais afetam diretamente os pobres, os novos riscos, agora, são compartilhados por todos. A continuar o estado de coisas que impede a tomada de decisões responsáveis no tocante às grandes conferências e acordos globais, mesmo os plutocratas de plantão precisarão usar mascaras de gás em suas luxuosas casas montadas nos seus *bunkers*. Mesmo os bilionários do Riquistão precisarão gastar uma boa parte de suas economias para conseguirem viver sob tal cenário (talvez seja isso que aumente tanto a vontade das pessoas de ir para Marte[29]).

Riscos biográficos

Os riscos agora já podem também ser biográficos (Beck, 1992). O exemplo clássico é o do excesso de trabalho. Várias pesquisas já relacionaram o estresse a doenças cardíacas, diabetes e enfraquecimento do sistema imunológico. O aumento do estresse no trabalho e a instabilidade no emprego têm impacto direto na saúde do empregado e, consequentemente, nos resultados financeiros das empresas.

Morrer de trabalhar. O mundo do trabalho está a cada dia mais complexo: os que perdem os seus empregos enfrentam uma dura batalha para se recolocar no mercado, tendo, em muitas ocasiões, de se sujeitar a relações muito precárias (em termos de benefícios sociais) para poder voltar ao mercado; isto quando conseguem retornar, pois o desemprego em nível planetário é crescente. Segundo a Organização Internacional do Trabalho (OIT), o número de pessoas desempregadas no mundo inteiro era de aproximadamente 201 milhões em 2017.

Esse é um lado da questão. Para os remanescentes no mundo do trabalho, no entanto, a situação parece não ser tão confortável como poderia ser (já que estes seriam os "vitoriosos"): o excesso de competitividade, a pressão constante por maior e melhor desempenho, a ansiedade advinda da incerteza têm se tornado fontes

---

[29] Disponível em: <https://www.mars-one.com/faq/selection-and-preparation-of-the-astronauts/what-are-the-qualifications-to-apply>.

de séries de transtornos psíquicos que se manifestam em sequelas sérias em termos de saúde coletiva. Um cenário no qual as crises e transformações estruturais do sistema tendem a se converter em crises pessoais.

No Japão, já existe uma palavra que designa as pessoas que literalmente morrem de trabalhar *(karoshi)*. O problema é tão generalizado que se uma morte for considerada *karoshi*, a família da vítima recebe uma compensação do governo, da ordem de US$ 20 mil por ano, além de uma indenização da empresa, que pode chegar a US$ 1,6 milhão. Para isso, a vítima precisa ter trabalhado mais de 100 horas extras no mês anterior à sua morte – ou 80 horas extras por dois meses consecutivos ou mais nos seis meses anteriores. Quando a lei foi implantada, as autoridades notavam cerca de 200 casos por ano, mas, em 2015, os pedidos de indenização chegaram ao número recorde de 2.310, segundo relatório do Ministério do Trabalho do Japão[30]. De acordo com o Conselho Nacional de Defesa para Vítimas de Karoshi, os números reais podem chegar a 10 mil por ano – aproximadamente a mesma quantidade de pessoas mortas no trânsito anualmente no país asiático.

O "dar o sangue" do japonês, ao mesmo tempo, também pode ser motivo de inveja, como foi o caso da reconstrução do país após o tsunami em 2011: imagens na internet mostraram locais devastados pela tormenta à época e como eles ficaram alguns anos depois. Outro exemplo bastante difundido foi o de uma grande cratera aberta em uma rua e que depois de 48 horas já estava totalmente recoberta e novamente aberta ao trânsito. Trabalhar diligentemente pode ser um hábito glorificante, mas em excesso pode acabar se tornando um transtorno em sua vida pessoal. Escapando ao fato em si, nesse ponto poderíamos seguir duas linhas de análise para contextualizá-lo aos objetivos deste trabalho: um primeiro aspecto é a abnegação e devoção ao trabalho e à empresa, que poderia ser interpretado como mais uma manifestação do altruísmo que as pessoas podem apresentar quando devidamente estimuladas para esse fim, uma pedagogia mais insistente do valor do trabalho na vida das pessoas que, no caso específico do Japão, poderia ser atribuído a uma ética confuciana. Outro aspecto que chama a aten-

---

[30] Zaria Gorvett. Da BBC Capital. 1 out. 2016. "Morrer de tanto trabalhar" gera debate e onda de indenizações no Japão. Disponível em: <http://www.bbc.com/portuguese/vert-cap-37463801>.

ção é o da confusão ou do vazio existencial presente na vida dessas pessoas que passam a dedicar ao trabalho a maior parte da sua existência, quando não ela inteira. Se nada mais faz sentido além de trabalhar, que tipo de vida livre essas pessoas podem ter? E a liberdade emancipatória, qual seria o seu peso sob tal perspectiva?

As origens da instabilidade mental no mundo do trabalho são complexas e existem grandes diferenças entre os países (notadamente quanto às práticas de trabalho e renda), mas parece haver alguns elementos comuns que vinculam a alta incidência de estresse, o cansaço e a depressão às transformações que se estão produzindo no mercado de trabalho, devidas, em parte, aos efeitos da globalização econômica. Estudo recente citado no relatório da OIT "Estresse no ambiente de trabalho: um desafio coletivo"[31] indicou que mais de 40 milhões de pessoas são afetadas por estresse relacionado ao trabalho na União Europeia, e que o custo estimado da depressão relacionada ao trabalho seria de 617 bilhões de euros por ano e já seria o segundo problema de saúde relacionado ao trabalho mais frequente na Europa, com quase a metade das jornadas perdidas. A falta de saúde relacionada ao trabalho pode custar à Europa entre 2,6% e 3,8% de seu PIB.

Nos Estados Unidos, os gastos chegam a US$ 300 bilhões por ano. No Brasil, as empresas gastam cerca de US$ 80 bilhões anualmente ou R$ 250 bilhões com tratamentos, internações e consultas de funcionários afetados pelo estresse profissional e outras doenças relacionadas ao trabalho. Os números fazem parte de uma pesquisa da ISMA (International Stress Management Association). Além dos gastos médicos, os aumentos nos custos das empresas ocorrem em função da baixa produtividade dos funcionários, do absenteísmo (falta no trabalho), do *turnover* (rotatividade, troca de funcionários) e até mesmo do *burnout* (esgotamento, depressão no trabalho). As razões para esse crescimento são porque as pessoas (que têm emprego) estão trabalhando cada vez mais, no afã de mostrar competitividade e eficiência.

Embora possa não ser considerada direta ou estritamente decorrente de uma carga excessiva de trabalho, verifica-se, na atualidade, que é também muito grande a lista de problemas de

---

[31] Disponível em: <http://www.ilo.org/wcmsp5/groups/public/---ed_protect/---protrav/---safework/documents/publication/wcms_466547.pdf>.

ordem psíquica relacionados à saúde coletiva: depressão, síndrome do pânico, angústias, fadiga crônica, vertigens, irritabilidade e compulsões (por drogas, remédios, alimentos ou consumo). Em estudo feito na Alemanha, um dos principais planos de saúde do país constatou um aumento de 51% no número de dias perdidos em consequência de problemas de saúde mental, durante um período de quatro anos (1997-2001), com grande aumento no registro de doenças mentais entre jovens na faixa etária dos 15 aos 29 anos.

A Meta 8 do Objetivo 8 da Agenda 2030 da ONU para o Desenvolvimento Sustentável pede "ambientes de trabalho seguros para todos os trabalhadores"; e garantir locais de trabalho seguros vai além da proteção da segurança física dos trabalhadores, estendendo-se ao seu bem-estar mental e psicológico. As causas mais comuns de estresse no trabalho são riscos psicossociais relacionados à organização do trabalho, projetos de trabalho, trabalho e suas condições, bem como as condições externas que podem influenciar o desempenho do trabalhador, satisfação na ocupação e saúde.

Embora o impacto do estresse no local de trabalho varie de um indivíduo para o outro, ele é conhecido por trazer consequências para a saúde que variam de transtornos mentais a doenças cardiovasculares, músculo-esqueléticas e reprodutivas. O estresse no trabalho também pode levar a problemas comportamentais, incluindo abuso de álcool e drogas, aumento do tabagismo e distúrbios do sono.

A OIT e a OMS emitiram diretrizes e recomendações para sanar esses problemas, entre elas a promoção do empoderamento do trabalhador, participação e satisfação, assim como a adoção do conceito da OIT de "trabalho decente", cujos elementos incluem emprego justo, respeito pelos direitos humanos, regras laborais, proteção ao meio ambiente, transparência e diálogo social.

Nesse sentido, a OIT recomenda que os países incluam em suas listas de doenças ocupacionais o estresse e os transtornos mentais, garantindo, assim, que esses possam ser identificados, quantificados e, posteriormente, tratados. A OPAS/OMS também tem emitido recomendações, orientações e intervenções para a prevenção de problemas de saúde mental devido a riscos psicossociais e publicou a série *Protecting workers' health* (*Protegendo a saúde dos trabalhadores)*, que promove medidas e políticas para minimizar a exposição a esses problemas[32].

Como já dito, existem custos para o empregado, o empregador e também para o Estado. Os empregados sofrem com o desânimo e o estresse, com a perda de renda e do emprego, e ainda podem carregar o estigma de serem associados a uma enfermidade mental. Para os empregadores, os custos se traduzem em termos de baixa produtividade, diminuição de lucros, maiores custos de seleção e formação de pessoal. E para os governos, os custos incluem gastos de saúde pública e seguros e perda de renda nacional. O estudo da OIT calculou que entre os países da União Europeia se gastam cerca de 3 a 4% do PIB em problemas de saúde mental.

Em outra frente, o número de viciados em drogas e com perturbações de comportamento vem se acelerando desde o fim dos anos 1970. Esse aumento pode ser entendido também como uma consequência das novas exigências da sociedade dita pós-moderna, que exige cada vez mais desempenho das pessoas em todas as áreas, mas elas nem sempre estão preparadas para responder a tal pressão. Cada indivíduo precisa buscar sempre o máximo desempenho e quem não consegue lidar com essa cultura pode sucumbir, convertendo-se em portadores de perturbações psicossomáticas, síndrome do pânico ou depressão. Para fugir de situações como essa ou lidar com elas, a pessoa começa a comer muito, jogar ou se drogar. Todo tipo de compulsão, no qual também se enquadram as compras e as drogas ilegais.

Problemas de nutrição e aparência física

Outra ordem de problemas refere-se aos chamados "problemas de nutrição" e aparência física: doenças como obesidade, anorexia e bulimia. Tanto as pessoas que apresentam anorexia quanto a bulimia nervosa apresentam uma preocupação persistente e exagerada com a forma e o peso do corpo. Preocupam-se com o modo como os outros as veem, avaliando a si próprias predominantemente com base na forma e no peso do corpo.

---

32 Disponível em: <https://www.who.int/news-room/fact-sheets/detail/protecting-workers'-health>.

Outra manifestação dessa preocupação com a imagem exterior (ou como os outros a percebem) pode ser vista também no grande aumento das cirurgias plásticas na atualidade. Já são bastante populares programas de televisão especialmente focados nesse público cada vez maior; programas do tipo "antes e depois", que mostram como algumas alterações físicas do próprio corpo são buscadas para a pessoa adquirir uma maior sensação de felicidade e conforto consigo mesma (estimuladas por campanhas e programas de televisão do tipo "10 anos mais jovem"). Segundo dados da International Society of Aesthetic Plastic Surgery, em 2013 foram realizadas 23 milhões de cirurgias plásticas no mundo todo e o Brasil ocupou posição de destaque no levantamento, com 1,491 milhão de procedimentos, ficando acima dos EUA, que, no entanto, ainda lideram quando o volume total de intervenções plásticas – cirúrgicas e não cirúrgicas – é considerado. As cirurgias mais realizadas no Brasil foram lipoaspiração e colocação de próteses mamárias. O País também é líder quando o assunto é rinoplastia e abdominoplastia. Entre os procedimentos estéticos, o destaque é a aplicação da toxina botulínica. O volume é o segundo maior do mundo, com 308,2 mil procedimentos realizados. Os cinco países que mais registraram estes tipos de procedimentos foram os EUA, o Brasil, o México, a Alemanha e a Espanha.

Qual seria a ligação de tais problemas com a questão ambiental? Sob a pressão por desempenho econômico, a vida social acaba assumindo um caráter autodestrutivo. Se é fato que o aumento da produtividade aumenta o faturamento, mas expande o desemprego, é preciso que remanescentes consumam com uma avidez cada vez maior para permitir o funcionamento do sistema. Por meio do desgaste programado, a vida dos produtos é encurtada e, simultaneamente, a indústria é incentivada a criar novas necessidades, estimulando o consumo, fomentando, assim, a perseguição de um padrão de vida que é imposto pelo lado de fora, fruto também de uma profusão de estímulos, geralmente na forma de imagens (TV, mídia, internet, publicidade em geral), que bombardeia os indivíduos, que têm dificuldades em elaborar as informações recebidas.

Todo o processo competitivo no qual estão envoltos os consumidores (que para consumir necessitam de renda) – na persistência de uma crise estrutural que extingue postos de trabalho por conta de inovações tecnológicas constantes – conduz os diversos tipos de problemas de saúde citados, como os mentais (depressão, síndrome do pânico, por exemplo) e compulsivos (drogas, comida, imagem, compras...), mostrando uma outra face da questão a partir de um mesmo foco gerador. Ao mesmo tempo em que confere o estimulado dinamismo à atividade econômica, o comportamento competitivo induzido (como produtor e, principalmente, consumidor) realimenta a lógica, demanda mais recursos transformados e provoca, ainda que indiretamente, sequelas que afetam a qualidade de vida dos indivíduos, diminuindo seu bem-estar, mesmo nas populações não consideradas pobres.

Na atualidade, as dependências e comportamentos compulsivos se disseminam cada vez mais, ganham novas interpretações e mais opções de tratamento, despertando atenção cada vez maior. Comida, exercícios físicos, redes sociais na internet, jogos eletrônicos e compras, entre outras atividades tidas como normais e rotineiras, vêm se transformando na principal causa de preocupação de pessoas que se consideram (ou são diagnosticadas como) "viciadas" em algumas delas.

Para psiquiatras, psicanalistas e antropólogos, mudanças sociais nas últimas décadas e o próprio avanço da medicina ajudam a explicar o fenômeno. Estaríamos vivendo uma era na qual o que tradicionalmente se chama de "vício" ganhou maior amplitude, novos diagnósticos e passou a despertar crescente interesse de terapeutas, da indústria farmacêutica, da sociedade e também de governos. "Vício" é uma palavra em geral evitada pelos especialistas, por sua conotação moral negativa. Eles preferem o termo "dependência", quando se trata de drogas, e "compulsão", para designar distúrbios como a irrefreada e repetida "vontade" de fazer compras, por exemplo.

O problema, logicamente, não está em querer consumir, mas em fazer isso de forma exacerbada, o consumismo. Nesse caso, um impulso particular sobrepõe-se a todas as demais atividades que a pessoa possa – ou mesmo queira – fazer. Ademais, os distintos tipos compulsivos também podem ser caracterizados pela perda da liberdade. Problemas de ordem psíquica como os relatados devem guardar uma estreita correlação com a mesma lógica que impele à exploração exacerbada do meio e poderia ser alvo de uma interessante pesquisa econométrica. Ao contrário dos riscos tradicionais, que atingem principalmente as populações de baixa renda, tais problemas de ordem psíquica acabam afetando também as populações de alta renda dos países desenvolvidos e da população mais rica, traduzindo-se, assim, como os "novos riscos" objetivos.

Segunda sinopse: riscos democráticos

Já são muitos os pesquisadores que defendem que as atividades humanas mudaram o planeta a ponto de produzirem impactos que podem ter iniciado uma nova era geológica, com características distintas do restante do Holoceno. Estaríamos entrando na era do Antropoceno. Trata-se de um debate extremamente especializado e que ainda tem as suas controvérsias internas, mas de todas as discussões que possam ter surgido, uma conclusão é certa, a de que existem limites físicos a esse padrão de crescimento econômico que nos acostumamos a ver nos últimos séculos. Repetir o ritmo de crescimento que foi observado no século XX é fisicamente impossível, ao menos nos moldes em que este se realizou. Para alguns economistas, existe sempre a possibilidade de que o instituto da competição ainda haverá de fomentar o desenvolvimento de tecnologias adaptadas a um novo cenário e que poderemos continuar na mesma balada, ou seja, podemos, sim, ficar um pouco temerosos, mas o circuito fechado da economia convencional conseguirá propor soluções exequíveis no seu devido tempo.

Na visão da economia ecológica, os recursos naturais constituem fator limitante na economia. Não existe a possibilidade de um crescimento contínuo e, para muitos autores desta corrente, deveríamos, na verdade, trabalhar no desenvolvimento de um mundo em decrescimento econômico, dado o grau de insustentabilidade no qual já nos metemos. No "mundo vazio" de Herman Daly, a abundância de recursos naturais reduz o custo de oportunidade, propiciando uma possibilidade de expansão, e os dejetos não causam degradação em um nível significativo. Mas, no mundo cheio de hoje, o que ocorre é precisamente o contrário, e o aquecimento global é um dos seus marcadores mais célebres.

Ainda que os céticos (profissionais ou não) possam sempre colocar em dúvida a gravidade do momento, é preciso que nos atentemos aos indicadores de sustentabilidade. São vários indícadores deste tipo, no que se destaca o da Pegada Ecológica (*Ecological Footprint*), que há vários anos já calcula que superamos o limite da capacidade de suporte do planeta. As fronteiras físicas do crescimento são cada vez mais evidentes, mas o ritmo da economia e, principalmente, o discurso dos governantes e principais atores econômicos para a sua manutenção se confundem com os alertas dados pelos pesquisadores. E se tudo não passar mesmo de mera especulação científica? Bom, vamos nos lembrar de tudo o que foi pesquisado, analisado e divulgado como um folclore de uma época de medo, e certamente muitos dados e análises poderão ser aproveitados com outros fins. Mas, caso as pesquisas estejam realmente corretas, ou razoavelmente próximas disso (e as tenhamos ignorado), o cenário será o das séries distópicas a que assistimos na televisão. Os indicadores, consistentes, mostram que podemos estar nos aproximando de tal cenário, de uma forma mais rápida e acelerada do que podemos imaginar, como já nos alertam os relatórios recentes do IPCC, que mostram uma velocidade acima da esperada no ritmo de aquecimento do planeta nos últimos anos.

Além dos fatores físicos objetivos que dão conta de uma piora dos parâmetros de sustentabilidade do planeta, existem também alguns outros sintomas que normalmente escapam a este tipo de análise. São os chamados riscos subjetivos e biográficos, que afetam uma grande parcela das pessoas. Reflexo de um modo de vida em sociedade que privilegia de maneira exacerbada o culto à imagem e a posse de bens, esses riscos também são crescentes e podem ser traduzidos numa ampla gama de problemas que vão dos distúrbios de nutrição (como anorexia, bulimia) às compulsões mais distintas possíveis (trabalho, drogas, dinheiro, compras...), que denotam também a pouca capacidade do cidadão atual conseguir desenvolver a sua faculdade de livre escolha. Tais riscos contemporâneos são democráticos: afetam de maneira igual tanto os pobres (sempre afetados por todos os problemas), como também os mais ricos, envoltos em uma luta competitiva instigada, mas igualmente afetados. Mesmo os mais abastados cidadãos do Riquistão se apercebem dos riscos que se aproximam. Para afastá-los, será preciso muito mais consciência.

3 A CULTURA E OS SEUS REPLICADORES

"A descoberta mais importante nas recentes pesquisas históricas e antropológicas é que a economia do homem, como regra, está submersa em suas relações sociais. Ele não age dessa forma para salvaguardar seu interesse individual na posse de bens materiais: ele age assim para salvaguardar sua situação social, suas exigências sociais, seu patrimônio social". (Polanyi, 1980, p. 61)

"Quase tudo que é incomum no homem pode ser resumido em uma palavra: cultura. O que esta surpreendente variedade sugere é que o modo de vida do homem é, em grande parte, determinado pela cultura, e não pelos genes". (Dawkins, 1979, p. 211, 186)

Ao mesmo tempo em que constituiu uma grande força técnica e tecnológica, o paradigma da modernidade disseminou também, fortemente, um espírito em que as satisfações e medidas de prazer são mensuradas em termos materiais e numa escala sempre crescente, isto tudo para dar vazão ao crescimento capitalista; o que exige, paralelamente, uma necessidade de bom desempenho econômico pessoal para fazer parte do esquema. O projeto cooptou muita gente, mas não deu garantias mínimas, o que, no entanto, não é o seu maior problema. O maior deles, certamente, foi o de ter estimulado a proliferação de uma grande porção de seres unidimensionais que não conseguem, em sua maioria, perceber que fazem parte de uma realidade específica, com uma concepção também específica de mundo e de objetivos. Sem a compreensão de si e de seu meio, fica muito difícil criar ou atentar para outras possíveis opções, com a confusão redundando no "vazio existencial" citado no capítulo anterior. Com o horizonte estreito, é difícil ver qualquer coisa que esteja mais do que poucos metros ou instantes à frente. Não vê o horizonte e nem os demais, o que limita sobremaneira a extensão de seu alcance e de suas perspectivas, bem como a possibilidade de uma ação coletiva cooperativa. Um problema, no fundo, de falta de liberdade, diria Amartya Sen.

Desta forma, o problema ambiental é também uma manifestação — e uma consequência — dessa estreiteza de pensamento. Não é, simplesmente, um problema técnico que pode ser solucionado de forma mecânica. Trata-se de um problema que é consequência da tentativa de resolução de problemas anteriores; mas é agora muito mais complexo, típico da sociedade de risco, e sua possível resolução deve buscar também uma compreensão maior quanto a objetivos, valores e conflitos do homem; bem como tratar de temas como direitos e liberdade.

A real profundidade do problema ambiental, seu potencial foco gerador, envolve mais do que simplesmente aspectos técnicos. Parece claro que este tipo de análise é imprescindível e é nele que são depositadas, pelas pessoas comuns e parte substancial dos cientistas, as maiores esperanças para que os atuais problemas ambientais possam ser sanados ou minimamente mitigados, a fé na tecnologia.

Mas é preciso ressaltar que, além de dominar a técnica, existe a necessidade de uma integração de objetivos entre o homem e seu meio, a expansão do entendimento da complementaridade entre o sistema humano e o natural.

O funcionamento dirigido somente à produção, à geração de excedentes e ao lucro, além dos impactos no meio ambiente, causa também séries de problemas no âmbito da sociedade como um todo; o que se deve, em boa parte, à sua dificuldade de distribuir os dividendos do processo. Como o Relatório Brundtland já havia percebido, pobreza e degradação ambiental são problemas que caminham juntos (WCED, 1987). Mais do que isso, o que acontece é que tanto a degradação ambiental quanto a pobreza são sequelas, frutos de uma lógica específica de apropriação da natureza e do trabalho com fim econômico. A degradação ambiental não é o único efeito da lógica produtiva do capitalismo sendo levada ao paroxismo: a situação é ainda mais complexa, pois, na crise da atualidade, conjugam-se, além dos efeitos do tipo ambiental, também o econômico, o social e, não menos importante, o cultural.

Foi a Escola de Frankfurt quem empreendeu o mais duro ataque contra a sociedade moderna e, principalmente, sua cultura. Segundo o sociólogo francês Alain Touraine (1994), Max Horkheimer e, em geral, os pensadores de Frankfurt consideravam o mundo em que viviam como o do eclipse da razão objetiva, o fim da visão racionalista do mundo. No prefácio de *Crítica da Razão Instrumental* (1969), Horkheimer mostra toda a sua preocupação com o avanço progressivo dos meios técnicos que trazia consigo uma desumanização da sociedade. O mundo careceria de um sentido claro, um princípio superior de racionalidade e, em razão disso, era o indivíduo que se entronizava e imperava, instaurando, assim, um modelo de individualismo que se apresentava como inimigo da razão. Nas palavras de Touraine, "a razão subjetiva, desde Locke e todos os utilitaristas, substitui as ideias por ideologias a serviço do lucro e substitui o universalismo das luzes pelo triunfo dos particularismos e, em primeiro lugar, dos nacionalismos. [...] O sujeito individual, separado da razão, cai sob a dependência do poder político ou econômico. Os meios substituem os fins, enquanto as teorias da razão objetiva visavam constituir um sistema compreensivo ou hierárquico de todos os seres, incluindo o homem e suas metas" (1994, p. 161).

Em sua obra, Horkheimer comenta que se perguntássemos a alguém no que consistiria a razão, esta pessoa responderia que as "coisas razoáveis" seriam as coisas úteis e que todo homem racional deveria estar em condições de fazer tal distinção. O poder que possibilita, em última instância, os atos racionais, seria a capacidade de classificação, conclusão e dedução, mas sem se preocupar mais profundamente com o conteúdo específico ou o funcionamento abstrato do mecanismo. Seria esta a classe de razão que Horkheimer denominou razão subjetiva, que lida com meios e fins ou com a maneira racional de adequar modos de procedimentos com fins que são mais ou menos aceitos. Os fins são considerados subjetivos no sentido de que servem aos interesses do sujeito com vistas à sua autoconservação, tanto do indivíduo sozinho ou da comunidade na qual está inserido e da qual depende para subsistir. Para o pensador alemão, é completamente alheia à razão subjetiva a ideia de um objetivo que seja racional por si mesmo, que não faça referência a uma vontade subjetiva; trata-se de uma concepção de razão que é sintoma de uma profunda mudança na história do pensamento ocidental. Nem sempre a razão foi concebida desta maneira, dado que, durante um longo período de tempo, existiu uma concepção de razão completamente oposta: seria uma força contida não somente na consciência individual, mas também no mundo objetivo, isto é, nas relações entre homens e entre as classes sociais, na natureza e suas manifestações e nas instituições sociais. Os sistemas formulados por Platão, Aristóteles, a Escolástica e o idealismo alemão eram todos baseados em uma teoria objetiva da razão que aspirava articular uma hierarquia de tudo, incluindo o homem e seus fins. Desta maneira, Horkheimer afirma que a racionalidade de um ser humano podia ser determinada de acordo com a harmonia dessa totalidade. Existiria, assim, uma racionalidade mais abarcadora, total.

Para Touraine, o desencanto do mundo não era, como em Weber, o desaparecimento dos mitos e do sagrado, mas sim da unidade do mundo. Horkheimer critica Weber por ter aderido à tendência subjetivista da razão, que não imaginava nenhuma classe de racionalidade que pudesse permitir ao ser humano discernir entre um fim ou outro. Além disso, a subjetivação da razão trazia como consequência a sua formalização, o que teria implicações teóricas e práticas.

Existe em Horkheimer uma sensação nostálgica de tal tipo de razão, concebida por ele como um ente, uma potência espiritual que constituía uma instância suprema e força criadora que regia as ideias e aquelas coisas às quais devíamos dedicar nossas vidas. A ideia de uma estrutura do ser fundamental que podia ser descoberta através da dialética era o paraíso perdido de Horkheimer, um paraíso que foi se desfazendo no decorrer dos séculos. Desde

Sócrates, Platão, passando pela Escolástica e Spinoza, a razão objetiva foi perdendo terreno e, gradualmente, foi se formalizando. A separação entre a razão e a religião significou um debilitamento do aspecto objetivo da razão, ainda que durante o século XVII prevalecesse o aspecto objetivo da razão.

A filosofia, continua Horkheimer, não tinha o objetivo de eliminar a verdade objetiva, mas de oferecer-lhe uma nova base racional. As forças que conspiraram contra esta visão de mundo foram o calvinismo – e sua concepção de um Deus distante e oculto – e o empirismo, que estabeleceu que a metafísica se ocupava unicamente de pseudoproblemas. Por sua parte, os filósofos iluministas, ao atacar a religião em nome da razão, terminaram por derrotar não somente a religião, mas também a metafísica e o próprio conceito de razão. A especulação, escreveu Horkheimer, passou a ser sinônimo de metafísica, que passou a ser sinônimo de mitologia e superstição.

Touraine aceita a ideia de que a modernidade quebrou o mundo sagrado, mas não o substituiu pelo mundo da razão e da secularização. "Nós vivíamos no silêncio, nós vivemos no barulho, nós estávamos isolados, nós estamos perdidos na multidão; nós recebíamos muito poucas mensagens, nós somos bombardeados por elas. A modernidade nos arrancou dos limites estreitos da cultura local onde vivíamos; ela nos jogou igualmente na liberdade individual como na sociedade e na cultura de massa. [...] A força principal da modernidade, força de abertura de um mundo que estava cercado e fragmentado, se esgota à medida em que as mudanças se intensificam e aumenta a densidade em homens, em capitais, em bens de consumo e em armas" (Touraine, 1994, p. 99-100).

Este esgotamento da ideia de modernidade é inevitável, já que consiste em um movimento, uma espécie de "destruição criadora", emprestando as palavras de Joseph Schumpeter na descrição do capitalismo. Touraine destaca que a modernidade – cultural, econômica e política – ao se decompor em sexualidade, consumo, empresa e nação, "reduz a racionalidade a um resíduo: a racionalidade instrumental, a técnica, consideradas como a procura dos meios mais eficazes para atingir os objetivos que escapam aos critérios da racionalidade na medida em que dependem dos valores sociais ou culturais, cujas escolhas às vezes são feitas segundo critérios distantes de toda a referência à racionalidade" (1994, p. 109-110). Não foram poucos os intelectuais, partindo de Max Weber, que criticaram o instrumentalismo e a obsessão por eficiência. Tais críticas se baseavam na "[...] consciência do declínio da razão objetiva da visão racionalista do mundo, comandada ou não por um deus racional, fiador da capacidade de nossa razão em compreender as leis do mundo" (1994, p. 110).

Para o sociólogo francês, a debilidade de nossas sociedades não é o resultado do desaparecimento dos fins substituídos pela lógica interna dos meios técnicos, mas, ao contrário, da decomposição do modelo racionalista, "despedaçado pela própria modernidade e portanto, pelo desenvolvimento separado de lógicas de ação que não se referem mais à racionalidade: busca do prazer, do status social, do lucro ou do poder" (1994, p. 112). Alain Touraine critica o modernismo, já que ele reduz a modernidade à racionalização que apostou no triunfo da razão como o grande motor que tornaria possível tanto o desenvolvimento da ciência, como também o estabelecimento de uma nova ordem social que levaria a humanidade até a felicidade e a liberdade. Antes desta fragmentação, a sociedade, a economia e a existência nacional estavam unidas entre si, mas tudo isso se desintegrou, com divergência crescente das normas que regem a produção, a política e o consumo. No plano temporal, desde o final do século XIX, a unidade se perdeu e entrou em processo de decomposição. Uma das consequências de tal fato é a falta de uma referência, um princípio diretor central dentro da sociedade secularizada, um sentido, uma utopia, uma certa linearidade na história que nos dê a sensação de que nos dirigimos a algum lugar. Para Touraine, seria justamente isso o que se denomina Pós-modernidade, aquela que desfigurou o que antes estava unido. A descrição desse movimento foi o que se propôs fazer em *Crítica da Modernidade*, e ir para além dela, que para ele consistiria em uma cultura que não apresenta um princípio central detectável e que associa orientações contrárias que parecem marchar cada uma para um lado diferente. Touraine encontra igualmente uma unidade ou um tema central nos grandes adversários da modernidade: a decomposição da modernidade, cujos diversos fragmentos atendem por sexualidade, consumo comercial e a nação. Touraine busca uma reinterpretação da ideia da modernidade sob a luz dos problemas atuais: globalização dos mercados, a profunda diferença entre países ricos e pobres, os problemas ambientais, a crise de identidade dos indivíduos e o papel do progresso científico. O autor busca um princípio unificador que supere essa modernidade reduzida à racionalização e encontrar, dessa maneira, um possível re-equilíbrio entre a liberdade do indivíduo e a sociedade para tentar reinventar a vida social. Para ele, se os intelectuais de meados do século XIX foram impulsionados por sonhos de futuro, os de meados do século XX estavam dominados pelo sentimento de catástrofe, da falta de sentido dos atores da história. É preciso buscar reunificar estes fatores dispersos e a causa ambiental pode ser o caminho para se repensar este movimento.

Ruptura e o estímulo ao consumo

Da teoria para a prática terrena. Além de rompimento, a ideia de ruptura pode ser entendida também como o momento da inflexão, o ponto sem retorno no qual as transformações podem ocorrer e delinear uma nova ordem ou condição. Ruptura poderia ser também a do limite da resiliência, ponto a partir do qual não se tem mais volta. Precisaríamos criar esse ponto de ruptura para gerar uma nova ordem de valores e um novo modelo de crescimento e desenvolvimento econômico e de reequilíbrio entre a liberdade do indivíduo e a vida em sociedade.

No jargão dos supermercadistas – e no do comércio varejista, em geral – no entanto, a palavra tem um significado muito mais prosaico, mostrando o seu uso pelo lado mais ativo da entidade "mercado": a falta de determinado produto na prateleira de suas lojas, as suas "gôndolas", consequência de sua ausência ou mau planejamento dos estoques. Na lógica do setor, "espaço vago é espaço perdido", ou seja, vendas que deixaram de se materializar. Para que o fenômeno não ocorra (ou diminua a sua ocorrência), os agentes e estudiosos do meio criaram o chamado índice de ruptura, que busca aferir o percentual de produtos que enfrentam tal situação no âmbito de cada empresa ou loja. Sofisticadas técnicas são utilizadas, com o amparo de empresas de tecnologia, escaneamento de dados e apoio de consultorias e institutos de pesquisas internacionais para avaliar o comportamento do consumidor. Desta forma, são criados os chamados *benchmarks*, padrões aceitáveis de gestão a serem perseguidos pelos supermercadistas, ao que se segue um séquito de especialistas em marketing, logística e análise de dados, entre outros profissionais. A regra e perfeição a ser atingida é: "não pode faltar produto na prateleira".

Segundo a Nielsen, consultoria de varejo com escritórios em dezenas de países, a indústria oferece ao varejo cerca de 400 mil itens diferentes e anualmente são lançados no mercado brasileiro cerca de 15 mil novos produtos (Abras, 2015). São produtos que tentam constantemente trazer novos apelos ou atribuições, buscam difundir a imagem de serem mais saudáveis, mais práticos, mais naturais; e também existem aqueles que já se encontram no mercado, mas são remodelados com uma nova roupagem, tamanho de embalagem ou voltado a públicos diferentes, por exemplo. Destes, apenas uma pequena parcela consegue ficar no mercado e os demais são, consequentemente, extintos. A luta é árdua para conseguir espaços nos supermercados, pois eles são a principal vitrine e ponto de venda dos produtos, sejam eles alimentos, bebidas, produtos de limpeza, de higiene ou mesmo eletroeletrônicos; afinal, um hipermercado de bom porte pode contar com bem mais de 50 mil tipos de itens diferentes (um supermercado médio deve ter uns 25 mil). Para que os produtos sejam apresentados e oferecidos ao consumidor são feitos diversos estudos e desenvolvidas técnicas para que a quantidade adquirida seja cada vez maior; para isso, são monitorados também o tíquete-médio da loja (quanto o consumidor gasta, em média), bem como a frequência do consumidor (quantas vezes por semana vai ao estabelecimento) e o perfil dos consumidores de cada categoria de produto, entre outros atributos.

A partir do momento em que o consumidor entra na loja os seus passos são monitorados; até mesmo o formato (*o layout*) da loja é concebido neste sentido: se as frutas e verduras ficam na entrada, no meio ou no final da loja, se as bebidas finas ficam mais próximas ou distantes do caixa. A altura das prateleiras, o posicionamento das mercadorias, os produtos que serão ofertados nas esquinas das gôndolas ou junto ao caixa são alvos de estudos para que o consumidor amplie suas compras, tome conhecimento de produtos e realize compras por impulso, muito além da lista de compras planejada ao sair de casa.

Bem antes da entrada na loja, são realizados tais estudos

para organização e exposição dos produtos, é estipulado um *mix* (o sortimento) adequado para o público-alvo. Iluminação, cores, posicionamento dos caixas são alvos de avaliação que conta com um amplo grupo de estudiosos patrocinados tanto pelo próprio supermercado quanto pelas indústrias, que obviamente querem ver os seus produtos sendo escoados em grande escala. Além do gerenciamento dos produtos dentro da loja (como eles devem ficar expostos, ao lado de quais tipos de outros produtos para gerar sinergia na compra, por exemplo), são estudados também os canais de difusão na mídia e quais os seus atributos para tornar o produto mais conhecido. A gestão do *merchandising*, por exemplo, tem o intuito de analisar o impacto da propaganda dentro da loja sobre o volume de negócios de um determinado produto, além de ajudar a determinar os recursos mais adequados aos consumidores de cada loja (cartazes, anúncios, demonstrações, o papel da propaganda...). Outra área sofisticada de estudos é a gestão de margens e preços (a que chamam de *pricing*), que é como se atribuem os valores cobrados pelas mercadorias (R$ 1 centavo a mais sobre milhares de produtos podem fazer diferença significativa depois de um ano) e como fazer promoções de alguns itens, que são compensados em vários outros na loja, sem que o cliente perceba e o atraindo ainda mais às compras.

Um outro tópico muito importante é o papel da comunicação direcionada ao consumo das crianças. Estejam elas junto ou não durante o momento da compra, a presença de uma criança pequena no lar influencia a cesta de compra do consumidor, que para agradá-la é instigado a levar itens como sucos congelados, leite fermentado e hambúrguer; além dos salgadinhos, biscoitos e doces sempre alusivos a personagens que conhecem na televisão ou com embalagens especialmente concebidas para agradar ao público infantil. Segundo dados da consultoria especializada em varejo Kantar Worldpanel[33] para o mercado brasileiro em 2016, praticamente todas as marcas que puxaram o crescimento na cesta de compras de casais com filhos pequenos tiveram algum apelo a personagens infantis amplamente divulgados em diversos canais de mídia (compre uma garrafinha d'água com o desenho do Capitão América, após já ter dispensado uma quantia no cinema, ao ir

---

33 Disponível em: <https://br.kantar.com/mercado-e-pol%C3%ADtica/consumo-e-neg%-C3%B3cios/2016/outubro-pais-abandonam-refrigerantes-em-casa,-mas-liberam-quando--saem-com-as-crian%C3%A7as/>.

ver o filme, tudo conjugado), e os pais tendem a ceder cada vez mais a este tipo de consumo. É o caso, por exemplo, do leite fermentado, categoria onde as marcas com personagens de cinema ou de TV contribuíram no ano de 2016 para um crescimento de 50% no volume, ou dos sucos, em especial os de maracujá, morango e abacaxi.

Além destes, é perceptível também o aumento da inclusão de itens como batata frita congelada, suco pronto, achocolatado, salgadinhos, leite fermentado, biscoitos e bolos prontos. No lugar dos refrigerantes, tidos como altamente calóricos, tem crescido também a opção por sucos em pó (81%), suco pronto para beber (56%) ou leite aromatizado (49%). Estas bebidas altamente carregadas de açúcares contribuem fortemente para o aumento da obesidade infantil, outro dos problemas modernos relatados no capítulo anterior. Se a percepção do aumento da obesidade ao redor do mundo tem relação com o papel do tipo de alimentação que foi adotado, isso não ocorreu de forma aleatória. Tal disseminação direcionada ao seu fortalecimento financeiro é o *leitmotiv* da indústria de alimentos.

A descrição do que ocorre nos supermercados mostra como até mesmo o ato básico de comprar comida é amplamente estudado para que o consumo seja maximizado. A teoria econômica neoclássica diria que se trata de uma diminuição da assimetria informacional, propiciando maior equidade de informações ao consumidor para uma escolha racional; no entanto, mais do que fornecer elementos para a escolha, trata-se, fundamentalmente, de uma estratégia deliberada para a criação de necessidades. Nos shoppings centers ou em lojas de automóveis, as práticas são parecidas, demonstrando que não se trata de uma simples interação de oferta e demanda dos produtos. Existe uma técnica refinada, uma pedagogia específica, para que esse ato seja potencializado e supere os objetivos de consumo do indivíduo, agora tratado como um *shopper*.

É comum reclamarmos da alta dos preços nos supermercados (e entre 2010 e 2014, realmente houve uma expressiva elevação dos preços dos alimentos no Brasil, bem acima da inflação média do País), mas a verdade é que a cesta de produtos que consumimos tem ficado cada vez mais sofisticada, pois a ela são constantemente agregados novos produtos. Para isso, os consumidores são analisados quanto ao seu padrão de consumo, o que consomem, o que poderiam consumir, o que almejam consumir... E para isso, são formuladas estratégias de venda de forma a ampliar tal índice de penetração (no jargão técnico, o percentual de consumidores numa determinada sociedade que acessa ou consome determinado bem ou serviço). O perfil do consumidor é analisado quanto à sua renda (classe social), quando compra (em dias de semana), faixa etária, características do domicílio, para que a indústria e o varejo ofereçam os seus produtos. A cada incremento da renda do consumidor, mais produtos vão sendo incorporados ao seu padrão de consumo, num processo que é meticulosamente estudado. Nem de longe se trata de um processo natural de escolhas racionais para o preenchimento das necessidades humanas.

O consumo e seus valores

Muito antes das técnicas de vendas e de marketing altamente disseminadas, é preciso atentar também para o fato de que o consumo não se constitui em um simples atendimento de necessidades a partir do valor de uso das mercadorias; ele reflete, antes disso, a existência de relações sociais. Thorstein Veblen (1987), nesse sentido, já dizia que o objetivo do consumidor não é simplesmente destruir os bens, mas sim comunicar o seu vínculo a uma determinada classe. Para o economista e sociólogo norte-americano, fundador da escola institucionalista no início do século XX, o consumo conspícuo tinha a única finalidade de demonstrar que o comprador possui dinheiro suficiente para comprar coisas caras, não se importando com a utilidade que tivesse o bem, a necessidade para o seu uso e, inclusive, se ferem o bom gosto (coisas caras, mas de gosto duvidoso); pois o que realmente interessa é se diferenciar daqueles que não poderiam comprar tais bens. Ostentação, enfim. Isso aconteceria com as roupas de marca (grife), com os *smartphones* (mais do que buscar as pretensas funcionalidades, encarar uma fila de horas ou até mesmo acampar para adquirir um iPhone, cumpriria tal objetivo); com os carros (efetuar o deslocamento do ponto A para o ponto B é o fator menos importante para quem adquire um modelo luxuoso). Mais do que valor de uso, trata-se de um valor simbólico, que tem o intuito de preencher necessidades de caráter psicológico.

Mas, antes disso, atribuir valor de uso ou conferir necessidade (importância) ao produto é o caminho para a expansão da produção, como bem fazem as indústrias em suas atividades de divulgação dos produtos. E os produtos devem ser sempre renovados, de forma a garantir o valor de troca: para Schumpeter (1987), esse é o fundamento da inovação, que se reporta, sobretudo, aos padrões de consumo de novos produtos. A mudança destes seria o verdadeiro motor da alteração das estruturas produtivas, ficando a economia ameaçada de estagnação se não for estimulado permanentemente o surgimento de novas necessidades e produtos. Os esforços de pedagogia do consumidor caminham nesse sentido.

Da teoria à prática e em extensão do mundo da pedagogia do consumidor moderno: apesar do aumento da divulgação da temática ambiental e seus impactos físicos sobre o planeta, e também do aprofundamento dos debates que culminaram na moldagem do conceito de desenvolvimento sustentável, paralelamente é também desenvolvido um outro processo que se acirrou nas últimas décadas *pari passu* à emergência das preocupações ambientais globais: a combinação do modelo produtivo industrial clássico com o comportamento do consumidor, que deu ampla vazão à sociedade do descarte. As consequências ambientais mais evidentes de tal combinação são: consumo exagerado de água e energia; uso de matérias-primas sintéticas, não recicláveis; obsolescência planejada de produtos e comprometimento da sustentabilidade das fontes naturais de matérias-primas, entre outros.

A obsolescência planejada de produtos é um caso emblemático para se entender a dinâmica de produção e consumo capitalista que chegou aos seus extremos no início do século XXI. Mais do que uma estratégia competitiva comum entre fabricantes, que lutam entre si para angariar fatias expressivas do mercado, ela é o epítome do *savoir-faire* capitalista e o início oficial de uma nova era do consumo: seu ponto de partida está registrado em 23 de dezembro de 1924, quando os principais fabricantes mundiais de lâmpadas – Osram, Phillips e General Electric – se reuniram em Genebra (Suíça) para assinar um documento no qual se comprometiam a limitar a vida útil de seus produtos em 1.000 horas, em vez das 2.500 horas que eram possíveis já naquele momento. O motivo, óbvio, era conseguir maior rentabilidade econômica.

A princípio, a obsolescência era um modelo voltado às classes médias e preconizava um bem-estar geral, com um consumo mais generalizado e que não se limitava aos círculos burgueses. Mas, à medida que a tecnologia foi se desenvolvendo e alcançando outros patamares de complexidade, o conceito foi abandonando essa visão pura e positiva de consumo ao alcance de todos para adquirir a conformação atual, muito mais disseminado e integrado e, ao mesmo tempo, desesperado, pois a motivação passou dos bens de consumo para o inconsciente das pessoas. A obsolescência não tem mais apenas o sentido positivo e induzido de chamar ao crescimento econômico, ela tem também um elemento de exclusão.

Voltando ao caso do iPhone. A publicidade certamente desempenha um papel fundamental no impulso que leva o ser humano a querer um *smartphone* novo sem que tenha sequer dominado as funcionalidades do modelo anterior, que continua funcionando. E que perca horas para adquiri-lo. Os objetos são vinculados às inseguranças do ser. Por conta disso, existem expectativas de que, em 2025, serão geradas cerca de 53,9 milhões de toneladas de dejetos de produtos eletrônicos apenas na Europa, que são tirados da frente dos consumidores e encaminhados para lugares como Gana ou Paquistão, que se tornam depósitos de lixo eletrônico, já que o custo de consertar um produto é muito mais alto do que descartá-lo e, evidentemente, não é do interesse da indústria que se conserte o produto, e sim que se adquira um novo.

Mesmo no Brasil, vivemos tal situação. Uma televisão de tela plana apresenta um problema após o prazo de garantia de 1 ano. Se levamos o produto a uma oficina técnica especializada (cada vez mais escassas, dada a sua baixa demanda), a perspectiva de que o preço do conserto da televisão fique quase equivalente ao de um produto novo é muito grande. O mesmo acontece com o ferro de passar roupa, com a geladeira e toda a parafernália de equipamentos com que nos acostumamos a preencher as nossas casas.

Além do padrão de alimentos ultraprocessados que conduz à obesidade, outro tipo de alimentação fortemente disseminado também contribui para o ocaso das fontes, como é o caso da pecuária, altamente demandante de água. Aproximadamente dois terços da população do mundo sofre com falta de água potável ao menos um mês por ano. Isso representa cerca de quatro bilhões de pessoas no mundo sem água para beber (Mekonnen e Hoekstra, 2016).

Uma dieta fortemente à base de carne contribui significativamente para essa situação alarmante. A enorme quantidade de água utilizada tanto no consumo direto por animais explorados para abate como na irrigação de pastos e culturas de grãos para alimentação desses animais faz da pecuária o maior setor consumidor de água doce do mundo. A indústria da carne não só é a maior consumidora de água do mundo, como é também a maior consumidora de grãos.

Ao ocupar 80% da área das fazendas (*farmland*) em escala global, o aumento imenso dos rebanhos a partir da segunda metade do século XX e sua concentração em grandes propriedades destrói as florestas, ameaça os modos de vida de seus povos tradicionais, avança sobre as pequenas propriedades agrícolas, verdadeiros fornecedores de alimentos, e dizima por supressão de seu habitat as populações dos demais vertebrados. Segundo o Estado das Florestas do Mundo 2016, da FAO, a pecuária é o principal problema ambiental da América Latina e, em especial, do Brasil: entre 1990 e 2005, 71% do desmatamento na Argentina, na Colômbia, na Bolívia, no Paraguai, no Peru, na Venezuela e no Brasil deveu-se à expansão dos pastos. No Brasil, essa expansão foi responsável, no período, por mais de 80% do desmatamento da Amazônia brasileira. A atividade entérica, os resíduos dos rebanhos e todo o sistema de produção e distribuição da carne constituem a maior fonte de emissões antropogênicas de metano. Juntos, desmatamento e emissões entéricas de metano constituem a principal fonte de emissões antropogênicas de gases de efeito estufa (GEE) no Brasil e a segunda fonte dessas emissões planetárias após a queima de combustíveis fósseis.

Segundo a Organização das Nações Unidas para a Alimentação e Agricultura (FAO), cerca de três quartos da superfície cultivada do planeta é utilizada para alimentar o gado, uma proporção que, no caso dos cereais, pode alcançar os 85% em alguns países. O Brasil é o maior exportador global de soja. Atualmente, o cultivo do grão ocupa mais de 33 milhões de hectares do território brasileiro, área equivalente à metade da França. A produção total de soja em todo o mundo passou de 27 milhões de toneladas, em 1961, para 335 milhões de toneladas em 2016, sendo que a maior parte dos grãos é usada como proteína para alimentar bois, porcos e frangos que serão abatidos posteriormente[34].

Com o crescimento demográfico e da renda nos países em desenvolvimento (que altera padrões de consumo), a FAO estima que a demanda de carne mundial (todos os tipos) deverá passar dos 230 milhões de toneladas que eram produzidas no ano 2000 para 465 milhões de toneladas em 2050.

Uma indústria que também estimula o rápido processo de obsolescência, assim como a dos eletroeletrônicos, é a de vestuário, que já é uma das mais poluentes em escala mundial. Uma das explicações para esse crescimento é o chamado *fast fashion*, a moda rápida que promove o consumo indiscriminado de roupas e gera, mais do que gavetas e armários cheios, uma série de resíduos ambientais e também se caracteriza pelos efeitos concentradores de renda apresentados no Capítulo 1 deste trabalho.

O norte-americano médio, por exemplo, consome cerca de 35 kg de roupas por ano, que precisam ser trocados a um período cada vez mais curto, com qualidade menor e teoricamente com um custo mais baixo. Trata-se de um modelo de consumo indiscriminado de roupas, impulsionado na velocidade imposta pelas grandes cadeias de têxteis, um movimento que se intensificou a partir dos anos 1990 e agora tem dimensões planetárias. Atualmente, compra-se muito mais rápido porque os produtos estão mais baratos, devido à globalização, que fez com que a maior parte das 250 mil fábricas do mundo esteja na Ásia (camisetas de Bangladesh, saias produzidas na Malásia, calças do Vietnam...). Os preços desses produtos estão cada vez mais baixos devido, em parte, aos parcos salários pagos para a sua confecção.

Desta maneira, o vestuário têxtil tornou-se um produto perecível. Não é mais um produto que pode durar vários anos, hereditário ou que pode ser passado do irmão mais velho para o mais novo; nele, a obsolescência planejada é levada à sua conclusão lógica. E o que fazer com tanta roupa que é descartada? Simplesmente enviar para os países pobres não é mais uma solução básica. Lá, elas também envelhecem e precisam ser tratadas como resíduos.

---

34   Disponível em: <http://resources.trase.earth/documents/TraseYearbook2018_ExecutiveSummary_Pt.pdf>.

O relativo baixo preço final é devido, em parte, aos salários que são pagos em países com menor proteção social e nos quais os trabalhadores têm menos direitos trabalhistas, como já estamos cientes. Mas outro aspecto importante a se destacar refere-se à precificação destes produtos. Neles, não são computados os reais valores de escassez ou sobreutilização dos recursos (também em relação à deposição de seus rejeitos e excesso de produtos que são dispensados após muito pouco tempo). Se tais valores fossem computados, o seu preço de etiqueta seria mais elevado[35]. Como não são computados, é uma espécie de subvenção.

No tocante aos combustíveis fósseis, um estudo do FMI (Coady e Parry, 2015) indicou uma estimativa da subvenção ao combustível fóssil de US$ 5,3 trilhões para 2015, superior à despesa total com saúde de todos os governos do mundo. A soma é alta, em grande parte, devida ao fato de que os poluidores não pagam os custos das consequências da queima de carvão, petróleo e gás, que acabam sendo impostos aos governos (*pos-tax*). Nisso, incluem-se os danos causados às populações locais pela poluição do ar, bem como para as pessoas afetadas pelas inundações, secas e tempestades impulsionadas pelas alterações climáticas.

Segundo o *working paper* do FMI, o corte dos subsídios aos combustíveis fósseis diminuiria as emissões globais de carbono em 20%, bem como reduziria o número de mortes prematuras pela poluição do ar em 50%, equivalentes a cerca de 1,6 milhão de vidas por ano. Os preços do combustível fóssil (e da energia, consequentemente) estão muito abaixo dos níveis que refletiriam os seus verdadeiros custos (ou uma aproximação mais realista disso).

A estimativa do FMI de US$ 5,3 trilhões em subsídios aos combustíveis fósseis representa 6,5% do PIB global. Pouco mais da metade desse valor os governos são forçados a gastar no tratamento de vítimas da poluição do ar, mais as perdas de rendas causadas pelas mortes prematuras e doenças.

Os custos resultantes da mudança climática, causada por emissões de combustíveis fósseis, representam subsídios anuais

---

35 No Brasil, roupas de marcas internacionais do tipo *fast fashion* têm um preço mais elevado do que nos outros países (EUA e Europa). Se, no exterior, são consideradas mais populares, no Brasil, são tidas como marcas mais sofisticadas e cobram isso nos seus preços.

médios de US$ 1,27 trilhão. A subvenção direta de combustível aos consumidores, pelos descontos governamentais sobre o diesel e outros combustíveis, representa apenas 6% do total.

Retirado do texto de Coady e Parry (2015), o Gráfico 6 fornece uma ilustração diagramática dessas noções de subsídios de energia para um único produto. Ps denota o custo da oferta, Pr o preço ao consumidor, Pe o preço eficiente e o consumo de energia por Qr. No painel esquerdo, em que Pr <Ps <Pe, o subsídio pré--imposto (pre-tax) ao consumidor é indicado pelo retângulo preto, calculado como consumo de energia, o intervalo entre a oferta e os preços ao consumidor. O subsídio pós-imposto (pos-tax) ao consumidor é a soma dos retângulos preto e cinza, calculado como consumo de energia, o intervalo entre preços eficientes e de varejo. No painel direito, em que Ps <Pr <Pe, o subsídio de consumo pós-imposto é o retângulo cinza, e não há subsídio pré-imposto ao consumidor.

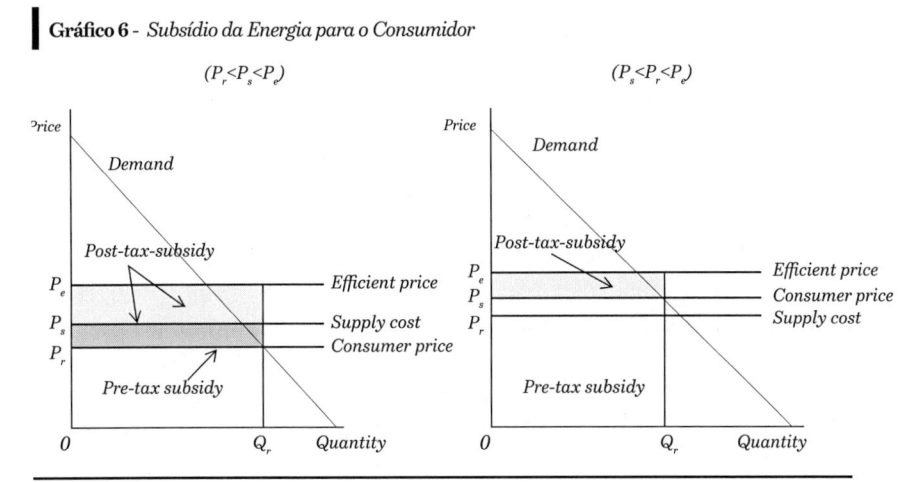

| **Gráfico 6** - *Subsídio da Energia para o Consumidor*

$(P_r < P_s < P_e)$ $(P_s < P_r < P_e)$

Fonte: Coady e Perry, 2015

No Gráfico 6, os subsídios de consumo pós-impostos representam o montante pelo qual o custo suportado pelo consumidor é insuficiente para o custo econômico total do consumo. Este excesso de custo (ou subsídio) é coberto por governos sob a forma de apoio orçamentário ou receitas perdidas ou é repassado para a sociedade sob a forma de danos ambientais. Os subsídios pré-impostos para o consumo, por outro lado, captam apenas uma parte desse excesso de custo suficiente para cobrir o custo da oferta e, portanto, são uma medida incompleta do subsídio econômico total.

Assim como neste exemplo, de maneira geral, os preços de etiqueta dos produtos são relativamente baixos (aos que possuem recursos monetários para adquiri-los), uma vez que não incluem os custos ambientais e de descarte, que ficam por conta de todos os cidadãos: seria a socialização dos prejuízos, por meio de externalidades negativas não corretamente identificadas e não precificadas.

A gênese das necessidades

Em outra ordem de ideias, superando até mesmo a desconexão existente entre economia e natureza, destacam-se as disfuncionalidades derivadas da dificuldade de conciliação entre a economia e disciplinas como a sociologia e a antropologia, principalmente quando se evidencia a desatenção da literatura econômica a respeito da gênese das necessidades – o que motivou (e motiva) o homem a superdimensionar a transformação do objeto do trabalho –, o que é manifesto no fracasso das teorias de desenvolvimento para eliminar (ou, mais modestamente, mitigar) a insatisfação e a pobreza da face da terra.

A ciência econômica ortodoxa aparece, assim, como uma disciplina que se diz se ocupar das necessidades mediante o consumo, por meio da crescente produção e oferta, mas que ignora solenemente a origem dessas necessidades estimuladas, ao mesmo tempo em que contribui para expandi-las em um nível absurdamente descontrolado, para que se mantenham taxas sustentadas de crescimento econômico[36]. Como muitos economistas, o canadense John Kenneth Galbraith, em *O novo Estado industrial*, reconhece o erro de acreditar que existem limites rígidos às necessidades e

---

36 Um dos fundadores da corrente neoclássica, W.S. Jevons fundamentou a noção de utilidade tendo como base o exame das necessidades e desejos do homem. Citando Nassau Senior, ele diz que "as necessidades da vida são tão poucas e tão simples que um homem cedo se satisfaz com relação a elas, e passa a querer estender o âmbito de seu prazer. Seu primeiro objetivo é variar sua alimentação, mas logo surge o desejo de variedade e elegância no vestir; e a isso sucede o desejo de construir, ornamentar e mobiliar o seu lar – gestos que uma vez existentes são absolutamente insaciáveis e parecem aumentar com cada progresso da civilização". As necessidades humanas seriam, então, o objeto supremo da economia (Jevons, 1987, p. 48-49).

aos desejos humanos, mas ainda assim afirma que "se as necessidades dos indivíduos são urgentes, devem se originar no mesmo indivíduo [...] não podem ser urgentes se é necessário que sejam inventadas para ele" (Galbraith, 1985, p. 152).

A incessante geração de necessidades, que fomenta padrões de consumo, parece formar o combustível de uma "máquina" de transformação de objetos da natureza por meio do trabalho e da técnica em bens ditos úteis. Trata-se da motivação que se esconde sob a potencialização de uma lógica sistêmica que demanda cada vez mais crescimento. As motivações que se escondem sob a aparência de uma sociedade mobilizada para a produção, que cresce alimentada pela constante e intermitente criação de necessidades, são frutos da forma específica de pensar, de domínio sobre a natureza por meio da técnica criadora de facilidades[37]. Em seu *Princípios de Economia*, editado inicialmente em 1890, Alfred Marshall (1982) centrou sua atenção na constatação de que o processo econômico visava atender às aspirações humanas e à satisfação de suas necessidades materiais. Deslocou, assim, para conceitos mais abrangentes, como os de riqueza e bem-estar social, as questões cruciais da economia. Os pontos fundamentais dessa sua abordagem eram: as necessidades e os desejos humanos são inúmeros e de várias espécies; apenas em estágios primitivos de civilização são suscetíveis de serem satisfeitos. Segundo Marshall, o homem não civilizado não tem mais necessidades do que o animal, mas à medida que vai progredindo, elas aumentam e se diversificam, ao mesmo tempo em que surgem métodos e, por conseguinte, produtos capazes de satisfazê-las. As mudanças nos estágios culturais das sociedades organizadas implicam maior quantidade e diversidade de utilidades. Seria o caminho natural do desenvolvimento do ser humano.

Desta forma, os capitalistas investem no desenvolvimento de tecnologias e em pesquisa e desenvolvimento de novos produtos. Com o maior domínio das técnicas produtivas, cresce o grau de sofisticação dos bens cujo apelo de utilidade é constantemente reforçado pelos seus instrumentos de divulgação, que, por sinal, tornam-se também cada vez mais desenvolvidos. O surgimento da sociedade de descarte, do consumo conspícuo, é um desdobramen-

---

[37] Este tema será tratado no Capítulo 5.

to dessa lógica³⁸. A criação de necessidades é, dessa forma, uma constante no modo de produção capitalista e é o seu combustível, que estimula a produção e, por extensão, o crescimento econômico. Para os economistas ortodoxos, no entanto, não se trata de uma peculiaridade do capitalismo; trata-se, na verdade, de uma característica inerente ao homem.

A economia ortodoxa não procura distinguir de maneira objetiva entre o necessário e o supérfluo (e obviamente não se preocupa com isso), ocupando-se das preferências reveladas individualmente no mercado, possuindo uma concepção específica de sociedade como a soma de homens racionais. Para o *mainstream*, as preferências individuais constituem-se na categoria analítica básica a partir da qual desdobram-se as demais. Para isso, no entanto, necessita pressupor que as preferências dos indivíduos são formadas alheias ao contexto histórico sociocultural, político-institucional, econômico e tecnológico que os cerca; nessa acepção, a preferência da maioria é entendida como soma das preferências individuais. Isso explica parte da dificuldade da ciência econômica no tratamento do tema ambiental³⁹, pois, "[...] desafortunadamente, o mercado como uma categoria do pensamento se abstrai da comunidade e da biosfera. Essas questões não são foco de maiores atenções dentro da disciplina da Economia. Mas, no mundo real, a ausência de respeitos aos limites da comunidade social e biofísica é a maior ameaça a uma sociedade de mercado" (Daly e Cobb, 1991, p.54).

38 O termo consumo conspícuo, já relatado quando abordei a obsolescência programada, é relacionado a Veblen (1987). Para este, o consumo conspícuo era típico da classe ociosa, da elite, que por meio de seu padrão de consumo anunciava o seu *status quo*. O consumo serviria para comunicar o seu enquadramento social, refletido no conhecimento de produtos que só podiam ser adquiridos quando se dispunha de muito tempo para o ócio, o que exige que estas pessoas tenham um certo rendimento que lhes permita não trabalhar. Na atualidade, tais ideias já perderam parte de seu teor explicativo, pois, como bem procuramos argumentar, a disseminação de padrões de consumo com um virtual barateamento das mercadorias permite esse acesso também a outras classes sociais. A importância do consumo como uma relação institucional continua, no entanto, bastante presente.

39 As dificuldades de tal procedimento foram descritas por Kenneth Arrow, Prêmio Nobel de Economia de 1972, no que ficou conhecido como o seu "teorema da impossibilidade" (1963); resumidamente: definidos alguns postulados matemáticos que caracterizam um comportamento econômico racional para um indivíduo; em seguida, vários desses *homo economicus* são colocados juntos, com o propósito de se verificar se o grupo exibe um comportamento também racional. Para Arrow, isso é impossível: a soma das racionalidades individuais não produz uma racionalidade coletiva, ou seja, no mundo da economia, o todo não só é maior como pode ser muito diferente da soma das partes. As coletividades têm regras próprias de funcionamento e uma racionalidade diferente, podendo, por exemplo, tomar decisões com base em iniciativas individuais racionais que são prejudiciais ao grupo.

Superando os limites da análise econômica, é interessante ver como a questão das necessidades é um aspecto de vital importância para o entendimento da questão ambiental na forma em que esta se encontra atualmente colocada. Na década de 1960, antropólogos como Marshall Sahlins (1978) e Pierre Clastres (1982) desmistificaram a ideia de que as sociedades primitivas eram sociedades de penúria, onde os homens, devido à sua baixa capacidade técnica, viviam numa árdua e contínua luta pela subsistência. Esses autores colocaram em evidência que as sociedades primitivas podiam ser ricas, pois dispunham de técnicas adaptadas às suas necessidades e ao seu meio, e não morriam de fome. Para esses antropólogos, a "abundância" dos povos primitivos não seria obra do acaso, mas sim o produto de uma lógica social, de uma série de opções conscientes e voluntárias; a utilização do "progresso" técnico não para produzir mais, mas para trabalhar menos, com autolimitação das necessidades, ou seja, recusa de excedentes (Alphandéry et alii, 1992, p. 107).

A pregação de um retorno a esse tipo de vida selvagem pode parecer ingênua (e efetivamente este tipo de proposição foi característico de uma época), mas atenta para uma realidade específica da vida moderna, imersa em um processo que fomenta o consumo de forma a que este cresça ilimitadamente e, com isso, afronte os limites de capacidade de carga do planeta. Nos anos 1960 e 1970, a solução preconizada por um grande número de autores, como E.F. Schumacher (1983), A. Gorz (1980) e S. Moscovici (1975), era a mudança dos costumes, o abandono do princípio moderno das necessidades individuais, substituindo-o pelo princípio da austeridade voluntária. Visto a explosão do consumo nas últimas décadas, percebe-se que o alcance de tal proposição foi bastante limitado.

O livro de E.F. Schumacher, *O Negócio é Ser Pequeno* (Small is Beautiful) (1983), é considerado uma das obras mais influentes do século XX, tendo sido traduzido para mais de 30 idiomas, tendo se tornado um clássico da literatura ambiental. A sua tese básica é a de que necessitamos de uma profunda reorienta-ção de objetivos da economia e da técnica para colocá-la a serviço – e à escala – do homem. Inspirando-se em fontes diversas, como as Encíclicas dos Papas, da economia budista e de obras de Mao-Tsé-Tung, Schumacher mostra a sua visão do uso adequado dos recursos humanos e naturais, a problemática do desenvolvimento e as formas de organização e propriedade empresarial. Há quase 50 anos, *Small is Beautiful* propunha uma revisão do conceito de progresso como uma produção infinita com intensa acumulação de bens e assinalava a necessidade de colocar o benefício econômico à disposição do ser humano.

Uma das propostas que destaca é a da economia budista, principalmente no tocante às suas necessidades humanas e suas limitações, no que propõem um controle sobre a ânsia de se querer sempre mais. A finalidade seria alcançar um verdadeiro desenvolvimento do ser humano em todas as suas dimensões, um ser cuja ação vai muito além do mero consumo, que atua em comunidade e tem responsabilidades sobre o seu entorno. Schumacher conheceu a Birmânia quando a visitou como membro de um conselho britânico nos anos 1950; após passar um tempo no local conhecendo os costumes do país e estudando as suas máximas, deu-se conta de que a economia ocidental poderia incorporar algumas ideias do budismo para promover um crescimento mais sustentável e respeitoso com a natureza, o que, por sua vez, poderia brindar o ser humano com o completo desenvolvimento de suas habilidades.

Enquanto a economia ocidental (e a teoria econômica) se concentra no autointeresse, a economia budista, vista por Schumacher, desafia este conceito com a ideia da inexistência de um ego permanente; isto quer dizer que tudo o que cada um percebe com seus sentidos transmite uma falsa ideia de um "eu" inerente e real, a partir do qual, inevitavelmente, é derivada uma ideia de "meu", sendo esta a base do comportamento egoísta. O egoísmo não seria um sinônimo de maldade, mas um erro que é uma consequência do desconhecimento da essência real das coisas; por isso que é interessante o desapego deste tipo de sentimento.

O segundo fator que diferencia os enfoques econômicos é o da busca da maximização dos benefícios, ao passo que a visão budista enfatiza a importância de minimizar o sofrimento. A maneira de minimizar o sofrimento é promovendo a simplificação dos desejos de modo que se acalmem a ânsia consumista e materialista e a frustação advinda da mania de se querer sempre mais e do melhor. Uma vez que as necessidades básicas do homem estejam saciadas (comida, roupa, abrigo, remédios), o resto das necessidades materiais deve ser minimizado e os desejos simplificados.

As visões do mercado e do papel do crescimento também se distanciam sobremaneira. O enfoque ocidental tem como objetivo maximizar os mercados até o ponto de saturação (o mundo cheio de Daly), enquanto a economia budista tem como objetivo minimizar o dano, tendo em conta os atores primordiais, como as futuras gerações, o meio ambiente e os pobres, que não estão corretamente representados por aqueles que não desfrutam do mesmo poder que os atores mais ricos e poderosos; é por isso que o mercado não é a entidade imparcial (como muitos economistas ainda querem imaginar) e não é representativa da economia. O conceito de *Ahimsa* (não cometer ações que possam ocasionar danos a si mesmo e aos demais) demanda a busca de soluções de uma maneira coletiva e participativa.

Na interpretação de Schumacher, a economia budista considera que o consumo é um meio para o bem-estar humano. O objetivo se trata, precisamente, de maximizar o bem-estar com um consumo mínimo. Desta forma, o trabalho deve ser devidamente apreciado e se dar em condições dignas, de maneira que incentive o homem a produzir, a dar o melhor de si mesmo e a desenvolver a sua personalidade. A liberação supõe ao homem deixar de se focar exclusivamente em maximizar a sua renda em largas jornadas de trabalho (não é necessário se matar de trabalhar, o que seria uma perda de tempo), e sim a destinar o seu tempo dedicando-se a atividades que repercutam no bem-estar da comunidade. Nesta acepção, a pessoa que pode ganhar a vida com um trabalho digno também pode investir o seu tempo para fortalecer os laços que a unem com o restante dos indivíduos de sua comunidade.

Muito antes de Schumacher, um gigante da literatura norte-americana, crítico do economicismo e pioneiro da ecologia, Henry David Thoreau (1817-1862) já destacava a importância de uma vida mais equilibrada em relação à natureza. *Walden, a vida nos bosques* (2018) relata um experimento crucial para a história do naturalismo, quando, em 1845, Thoreau deixou a cidade de Concord e se embrenhou nos bosques da região para se instalar à beira de um lago chamado Walden, para edificar uma casa e viver de forma autossuficiente em um terreno que pertencia à família de seu amigo Ralph Waldo Emerson. O motivo do experimento: "Fui para a mata porque queria viver deliberadamente, enfrentar apenas os fatos essenciais da vida e ver se não poderia aprender o que ela tinha a ensinar, em vez de, vindo a morrer, descobrir que não tinha vivido. Não queria viver o que não era vida, tão caro é viver; e tampouco queria praticar a resignação, a menos que fosse absolutamente necessário. Queria viver profundamente e sugar a vida até a medula, viver com tanto vigor e de forma tão espartana que eliminasse tudo o que não fosse vida, recortar-lhe um largo talho e passar-lhes rente um alfanje, acuá-la num canto e reduzi-la a seus termos mais simples e, se ela se revelasse mesquinha, ora, aí, então eu pegaria sua total e genuína mesquinharia e divulgaria ao mundo tal mesquinharia; ou, se fosse sublime, iria saber por experiência própria e poderia apresentar um relato fiel em minha própria excursão" (Thoreau, 2018, p. 95-96).

Uma das teses centrais de Walden é o descobrimento do que Thoreau chama de "economia natural". Com sua estada de quase dois anos nos bosques, Thoreau expõe todas as suas horas de trabalho, seus investimentos iniciais, seus gastos e orçamento. Seu objetivo é provar que o ser humano pode elaborar uma economia com respeito à natureza e viver no campo de tal forma que a produção e suas mercadorias sejam suficientes para uma grande parte de sua subsistência (com os ganhos dos excedentes produzidos – muito feijão –, custeou parte dos materiais, víveres e combustíveis que ele mesmo não pôde produzir). O resultado final da economia natural pressuposta por Thoreau é que ela deve ser circular, diferente da economia linear, até o infinito da sociedade industrial. O lado mais positivo da economia que Thoreau concebeu nos bosques é que lhe sobrava muito tempo livre para se dedicar ao ócio e tempo para ler e escrever.

Todo o livro de Walden expressa sempre a ideia da simplicidade da vida, de que a felicidade se manifesta em oposição ao sofisticado e grandiloquente. Os bens aparentemente menos importantes poderiam preencher o espírito humano e lhe trazer felicidade. Precisamente em uma época em que todos os imigrantes ansiavam ter acesso às comodidades básicas da burguesia americana (algo que se repete na atualidade, com os novos entrantes no mundo do consumo ao redor do planeta), Thoreau mostra o supérfluo de muitos desses bens, o que o leva a refletir sobre a questão das necessidades criadas. O pensador norte-americano sugere, em vários capítulos, que as necessidades humanas são muito menores do que a sociedade da sua época alegava (isso na primeira metade do século XIX); ressaltando que as necessidades naturais e normais (alimento, comodidades, combustíveis, ócio) da sociedade industrial de sua época tinham sido elaboradas com o sentido de se criar necessidades artificiais que não eram, de forma alguma, fundamentais para a vida.

A reflexão nos bosques sobre estas condições conduziu Thoreau ao problema central da autossuficiência humana. Quando adentra o bosque, Thoreau parte em busca de autonomia pessoal, de poder moldar o seu próprio destino, e adverte que à parte o problema da propriedade privada, um dos problemas da sociedade industrial seria a mão de obra assalariada, algo que já havia sido mencionado por Rousseau em seus discursos. Para Thoreau, viver de um salário e ser dependente de um entorno social não permite que o trabalhador descubra e desfrute realmente de sua vida, já que o seu trabalho principal absorve demasiado tempo e não lhe deixa suficiente tempo para que possa se dedicar ao autoconhecimento, e com isso, fica cada vez mais distante de sua liberdade pessoal. "A maioria dos homens, mesmo neste país relativamente livre, por mera ignorância e erro, vivem tão ocupados com as falsas preocupações e as lides desnecessariamente pesadas da vida que não conseguem colher os seus frutos mais delicados. Os dedos, pelo excesso de trabalho, ficam demasiado trôpegos, trêmulos demais para isso. Na verdade, quem trabalha não tem tempo livre para uma autêntica integridade no dia a dia; não pode se permitir manter as relações mais viris com os homens; seu trabalho seria depreciado no mercado. Não tem tempo de ser nada além de uma máquina" (Thoreau, 2018, p. 20).

Em praticamente todas as páginas de *Walden* se faz presente o valor que Thoreau outorga à uma ideia de volta à natureza. Nos EUA daquela época, e no mundo racionalista em geral, os cientistas ilustrados, como Benjamin Franklin, contemplavam a natureza como algo a ser vivissecado e estudado para ser manipulado em proveito do homem, por outro lado, a população via na natureza apenas um formidável meio econômico a ser explorado. Em *Walden,* o que busca pregar é uma atitude de respeito à natureza, que é valiosa por si mesma e não somente como estética, mas também como fundamento da felicidade do ser humano. Mas, para isso, o ser humano precisa voltar à natureza, deve redescobri-la, para se dar conta de que, em sua caminhada no mundo industrial, perdeu uma série de coisas que deveria recuperar: o silêncio, a saúde, a contemplação, a tranquilidade, o respeito pelos animais e vegetais e, inclusive, pelo mundo mineral; e finalmente a vivência espiritual e transcendente que é obtida em contato com ela.

O retorno a uma vida simples e frugal como descrita por Henry David Thoreau carrega um ar romântico ingênuo, fora do espírito do nosso tempo. Mas é importante voltar a pensar em tais termos, principalmente no tocante a que o conceito e a extensão de necessidades se referem a sistemas culturais determinados e muitas das nossas – a maioria, diria – foram criadas com fins essencialmente econômicos e cada cultura delimita os seus valores. Na cultura moderna de satisfação de necessidades, entende-se a vida, por exemplo, dos antigos caçadores e coletores como de pura privação e de pobreza. Para Sahlins, no entanto, "[...] os mais primitivos povos da Terra têm poucas posses, mas não são pobres. A pobreza não é uma certa relação de bens, nem simples relação entre meios e fins; acima de tudo, é uma relação entre pessoas. A pobreza é um estatuto social, invenção da civilização" (1978, p. 42).

Nas sociedades de caçadores e coletores, não havia um problema econômico, como entendemos atualmente; foi, no entanto, com o desenvolvimento material que a cultura da sociedade moderna erigiu "um santuário ao inatingível: as necessidades infinitas" (Sahlins, 1978, p. 43), fundando, assim, as bases estruturais para a construção e manutenção da sociedade de consumo que, a partir do século XX, vai ganhar cada vez mais força.

Consumo e relações sociais

Em qualquer livro manual de microeconomia, o aumento do consumo de qualquer bem cumpriria um mesmo e único objetivo: aportar utilidade (ou permitir-se situar em um lugar mais avançado dentro da ordem de preferências). As combinações de bens que proporcionam maior ou menor utilidade seriam uma questão subjetiva. Ou seja, em se tratando de duas mercadorias, existiria uma relação subjetiva de troca (taxa marginal de substituição, TMS), que deveria se comparar com a relação objetiva de troca dada pelo preço relativo de mercado entre dois bens; somente quando ambas as relações coincidissem, o consumidor estaria em seu ponto ótimo.

Mais modernamente, a teoria da preferência revelada passou a ser o método mais utilizado, a partir do qual é possível discernir a melhor opção possível sobre a base do comportamento do consumidor. Isto significa que as preferências dos consumidores podem ser reveladas por seus hábitos de compra. A teoria surgiu devido ao fato de que as teorias da demanda do consumidor se baseavam somente na TMS, maximizadora de utilidade. Embora a maximização não fosse um pressuposto controverso, as funções de utilidade subjacentes não podiam ser medidas com grande exatidão por conta disso, a teoria da preferência revelada foi um meio de reconciliar a teoria da demanda, criando uma maneira de definir as funções utilidade observando o comportamento do consumidor. Segundo Paul Samuelson, que formulou a teoria, foi "graças ao descrédito da utilidade como conceito psicológico que se formulou a teoria que buscava se separar dos aspectos introspectivos e hedonistas, tanto fisiológicos quanto psicológicos".

Ainda assim, sob lógica microeconômica, necessidades, desejos, caprichos, encontram-se todas sob um mesmo nível. Por outro lado, na análise estritamente ecológica, o consumo pode ser considerado ainda mais simples, pois se refere a uma lógica em que as necessidades estão colocadas de forma a prover simplesmente a sua manutenção e continuidade da vida. Foi com tal premissa que, durante muito tempo, a ecologia também buscou explicar como trabalham os sistemas naturais, quais são os caminhos que seguem para evoluir e manter sua estabilidade básica e por que é necessário preservar suas espécies, estruturas e funções. Guardadas as devidas proporções, é o mesmo raciocínio que permeia a análise microeconômica, embora nela a relação com a natureza seja a referência no equilíbrio. As ações e escolhas parecem ser guiadas por uma racionalidade implícita.

Mas, entre os homens, em suas construções de vida social, as escolhas não são tão simples como para os demais seres do ecossistema terrestre. O consumo não se limita ao que permite a manutenção fisiológica de sua vida (endossomático); ele se confunde com motivações e desejos que são alimentados pelos contextos sociais e culturais nos quais se encontra. Alier e Jusmet (2001, p.

22) destacam que o consumo endossomático de energia obedece a instruções genéticas; mesmo que cada cultura humana ou estrato social faça as mais diferentes combinações no tocante à alimentação, é um fato que a energia consumida com esse fim situa-se entre as 2.000 ou 3.000 kcal diárias. No entanto, o consumo exossomático (externo à alimentação fisiológica) não possui qualquer relação com instruções genéticas, dependendo somente da economia, da cultura e das diferenças sociais, ou seja, "[...] podemos escolher (se tivermos dinheiro) entre ir trabalhar de bicicleta, por meio de transporte público ou com o próprio carro (que gasta umas 20.000 kcal de petróleo por dia para uma viagem de ida e volta de 15 km até o trabalho), mas não podemos, por mais ricos que sejamos, preferir 6.000 kcal ao dia de consumo direto de alimentos a 2.000 kcal" (Alier e Jusmet, 2001, p. 23).

Quando se visualiza o consumo em termos de energia, ficam bastante claras também as diferenças entre a sociedade moderna e a dos caçadores e coletores a que se referia Sahlins. A quantidade de opções de gasto que a evolução da técnica e o crescimento econômico trouxeram permitiu ao homem moderno moldar um específico sistema de valores simbólicos relacionado ao tipo de consumo de cada indivíduo em determinado contexto social. Esse sistema de valores possui um valor específico em termos de gastos de energia, como pode ser observado na Tabela 6, a seguir.

Tabela 6 - Gasto de energia, por regimes socioecológicos

Sociedades	Uso per capita anual	
	Energia (GJ)	Material (t)
Metabolismo humano básico (biomassa utilizada na nutrição)	3,5	1
Caçadores e coletores	10 a 20	2 a 3
Sociedades agrárias	60 a 80	4 a 5
Sociedades industriais	250	20 a 22

Fonte: Kowalski, 2002

O alto dispêndio energético das sociedades industriais explica-se pelo desenvolvimento da técnica, mas, principalmente, pela quantidade de necessidades que são criadas para o seu suprimento e que servem como combustível para o empreendimento capitalista. Dessa forma, a questão do consumo é fundamental no que tange às áreas de confluência entre a economia e a sociologia, configurando-se num dos temas por excelência que permitem visualizar a diferença de abordagem entre as duas disciplinas, uma vez que se trata de tema central de ambas. No entanto, "Em termos nucleares, o consumo parece ser para os economistas um ato de escolha voluntária, ainda que subordinado a constrangimentos orçamentais e às utilidades proporcionadas pelos bens equacionados. Para os sociólogos, o consumo é sempre algo mais do que o cumprimento de uma necessidade. Nenhuma necessidade é totalmente objetiva, o que vale por dizer que elas não existem sem a mediação de instituições sociais ou de mecanismos construtores ou reconstrutores dessas necessidades. Nesse sentido, a microeconomia tenderia a camuflar os mecanismos que as criam e a estender um véu de neutralidade onde de fato atuam fortes mecanismos sociais de produção e reprodução de uma determinada ordem" (Marques *et alii*, 1996, p. 15-16).

A crítica dos sociólogos é de que o discurso econômico tende a banalizar o ato de consumo, reduzindo-o à expressão de um ato de escolha racional com uma suposta previsibilidade axiomática, o que se constitui em uma ferramenta poderosa para a construção de modelos lógico-formais. Os sociólogos nunca se mostraram muito receptivos a esta modelização e tipificação do comportamento do consumidor elaborada pelos economistas[40], pois "os maus comportamentos dos consumidores são, para os sociólogos, não uma violação dos preceitos da racionalidade dos atores sociais, mas a mais viva manifestação de que eles exercem a sua liberdade num quadro que lhes limita as escolhas e lhes impõe constrangimentos que não se reduzem a uma fronteira de possibilidades ilustradas por qualquer limite orçamentário" (Marques, 1996, p. 17).

Analisando as culturas de consumo, Featherstone (1995)

---

[40] O consumidor ideal tomado pelos economistas é um exemplo de seu método. Não se pensa nele como um consumidor real, até porque como categoria é inexistente. A teoria econômica, como qualquer outra teoria, não podendo responder em simultâneo ao realismo e à generalidade, buscou representar o tipo ideal de consumidor como utilitarista e autointeressado.

mostrou que a abordagem neoclássica, que vincula o consumo à produção, é apenas uma das possíveis interpretações para as motivações indutoras. Se, nessa perspectiva, o objetivo de toda produção é o consumo, com os indivíduos maximizando suas satisfações mediante a aquisição de um elenco de mercadorias em constante expansão, um problema do capitalismo moderno é que esse crescimento produz maiores oportunidades de consumo controlado e manipulado, pois "a expansão capitalista, especialmente depois do impulso recebido da gerência científica e do 'fordismo', necessitou da construção de novos mercados e da educação de novos públicos consumidores por meio da publicidade e da mídia" (Featherstone, 1995, p. 31).

Além da concepção de que a cultura de consumo tem como premissa a expansão da produção capitalista de mercadorias, Featherstone discorre sobre outras duas abordagens possíveis: i) uma concepção mais estritamente sociológica de que a relação entre a satisfação proporcionada pelos bens e seu acesso socialmente estruturado é um jogo de soma zero, no qual a satisfação e o *status* dependem da exibição e da conservação das diferenças em situação de inflação de novos bens, ou seja, focaliza-se no fato de que as pessoas usam as mercadorias de forma a criar vínculos ou estabelecer distinções, demarcando as relações sociais, como Veblen já demonstrara; ii) haveria também a questão dos prazeres emocionais do consumo, os sonhos e desejos celebrados no imaginário cultural consumista e em locais específicos de consumo que produzem diversos tipos de excitação física e prazeres estéticos, típicos da vida nas grandes cidades, indo além da avaliação negativa dos prazeres do consumo.

Uma análise que se pauta exclusivamente pelo aspecto produtivo expõe suas limitações quando abstrai os aspectos emocionais e sociológicos do consumo. Por outro lado, condenar ou proibir sumariamente o consumo exacerbado, que pode ter fins bastante pessoais, pode também ser considerado um exercício pouco democrático. Thoreau, por exemplo, era muito crítico à ampliação das necessidades e advogava a vida simples, mas esta era sua opinião particular; mesmo em sem tempo, já era um tipo "estranho" (às vezes, autoritário na defesa de suas teses). Mas as desigualdades de padrões de consumo atuais entre os habitantes do planeta (mas com tendência à homogeneização) e o alto ritmo de extração de recursos naturais e geração de resíduos mostram que o problema gerado é mais do que uma simples questão de gosto. As fronteiras existentes entre as disciplinas que se acostumaram a analisar compartimentos estanques de um mesmo problema adotando somente o seu viés metodológico mostram que a problemática ambiental não pode ser permeada apenas por soluções pontuais.

O exercício da liberdade de escolha em uma sociedade de consumo pode ser questionado muito além das restrições econômicas. Se o conceito de necessidades se inscreve no âmbito de um certo número de regras relativas a um determinado sistema cultural (como mostrou Sahlins), pode-se perceber, no entanto, que "[...] a sociedade de consumo pode legitimamente ser considerada como aquela que, na história da humanidade, conseguiu organizar, sob as aparências da mais completa liberdade, o controle social o mais vigilante e eficaz que seja das necessidades, tanto num plano individual como coletivo [...]" (Alphandery *et alii*, 1992, p. 116).

Na atualidade, esse controle foi ainda mais intensificado com a utilização dos algoritmos a partir da internet e das redes sociais, em função dos bilhões de dados que se obtêm diariamente junto a milhões de pessoas (clientes), o *big data*, a revelação de preferências sendo levada ao paroxismo. A partir dos detalhes de comportamento fornecidos pelos usuários, é possível classificar determinados perfis e identificar as suas tendências. Em outras palavras, o Facebook sabe com que notícias e tipos de veículos o cliente interatua; o Spotify sabe as canções que gosta de escutar e o Google sabe qual tipo de resultado tende a satisfazer mais em uma pesquisa. E isso é possível porque o comportamento de um pode ser muito similar ao de outros usuários de cada perfil, o que é averiguado por um algoritmo a partir do *big data*.

Desta forma, uma série de fórmulas matemáticas fazem as escolhas das notícias que as pessoas leem, a música que vão escutar, as séries de TV a que assistem e, principalmente, a publicidade que lhes é oferecida. Não sem razão, a publicidade na mídia digital é a que mais cresce no mundo, já superando a TV em importância financeira. Mas, mais do que ler as preferências do consumidor, o algoritmo pode induzir a que faça as suas escolhas apresentando possibilidades que ainda sequer fazem parte do seu leque de preferências, pois os modelos podem não ser tão imparciais como deveriam ser. Uma vez que um serviço adquire uma base de usuários forte, pode se interessar em influenciá-los, mostrando os produtos (a razão econômica de sua existência) e notícias com os vieses que lhes interessam. E isso pode influenciar até nos resultados de eleições presidenciais em países muito ricos (e em países pobres também, como pudemos constatar em 2018).

A "imagologia"

A análise científica tenta mostrar, ao menos tentativamente, no mínimo com um nível básico de rigor metodológico, as suas opiniões, embasamentos e conclusões. Às vezes, é preciso o sacrifício de alguma dose de realidade (que pode fazer toda a diferença na hora da sua interpretação) para que as premissas se encaixem logicamente, como no caso da ciência econômica, e, em especial, na microeconomia. Por outro lado, na análise histórica e sociológica, por exemplo, a complexidade se torna tão abundante que cada caso pode acabar por se tornar muito específico, sem que se possa chegar a conclusões mais gerais que sirvam de inspiração para resolução ou mitigação de problemas reais, configurando-se mais complexa e artística, mas menos científica e simples. A arte propriamente dita, por sua vez, em não poucas ocasiões corta caminho e consegue expor o problema de uma forma muito mais econômica e direta. Muitas vezes, um poema, uma música ou qualquer obra de arte, enfim, podem traduzir sentimentos e situações que conseguem transmitir experiências e ensinamentos com muito mais vivacidade e economia de pensamento.

Esse é, por exemplo, o caso da ideia de imagologia apresentado pelo escritor tcheco Milan Kundera (em *A imortalidade*, 2010): "[...] finalmente existe uma palavra que permite reunir num só teto fenômenos com denominações tão diferentes: agências publicitárias; conselheiros em comunicação dos homens de Estado; desenhistas que projetam a linha de um novo carro ou do equipamento de uma sala de ginástica; criadores da moda e grandes costureiros; cabeleireiros; estrelas do *show-business* ditando as normas da beleza física, onde se inspiram todos os ramos da imagologia" (p. 175).

A imagologia de Kundera meio que traduz uma grande característica da modernidade que foi aprofundada nos dias atuais: uma instância de divulgação de imagens e informações que molda o comportamento das pessoas e direciona suas atitudes, pensamentos, escolhas, preferências e opiniões. Um trecho mais extenso de Kundera: "Nos últimos decênios, a imagologia alcançou uma vitória histórica sobre a ideologia. Todas as ideologias foram derrotadas: seus dogmas acabaram sendo desmascarados como ilusões e as pessoas deixaram de levá-las a sério. Por exemplo, os comunistas acreditaram que a evolução do capitalismo iria empobrecer cada vez mais o proletariado: um dia, ao descobrir que todos os trabalhadores da Europa iam de carro para o trabalho, tiveram vontade de gritar que tinham sido enganados pela realidade. A realidade era mais forte do que a ideologia. E é precisamente nesse sentido que a imagologia a ultrapassou: a imagologia é mais forte do que a realidade, que, aliás, há muito tempo deixou de representar para o homem o que representava para a minha avó que vivia numa cidade da Morávia e sabia tudo por experiência: como se prepara um pão, como se constrói uma casa, como se mata um porco e como se faz com ele uma carne defumada, como se confeccionam os edredons, o que o senhor pároco pensava do mundo e o que pensava também o senhor professor; encontrando cada dia todos os habitantes da cidade, sabia quantos assassinatos tinham sido cometidos na região nos últimos dez anos; mantinha por assim dizer a realidade sob seu controle pessoal, de modo que ninguém poderia fazê-la acreditar que a agricultura da Morávia prosperava se não houvesse o que comer em casa. (Kundera, 2010, p. 176). Os meios de comunicação externos ampliaram a quantidade e a disseminação da informação: com a internet tal alcance atingiu o inimaginável. Temos mais condições de opinar ou falar sobre coisas que acontecem em outros países ou estados do que descrever o que acontece no nosso próprio bairro (mas isso poderia muito bem ser utilizado neste sentido e âmbito, por exemplo, para ampliar a fiscalização sobre governantes).

Continuando: "A palavra mudança, tão cara à nossa Europa, tomou um novo sentido: não significa mais uma nova fase numa evolução contínua (no sentido de um Vico, de um Hegel ou de um Marx), mas o deslocamento de um lado para outro, do lado esquerdo para o lado direito, do lado direito para trás, de trás para o lado esquerdo (no sentido dos grandes costureiros inventando o corte da próxima estação). Os imagólogos criam sistemas de ideais e de antiideais, sistemas que não durarão muito, e em que cada um será logo substituído por outro, mas que influenciam nossos comportamentos, nossas opiniões políticas, nossos gostos estéticos, as cores dos tapetes da sala, assim como a escolha dos livros, com tanta força quanto os antigos sistemas dos ideólogos" (Kundera, 2010, p. 176).

Sob a aparência da mais completa liberdade, a imagologia exerce o controle social mais vigilante e induz as necessidades de maneira individual e coletiva. E com a revolução tecnológica dos últimos anos, ela ganhou mais interlocutores, mas com o mesmo sentido. Na atualidade, já se tornou um hábito das pessoas, ao acordar pela manhã, fazer em primeiro lugar uma consulta ao celular (*smartphone*) para consultar se existe alguma novidade; dos amigos, das redes, do WhatsApp ou mesmo uma chamada de jornal da internet com os últimos resultados de futebol da noite anterior, e com isso, já vão fornecendo os dados para o exercício dos algoritmos.

Além do rádio, do jornal e da TV, o *smartphone* é agora um instrumento que traz todos eles juntos, a nos influenciar e prover informações. Se no passado recente a "televisão deixava burro demais", como diziam os Titãs, na atualidade é a internet que cumpre tal função. Se a princípio era um instrumento que podia disseminar as informações acadêmicas de forma exponencial (o que certamente seria muito positivo), a sua utilização massiva nos dias atuais cumpre também a função de desinformar e fazer com que as pessoas obedeçam aos princípios da imagologia, tendo seus hábitos vigiados e acreditando estar vivendo e exercendo a mais ampla e completa liberdade.

Pedagogia da sustentabilidade

A pedagogia tem origem na Grécia Antiga e vem das palavras: *paidos* ("da criança") e *agein* ("conduzir"). Na Grécia Antiga, o pedagogo era o escravo encarregado de acompanhar o filho de seu proprietário à escola. Mais modernamente, a pedagogia se tornou a ciência encarregada de estudar e analisar os fenômenos de educação e levantar soluções de forma sistemática e intencional, com a finalidade de apoiar a formação para o aperfeiçoamento do ser humano, elaborando princípios, métodos, práticas, maneiras de pensar e modelos, que são os seus elementos de base.

Deste modo, a pedagogia, ao estudar de forma organizada a realidade educativa fundamentada nas ciências humanas e sociais, busca garantir a objetividade dos conhecimentos que acontecem nos contextos determinados, usando técnicas como recursos ou procedimentos para conseguir resultados visíveis e quantificáveis; a aplicação de tais técnicas é conhecida como didática. Para isso, se apoia também em outros campos de conhecimento.

O conhecimento da filosofia, nesse sentido, é utilizado para uma análise crítica da educação, para questionar os fins e valores que são associados aos processos educativos a partir de uma determinada concepção de homem e sociedade. Sem tais fundamentos éticos, dificilmente se conseguiria estruturar os fins morais da educação e a concepção de ser humano que se busca formar para que se integre a uma sociedade estabelecida.

O conhecimento das ciências sociais e da História também provê conteúdos fundamentais para a ampliação do leque de possibilidades educativas que podem incorrer na pedagogia. Os acontecimentos históricos que antecedem as futuras gerações proporcionam noções fundamentais tanto para prevenir como para oferecer soluções alternativas visando ao futuro. As ciências sociais como a antropologia e a sociologia se encarregam de proporcionar os fatos sociais e culturas que permeiam as ações e os fenômenos educativos em qualquer região ou país, tendo o homem como objeto de estudo. A educação está estreitamente ligada às condições de vida social e política.

A pedagogia *stricto sensu* é, ao mesmo tempo, teórica e prática. Teórica na medida em que caracteriza a cultura, identifica problemas e necessidades culturais que podem ser solucionadas com mudanças por via educativa e estuda a experiência educativa; e prática, porque parte de seu saber se constrói na prática educativa. Com base na caracterização cultural e na identificação de problemas e necessidades tende-se a propor soluções educativas que possuem o objetivo de transformar uma realidade e, lentamente, produzir mudança individual, coletiva e social.

Um aporte fundamental para a pedagogia vem da psicologia, que está diretamente relacionada a ela pelo fato de buscarem respostas aos problemas educativos tanto no âmbito formal como não formal, que condicionam as pessoas no decorrer de seu ciclo de vida. Por outro lado, o estudo da conduta humana facilita o melhor conhecimento dos processos de ensino-aprendizagem, que se realiza no lugar onde se apresentam as situações reais, principalmente no tocante às diferentes classes sociais. Como descrito há algumas páginas, quando me referi às técnicas de venda utilizadas pelos supermercados (e pela indústria), o modelo praticado por estes se assemelha a um processo de "pedagogia", especificamente para que o ato de compra e consumo seja muitas vezes potencializado, um processo de formação e indução do consumidor para que este conheça e escolha seus produtos. Trata-se de um processo deliberado de intervenção na realidade, talvez não "educativa" (na boa acepção da palavra), mas bastante assertiva no tocante aos resultados esperados e efetivamente obtidos. E se a mesma lógica fosse utilizada com fins que fossem verdadeiramente "educativos" (na realmente boa acepção da palavra), de forma que o indivíduo tomasse conhecimento da real situação ambiental e, baseado nisso, reformulasse muitos de seus comportamentos de consumo em termos quantitativos e qualitativos?

O economista norte-americano Richard Thaler, que recebeu o Prêmio Nobel de Economia em 2017, ganhou muito de sua atual popularidade (reforçada também por sua aparição no filme *A Grande Aposta*, de 2016) ao publicar o livro *Nudge: Improving Decisions About Health, Wealth, and Happiness*, escrito com Cass Sunstein em 2008. Neste livro, Thaler e Sunstein cunharam e popularizaram o conceito de "paternalismo libertário"; em tradução livre, *nudge* significa algo como um "empurrãozinho". Paternalismo libertário, por sua vez, reside na ideia de que um governo (ou outra autoridade) pode desenvolver políticas que permitam aos seus cidadãos tomar decisões melhores sem limitar a sua autonomia. A ciência por trás destes "empurrõezinhos" está em como as alternativas de decisão são apresentadas e em entender os fundamentos psicológicos existentes numa potencial "arquitetura das escolhas".

Um exemplo prático destes *nudges* citados por Thaler e Sunstein é a escolha de um menu no restaurante universitário. Se a escola considera que aumentar o consumo de frutas e verduras é uma política socialmente desejável para os seus alunos, pode estudar e manobrar a disposição de frutas, verduras e carboidratos de forma que os primeiros sejam mais visíveis que os últimos, ou estejam mais apresentáveis, isto é, em condições que possam despertar mais o interesse ou o apetite dos seus consumidores. Esta política seria um *nudge*, assim como uma informação atraente das calorias contidas em uma porção de frutas, verduras e de carboidratos, em detrimento da contida em uma combinação clássica de *fast food* (hambúrguer, batata frita e refrigerante). Por outro lado, proibir os carboidratos ou fazer um desconto no preço de frutas ou verduras não seria considerado um *nudge*. O primeiro, porque estaria limitando as opções de decisão; e o segundo, porque estaria introduzindo incentivos monetários.

Na esfera ambiental, um exemplo de *nudge* é no caso da economia de água. Aumentar os preços para diminuir o consumo é uma possibilidade e em tese, induziria a um consumo mais racional. Mas muitos cidadãos (pobres, principalmente) sequer têm um fornecimento de água (essencial à vida) que seja decente; nesse caso, simplesmente aumentar as tarifas poderia levar até mesmo a uma revolta social. Proibir ou racionar também é uma medida extrema: na perspectiva de um corte no fornecimento, as pessoas podem até mesmo comprar grandes caixas d'água para fazerem estoques e se anteciparem ao corte, o que pode até mesmo amplificar o problema. Uma prática que já foi adotada em vários países (e também o foi no Brasil, na crise hídrica da Grande São Paulo, em 2014/15), é a divulgação maciça dos indicadores dos níveis dos reservatórios, para que os cidadãos tomem consciência do nível de risco a que estão expostos e como um comportamento mais econômico pode tornar mais lento o nível de redução.

Antes ainda da importância dos *nudge*s como elementos para formulação de políticas, Thaler contribuiu também para categorizar alguns comportamentos econômicos humanos como atípicos à luz da teoria econômica, que seriam as anomalias em termos de decisão:

- *Mental accounting* ou contabilidade mental: o sujeito faz compras duas vezes por mês. A primeira é paga em dinheiro e a segunda com cartão de crédito. Na média, o gasto da compra com cartão de crédito é maior, porque tende a compartimentar os gastos em seu cérebro e o dinheiro (em efetivo) é percebido como mais custoso;

- *Endowment effect* ou efeito doação: representa o movimento das pessoas frequentemente exigirem por um objeto um preço muito mais alto que elas estariam dispostas a pagar por este mesmo objeto. Tal efeito mostra que as pessoas possuem um excessivo apego ao bem, sendo também conhecido como tendência ao *status quo*. Thaler chegou a essa conclusão observando o comportamento de um colega economista que tinha comprado algumas garrafas de Bordeaux alguns anos antes por apenas $10. Este mesmo vinho estava sendo vendido por $200 em um leilão anos depois. Apesar da supervalorização ocorrida com o vinho, seu colega não aceitava vender suas garrafas por $200. Thaler, então, nomeou este fenômeno de efeito doação;

- *The overreaction hypothesis* ou reações exageradas: quando o sujeito consegue ganhos (ou perdas) no mercado financeiro. Ele e os demais inversores tendem a sobrevalorizar as boas (ou más) notícias e o ajuste dos preços é excessivo. Os portfólios ganhadores iniciais terminam dando piores resultados que um portfólio perdedor durante um período de tempo que pode durar até cinco anos.

As reações exageradas também podem ser explicadas no chamado efeito manada, quando a coletividade, o "saber popular" ou algum tipo de informação muito propagada pode levar as pessoas a cometerem erros de avaliação; isto é, aceitando as ideias da maioria sem analisar se são corretas desde um ponto de vista lógico. O que pode acontecer em reuniões públicas, torcidas de futebol e na coletividade em geral; mas um cenário em que tais efeitos adquirem uma posição preponderante é mesmo nos investimentos em bolsa e nas finanças em geral.

No início dos anos 2000, por exemplo, partindo de ideias ainda incipientes sobre o potencial da internet, nasceu e explodiu a bolha das empresas "ponto com", assim como poucos anos depois veio a bolha imobiliária, que além dos interesses óbvios (e excusos) do setor financeiro, contou também com a ajuda de crenças largamente difundidas, como a ideia de que "os aluguéis nunca baixam", "o investimento em imóveis é o mais seguro" ou "imóveis se pagam com o próprio aluguel". "Verdades" que atravessam gerações.

O outro conceito difundido por Thaler e Sunstein: em torno da utilidade e da desejabilidade do *nudge* tem-se gerado um acalorado debate que transcende o econômico e que gira em torno da filosofia do "paternalismo libertário". Trata-se da ideia de que as escolhas dos indivíduos podem (ou deveriam) ser manipuladas de formas mais ou menos sutis, de modo que estes tenham aumentado o seu bem-estar. Thaler e Sunstein insistem que este conceito "não é um oximoro[41]" e defendem que não somente é possível, como também é legítimo, influenciar no comportamento dos cidadãos, dado que se respeita a sua liberdade de escolha. A linha que separa o empurrão dado com boas intenções e a opção fornecida com fins comerciais ou políticos do algoritmo da internet é muito tênue.

Segundo estes autores, se as preferências dos indivíduos estão "deformadas" de algum modo (por questões de racionalidade limitada ou falta de autocontrole, entre outros motivos) e se quer aumentar o bem-estar no longo prazo, não seria possível evitar uma certa dose de paternalismo. O objetivo do paternalismo libertário seria, então, "empurrar" o indivíduo a escolher a opção que ele mesmo teria escolhido se dispusesse de toda a informação necessária para a tomada de decisão. Ou seja, se também fosse perfeitamente racional e autocontrolado. Além disso, toda a intervenção pública seria, de uma forma ou outra, de caráter paternalista.

O autointeresse como sobrevivência

Os debates em torno da importância do *nudge* e a real (ou legítima) aplicação do paternalismo libertário estão muito distantes de estarem encerrados. Na verdade, estão apenas começando. O que não deixa margem de dúvidas é o fato de que, em algumas poucas décadas, a economia comportamental tenha passado de uma situação de "estranho no ninho" para se situar na primeira linha do *mainstream* econômico, logrando, entre coisas, que o *homo economicus* soasse um pouco mais humano.

---

[41] Dicionário Michaelis Online: Figura que consiste em combinar palavras ou frases que se opõem semanticamente, com o objetivo de realçar pelo contraste o que se quer expressar; paradoxismo: "Humilhei-me tanto, tanto, que me elevei tão alto, tão alto... Música calada".

Existe, ou pode existir, uma tendência genética ao egoísmo, mas pode haver simultaneamente uma tendência cultural à evolução técnica que permita uma maior adaptação às diversas situações ambientais, alterando o que venha a ser concebido como tamanho ótimo. Não é somente o tamanho da população que pode conduzir ao ocaso, como pensava Malthus, mas principalmente a forma de consumir e de se utilizar os recursos naturais.

Numa ponte entre ciências biológicas e sociais, Dawkins (1979) tentou, criativamente, estabelecer de forma crítica uma relação entre genes e memes[42], entre biologia e cultura. "O aumento das conexões cerebrais permitiu flexibilidade nas respostas, e assim, a capacidade de aprendizado cresceu significativamente quando comparado às outras espécies, que, em geral, somente apresentam mecanismos rígidos e pouco flexíveis (com pouca capacidade de armazenagem)".

Na atualidade, apesar da grande quantidade de informações (bem como de contrainformações), as pessoas precisam novamente aprender a pensar, a ter liberdade para fazê-lo, para que possam aproveitar tal gama de informações disponíveis. Do contrário, pode significar pouco dispor de tamanha quantidade de dados. A pergunta de base: frente ao cenário conturbado atual, na iminência de um desastre ambiental de proporções planetárias,

---

[42] A expressão meme, que se tornou popular na internet, foi inspirada no conceito de Dawkins, mas ganhou outra conotação, como mostra a definição na Wikipedia: "Na sua forma mais básica, meme é tudo aquilo que os utilizadores da Internet repetem, simplesmente uma ideia que é propagada através da World Wide Web. Esta ideia pode assumir a forma de um hiperlink, vídeo, imagem, website, hashtag, ou mesmo apenas uma palavra ou frase. Este meme pode se espalhar de pessoa para pessoa através das redes sociais, blogs, e-mail direto, fontes de notícias e outros serviços baseados na web, tornando-se geralmente viral.
Um meme de Internet pode permanecer o mesmo ou pode evoluir ao longo do tempo, por acaso ou por meio de comentários, imitações, paródia, ou mesmo através da recolha de relatos na imprensa sobre si mesmo. Memes de Internet podem evoluir e se espalhar mais rapidamente, chegando às vezes à popularidade em todo o mundo e desaparecendo completamente em poucos dias. Eles estão distribuídos de forma orgânica, voluntariamente, e peer-to-peer, ao invés de por meio predeterminado ou automatizado. Uma importante característica de um meme é poder ser recriado ou reutilizado por qualquer pessoa. Seu rápido crescimento e impacto chamou a atenção de pesquisadores e da indústria. Os pesquisadores criaram modelos para explicar como eles evoluem e prever quais os memes que vão sobreviver e se espalhar pela web. Comercialmente, eles são usados ativamente no marketing viral, visto como uma forma livre de publicidade de massa. A comunidade da Internet em si tem cultivado métodos para estimular a geração e a divulgação de memes bem sucedidos (exemplos: TED Talks, digg, hashtags)". Disponível em: < https://pt.wikipedia.org/wiki/Meme. – Acesso em 15 de janeiro de 2018.

qual a vantagem para meus genes que eu realize ações altruísticas para com seres que muitas vezes não são nem de minha espécie (que não compartilham da minha carga genética)? A memética de Dawkins procura explicar isso, através da existência de entidades autorreplicadoras denominadas memes. Todas as ideias e comportamentos obtidos através da imitação de outra pessoa seriam memes. Um comportamento altruísta agrada às outras pessoas e as aproxima do portador desse comportamento. Com essa aproximação, cria-se a oportunidade para que o próprio meme do altruísmo se propague.

"Os memes não se tratam, entretanto, apenas de comportamentos específicos. Eles são muito mais generalizados. Uma carta corrente, quando bastante copiada, é um meme. A ideia disseminada pela sabedoria popular de que determinada planta funciona como remédio para algum mal, sem nenhuma comprovação científica, é também um meme; mitos conhecidos pela maioria das pessoas, todos são exemplos de memes que podemos perceber claramente em nosso dia-a-dia e que fazem parte do que chamamos de cultura. Podemos dizer, portanto, que os memes criaram a cultura humana, da mesma maneira que os genes criaram os corpos humanos" (Dawkins, 1970, p. 215).

"Como no caso dos genes, a fecundidade é muito mais importante do que a longevidade de cópias específicas. Se o meme for uma ideia científica, sua difusão dependerá de quão aceitável ela é para a população dos cientistas (por exemplo, o número de vezes que é citada). Alguns memes, como alguns genes, conseguem um grande sucesso no curto prazo ao espalharem-se rapidamente, mas não permanecem muito tempo no "fundo". As canções populares e os saltos finos são exemplos destes. Outros, tais como as leis religiosas judaicas, poderão continuar a se propagar durante milhares de anos, geralmente devido à grande durabilidade em potencial dos registros escritos" (Dawkins, 1979, p. 216).

O fato é que os memes não são replicadores de alta fidelidade: "com a passagem de cada geração, a contribuição de seus genes fica dividida pela metade. Nossos genes poderão ser imortais, mas, a coleção de genes que constitui cada um de nós certamente desintegrará. [...] não devemos buscar imortalidade na reprodução. Mas, se você contribuiu para a cultura mundial (uma boa ideia, uma melodia, um poema) a ideia poderá sobreviver muito tempo após os genes terem se dissolvido" (1979, p. 221).

Apesar de já existirem evidências em número suficiente da tendência à insustentabilidade do sistema, bem como diversas indicações de procedimentos que poderiam ajudar na busca de um modelo que aproximasse mais os objetivos do homem com a capacidade de assimilação da natureza; ainda assim, o discurso continua fraco e ingênuo, não conseguindo convencer ou desiludir um contingente maior de pessoas. Por outro lado, a mídia movida pelo capitalismo, voltada à expansão e ao consumo desenfreado, desenvolve suas técnicas e artimanhas de forma cada vez mais estruturada e científica, sem que os indivíduos sequer percebam que estão sendo induzidos a determinados tipos de comportamentos.

Interessante, neste sentido, seria propagar uma verdadeira "pedagogia" da sustentabilidade, um conjunto de técnicas e informações que possibilitassem o fomento de atitudes e comportamentos mais aderentes às necessidades do planeta e das gerações futuras, bem como as suas escolhas. A economia comportamental forneceria, neste sentido, alguns elementos interessantes com este propósito ao instigar a adoção de medidas que alteram o comportamento das pessoas de uma maneira previsível, sem proibir uma opção ou coagir a uma ação individual específica, na hora de se tomar decisões que provoquem o seu próprio bem-estar.

No âmbito regulatório, os *nudges* estão sendo utilizados para otimizar as políticas públicas e direcionar a atuação das pessoas para a consecução de determinados objetivos. Nas palavras do Banco Mundial, trata-se de "uma política dirigida a modificar um comportamento, mas sem modificar o conjunto de opções de escolha. Tal política não proíbe, penaliza ou premia nenhuma opção em particular. Em seu lugar, conduz as pessoas a uma escolha em particular mudando sua opção por defeito, a descrição ou o ponto de referência" (World Bank, 2015, p. 36). Por sua parte, o Comitê Econômico e Social Europeu[43] tem optado por integrar os *nudges* nas políticas europeias ao considerá-los como um instrumento

---

[43] O Comitê Econômico e Social Europeu (Cese) é uma instância consultiva composta por representantes de organizações de trabalhadores e empregadores e outros grupos de interesse. O Comitê emite pareceres sobre temáticas europeias dirigidos à Comissão Europeia, ao Conselho e ao Parlamento Europeu, fazendo a ponte entre as instâncias de decisão da UE e os cidadãos.

de política pública que se soma aos já utilizados. O fim último da aplicação dos *nudges* por parte dos governos é (e sempre deveria ser) melhorar o bem-estar acumulado da coletividade, dando "empurrões" individuais a cada cidadão para que tomem suas decisões pessoais, que, agregadas, tendem a repercutir favoravelmente para o interesse geral.

A noção de "arquitetura de escolhas", formulada por Thaler e Sunstein em *Nudge* (2008), estabelece que existem formas de induzir determinadas decisões, a se depender de como se desenham as escolhas possíveis. Subjacente a essa proposta está a descoberta, com fortes fundamentos empíricos na ciência psicológica das últimas décadas, de que a forma como uma escolha é apresentada interfere na tomada de decisão do indivíduo.

Um dos *nudges* de maior impacto no âmbito da regulação da saúde foi o aplicado na Áustria (e em outros países, posteriormente) para aumentar a quantidade de cidadãos doadores de órgãos. No momento da opção, por meio de um formulário, se querem ser doadores ou não, deve ser anotada a alternativa que indica explicitamente "Não quero ser um doador". Em contraste, na Alemanha (muito próxima culturalmente da Áustria), o seu formulário faz a mesma pergunta, mas de maneira diferente, na qual cada cidadão pode marcar a alternativa "Sim, quero ser um doador" ou o seu oposto. O resultado destas diferentes abordagens é bastante significativo, pois 99% dos austríacos são doadores e apenas 13% o são na Alemanha.

No Brasil, quando da promulgação da Lei n. 9.434, de 1997, a Lei de Transplantes, adotou-se o modelo da doação presumida de órgãos, na qual todos seriam doadores, salvo menção em contrário, manifestada na carteira de identidade ou de motorista. No entanto, o dispositivo despertou protestos de vários setores da sociedade, que questionavam a sua constitucionalidade, o que levou o governo a recuar na medida. Retornou-se, em função disso, para o modelo da doação consentida, em que é preciso que a família expressamente declare o status de doador.

Outro exemplo obtido com a prática do *nudge* foi uma redução de 20% na ocorrência das multas por excesso de velocidade no Reino Unido, quando se estabeleceu a prática de, junto à multa, se entregar ao infrator uma carta com informação relativa à quantidade de mortes, feridos, crianças órfãs e viúvas que são registradas a cada ano como consequência de condutas imprudentes ao volante[44].

Parece bastante evidente que nem todos os agentes atuam de forma racional na tomada de decisões e existem muitos que fazem suas escolhas de formas totalmente anômalas ou mesmo desinformadas. No capítulo seguinte, veremos as práticas e políticas que são comumente empregadas para a adoção de comportamentos mais sustentáveis, mas, apesar delas, o aprofundamento dos problemas ambientais atuais mostra que não basta simplesmente a implementação de normas que tentem coagir as atuações dos agentes; e sim que é necessário "empurrar" estes indivíduos em direções que permitam assegurar o cumprimento de políticas regulatórias para que melhorem o seu próprio bem-estar.

Seria muito interessante (e socialmente benéfico) o desenvolvimento de certos *nudges* para complementar as políticas públicas, de forma a redesenhar a forma que o Estado intervém na vida da sociedade e dos setores econômicos. Estes pequenos empurrões permitiriam otimizar as políticas regulatórias que buscam empreender modos e práticas mais sustentáveis.

Para combater a profusão de apelos e anúncios de oferta de produtos fartamente propagados pela indústria, mais do que a informação sobre os seus custos e potenciais impactos, faz-se necessária uma estratégia de políticas ativas para tal fim, com o objetivo de realmente induzir às práticas mais saudáveis e sustentáveis. Evidentemente, isso envolve um juízo de valor quanto às práticas a serem adotadas e o papel do Estado nesse trabalho de divulgação; afinal, qual o tipo de escolha é a que deveria ser estimulada? Estudadas e discutidas para serem tentativamente implementadas, tais medidas contribuiriam para contrabalançar o bombardeio de informações e estímulos pouco sustentáveis a que somos induzidos diariamente pelos canais de informação sustentados pelos interesses produtivos. Estes, antes mesmo da economia comportamental, já se utilizavam da psicologia aplicada à economia, oferecendo diariamente os seus *nudges*, como nas ofertas nos supermercados

---

[44] Para mais exemplos de nudges, ver: <http://www.behaviouralinsights.co.uk/publications/the-behavioural-insights-team-update-report-2016-17>.

de R$ 9,99, que devem ter o seu efeito até mesmo em valores muito maiores, como nos casos em que carros são oferecidos ao preço promocional de R$ 99.990,00.

Terceira sinopse: qualificar o presente

> *"Um extraterrestre, recém-chegado à Terra – examinando o que em geral apresentamos às nossas crianças na televisão, no rádio, no cinema, nos jornais, nas revistas, nas histórias em quadrinhos e em muitos livros – poderia facilmente concluir que fazemos questão de lhes ensinar assassinatos, estupros, crueldades, superstições, credulidade e consumismo. Continuamos a seguir esse padrão e, pelas constantes repetições, muitas das crianças acabam aprendendo essas coisas. Que tipo de sociedade não poderíamos criar, se, em vez disso, lhes incutíssemos a ciência e um sentimento de esperança?".*
> (Sagan, 2006, p. 60)

A questão de fundo que permeia as práticas mais sustentáveis é a de que elas necessariamente envolvem um ritmo de crescimento econômico mais lento, com empresas produzindo e vendendo menos, o que pode ser catastrófico para a dinâmica econômica. Como superar esse entrave? Taxas de decrescimento seriam aceitáveis politicamente? Quais os custos e benefícios de uma política com tal fim, em termos de emprego e renda? Cada resposta mereceria uma tese, e as perguntas vão se avolumando.

As respostas são difíceis e, em sua grande maioria, seriam chamadas rapidamente de "politicamente impossíveis", porque estamos moldados a uma específica forma de pensar e isso tem relação com a gênese das necessidades. Uma das ideias que destaquei neste bloco, devido a Schumacher (1983), é a sua referência à economia budista, principalmente no tocante às suas necessidades humanas e suas limitações, no que propõe um controle sobre a ânsia de se querer sempre mais. Não maximizar o prazer mas, sim, a minimização da dor e do sofrimento. A finalidade seria alcançar um verdadeiro desenvolvimento do ser humano em todas as suas dimensões, um ser cuja ação iria muito além do mero consumo, que atuasse em comunidade e tivesse responsabilidades sobre o seu entorno. O indivíduo contemporâneo se caracteriza por agir de forma exatamente oposta e isso ocorre não porque é um tipo específico, ou se "degenerou" no decorrer dos tempos, mas sim porque é alvo de uma estratégia de divulgação técnica e meticulosamente planejada; todos os meios de comunicação conduziram e continuam a conduzir a esta forma de atuação e de pensar. Os desejos são deliberadamente criados e as características psicológicas de cada ser humano são esquadrinhadas em termos de análise de comportamento de compra. Existe uma ciência do consumo que é extremamente desenvolvida e sofisticada e que, para isso, conta com uma injeção de recursos astronômica. Desta forma, as suas escolhas no ponto de venda não são manifestações de preferência (ou a sua revelação); são, antes disso, concretizações de induções feitas por mecanismos e ferramentas muito competentes de análise de perfil. E isso tem sido ainda mais incrementado nos últimos anos, quando o comportamento *on-line* do internauta dá indicações de suas características e fornece, automaticamente, dados para que produtos cada vez mais aderentes, bem como diferentes tipos de campanhas publicitárias, lhes sejam oferecidos. E podem ser produtos ou ideias.

Como, então, fomentar uma vida sustentável como a preconizada por Schumacher? Na mesma linha em que se erigiu uma ciência do consumo, seria interessante também uma maior divulgação, estudo e análise de uma possível pedagogia da sustentabilidade, que se incumbiria de difundir práticas de vida mais consoantes com os limites do crescimento e da capacidade de carga do planeta. Concomitantemente ao modo de atuação e valorização das necessidades humanas por meio do consumo de bens e serviços, uma pedagogia deste tipo deveria difundir as práticas, expor as correlações existentes entre um modo de vida extremamente pernicioso em termos de excesso de mercadorias para um padrão mais substantivo, que valorizasse realmente o bem comum, a vida em comunidade cooperativa, mas, principalmente, uma visão menos materialista do que venha a ser concebido como sucesso ou felicidade. Os "memes da capacidade de carga", como diria Dawkins, deveriam ser difundidos e para isso, sugestões, "empurrões" deveriam ser estudados para induzir a este novo tipo de comportamento.

4 POLÍTICAS: INCENTIVOS, REGRAS COMUNS E SOLUÇÕES

> *"Afirma-se que, a menos que possamos conceber algo perfeito, não podemos entender o que significa a perfeição. Se, digamos, nos queixarmos de nossa condição aqui na Terra apontando para o conflito, a miséria, a crueldade, o vício – as "desgraças, loucuras e crimes da humanidade"'– se, em suma, afirmarmos que nosso estado está longe da perfeição, isso só se torna inteligível pela comparação com um mundo mais perfeito. É pela avaliação do hiato entre os dois que podemos avaliar a extensão daquilo que falta a nosso mundo. E o que lhe falta? A ideia daquilo que falta é a ideia de um estado de perfeição". (Berlin, 2002, p. 34)*

Em 2005, no Reino Unido, o governo de Tony Blair encomendou o primeiro grande estudo global sobre os aspectos econômicos da mudança climática. O diretor do projeto foi Nicholas Stern, ex-economista chefe do Banco Mundial. *The Economics of Climate Change* (2006) se tornou, desde o seu lançamento, uma referência-chave para as análises do tema.

O Relatório Stern estudou o impacto das mudanças climáticas no desenvolvimento dos países pobres e ricos; as questões econômicas relacionadas à redução das emissões em geral e à estabilização das emissões de gases de efeito estufa na atmosfera; os aspectos políticos dos programas de redução e adaptação e os obstáculos à obtenção de um acordo internacional duradouro e efetivo a esse respeito. O relatório consiste em seis partes que lidam, respectivamente, com a mudança climática, seus impactos no crescimento e desenvolvimento, a economia de estabilização [de emissões de gases], decisões políticas para reduzir as emissões de gases de efeito estufa, como se adaptar aos inevitáveis impactos da mudança climática nos países – pobres e ricos – e, finalmente, o desenho de um marco para a ação coletiva em resposta às mudanças climáticas.

Um dos pontos que gerou boas discussões foi: "as emissões são claramente uma externalidade e, por isso, uma falha de mercado. Mas o seu impacto é muito diferente de, por exemplo, congestionamento ou poluição local em quatro aspectos fundamentais: a externalidade se dá no longo prazo, é global, implica em maiores incertezas e é produzida em grande escala. As emissões de gases de efeito estufa são a maior falha de mercado já vista na história do mundo".

A ideia de falhas de mercado é a capitulação da ortodoxia econômica conquanto às suas limitações e à amplitude e importância do mercado. Segundo a visão clássica apresentada no Capítulo 1, quando cada membro da sociedade faz aquilo que é melhor para si, está simultaneamente procurando os meios que permitirão aos demais membros da sociedade uma situação melhor. Neste cenário, a intromissão do Estado apenas distorceria as decisões individuais. Mas tal completude do mercado ficou cada vez mais longe de ocorrer na prática, como se veria nas crises de superprodução e também na atualidade, que provoca sérias distorções em termos ambientais, bem como, internamente, ao desenvolver um mecanismo cada vez mais concentrador de riquezas, mostrando que a busca somente individual está cada vez mais longe de promover um melhor mundo para a maioria. Pelo contrário. Mas, muito antes dos problemas atuais, a teoria já especulava sobre a existência das falhas de mercado, anomalias que tendiam a criar problemas para o livre funcionamento do sistema. Identificados tais problemas, e apenas nestes, haveria a possibilidade de os governos entrarem na economia cumprindo papel mais relevante. Seriam situações excepcionais.

A equipe de Stern calculou que os custos de não se fazer nada, ou seja, permanecer no imobilismo e pasmaceira que continuamos a empreender, tende a reduzir o PIB global em cerca de 20% ao final do século. Evitar esse cenário, pelo contrário, deveria custar cerca de 1% do PIB, se aplicadas as medidas de imediato. Em 2008, o economista se corrigiu: o seu relatório havia subestimado o impacto da mudança climática; por isso, recomendava aumentar o gasto para 2% do PIB global.

O ponto de partida de Stern e sua equipe foi de que a evidência científica garante que o clima no nosso planeta mudou como resultado do aumento de gases de efeito estufa (GEE) gerados pela atividade humana. Em 2006, o aquecimento já era equivalente a cerca de 430 partes por milhão (ppm) de dióxido de carbono (430 CO_2 em termos científicos)[45]. Dado significativo é que tal taxa cresce anualmente em torno de 2,3 ppm e é a maior dos últimos 650 mil anos. No início da Revolução Industrial, o valor equivalente era de 280 ppm CO_2. Consequência de tal incremento é que, nos últimos 30 anos, as temperaturas aumentaram a uma taxa média de 0,2 graus Celsius por década.

Com o aprofundamento do debate, os especialistas já possuem modelos bastante confiáveis para estimar a provável faixa de aquecimento derivada de um certo nível de GEE na atmosfera. O relatório descreve como a atividade humana (produção de energia, transporte, indústria e edifícios são responsáveis por 57% dos gases emitidos durante a agricultura; o desmatamento e outras mudanças com o uso da terra originam 41% de emissões; para detalhes) provoca um aumento da concentração de gases de efeito estufa alterando o equilíbrio do clima e resulta em temperaturas atmosféricas elevadas: aquecimento médio na superfície da Terra, elevação dos níveis de água, variações na precipitação e sazonalidade e descongelamento. O resultado final é o surgimento de impactos físicos e biológicos na vida dos seres humanos.

---

[45] No *Relatório Stern*, bem como nos documentos congêneres, o resultado radioativo total dos gases de efeito estufa é expresso em termos equivalentes de concentração, em partes por milhão do dióxido de carbono e engloba também outros seis gases de efeito estufa incluídos no Protocolo de Quioto.

A correlação entre a concentração de gases de efeito estufa e as temperaturas foi demonstrada já no século XIX e permite aos cientistas calcular a provável faixa de aquecimento para um dado nível de gases emitidos na atmosfera. Portanto, a sensibilidade das temperaturas médias na superfície da Terra aos níveis de gases constitui o critério de comparação com relação ao aquecimento que pode ser esperado se os níveis de dióxido de carbono forem duplicados em relação aos do período pré-industrial, isto é, se atingirem 550 ppm de CO_2.

Esse critério, conhecido como "sensibilidade climática", traduz-se em uma figura-chave para comparar os efeitos econômicos da mudança climática, de modo que cotejar as previsões de diferentes modelos chegou à conclusão de que a faixa atualmente mais provável da sensibilidade climática está entre 1,5 e 4,5 graus centígrados. A título de exemplo, se os níveis de GEE se estabilizassem nos valores atuais (430 ppm CO_2), as temperaturas médias subiriam entre 1 e 3 graus acima do nível anterior à Revolução Industrial. No entanto, uma vez que as próprias alterações climáticas podem causar aumentos adicionais destes gases, enquanto se aumentam as temperaturas, é provável que haja um crescimetno adicional destes na ordem dos 1 a 2 graus até o ano 2100.

Em resumo, as projeções científicas compiladas pela equipe de Stern dizem que, se as emissões continuarem no ritmo atual, os níveis de gases de efeito estufa se aproximariam em 2050 dos 550 CO_2 ppm, o que causaria um aquecimento de ordem de 2 a 5 graus. Caso as emissões de gases sigam aumentando como resultado, por exemplo, de mudanças no uso da terra, consumo de energia e aumento da população poderiam ser alcançados até 2050, os níveis entre 550 e 700 ppm de CO_2 e a 650 ppm em 2100, com efeitos catastróficos.

Como já observado no Capítulo 2, existem diferentes formas de entendimento sobre o aquecimento global, o que alimenta distintas ordens de ceticismo. Entre os economistas, especificamente, é mais forte a corrente que aceita os riscos derivados da mudança climática; mas, confiando no poder da tecnologia futura, preferem esperar antes de adotar medidas que atenuem as atuais causas da mudança, numa repetição da crítica de Robert Solow aos limites do crescimento dos anos 1970. Ainda que pareça sensata, essa visão carrega riscos consideráveis, como destaca Stern, já que mesmo supondo que a base científica atualmente disponível esteja equivocada, teríamos investido uma porcentagem do PIB para reduzir as emissões de CO_2, mas esse gasto continuaria útil para combater os problemas destacados. Mas, se não forem direcionados os recursos necessários e as previsões científicas estiverem corretas, os danos causados serão irreparáveis.

Além destes, existem aqueles que admitem plenamente as previsões científicas, mas preferem assinalar um valor muito baixo ao futuro e dão preferência ao consumo de curto prazo, ou, o que dá no mesmo, concedem uma importância muito menor aos efeitos de que possam vir a padecer as gerações futuras. Em todo caso, o modelo do Relatório Stern rechaça essas opções econômicas de forma categórica, quando afirma que, ao não tomar medidas, os custos totais da mudança climática poderão equivaler a uma perda mínima anual de 5% do PIB, que aumentaria até 20% no médio prazo (que está cada vez mais próximo).

Ao desenvolver o modelo que estima os custos econômicos da mudança climática, Stern sublinha três características básicas: a) a mudança climática é uma externalidade universal tanto em suas causas quanto em suas consequências, e implica desigualdades consideráveis derivadas da dificuldade de se valorizar o bem-estar social de países com níveis muito diferentes de desenvolvimento e riqueza; b) os efeitos dos GEEs já emitidos farão com que suas consequências sejam sentidas por um longo tempo, razão pela qual enfrentamos um problema intergeracional com uma abordagem ética difícil; c) finalmente, tanto os riscos quanto as incertezas em relação aos custos e benefícios derivados das políticas adotadas agora e no futuro são consideráveis, o que nos obriga a formular um esquema analítico que considere explicitamente o risco e a incerteza. O cálculo dos impactos econômicos das mudanças climáticas é difícil e requer uma análise quantitativa de uma ampla gama de questões ambientais, econômicas e sociais para as quais os chamados Modelos de Avaliação Integrada (Integrated Assessment Models, IAM) fornecem resultados muito úteis para a tomada de decisões de caráter político.

O trabalho de Stern é muito cauteloso em relação aos resultados sobre os efeitos econômicos da mudança climática. Essas precauções em relação aos modelos de avaliação concentram-se em três pontos: não incluem possíveis impactos cujos efeitos sejam relevantes; tampouco registram eventualidades como enchentes, tempestades e secas, que podem ter efeitos econômicos duradouros; para concluir, não quantificam fatores sociopolíticos que podem gerar instabilidades, como as migrações em massa ou o deslocamento de investimentos de áreas geográficas muito afetadas pela mudança climática para outras em que suas consequências são mais benignas.

O modelo do Relatório simula um cenário básico repetidamente idêntico, escolhendo em cada simulação um conjunto de parâmetros de quantificação incertos (alguns deles são impactos que são descritos como "mercado" – isto é, relacionados a agricultura, energia ou áreas costeiras, e outros "não-mercantis" – que têm a ver com o meio ambiente, a mortalidade humana ou o aparecimento de choques climáticos catastróficos – e selecionados aleatoriamente entre faixas de valores predeterminadas possíveis). Dessa forma, o modelo gera resultados consistentes com uma distribuição de probabilidade em vez de uma única estimativa, contendo algumas premissas.

- A estimativa básica – entendida como a que está em conformidade com o terceiro Relatório do IPCC das Nações Unidas – calcula o aquecimento médio em 2010 de 3,9 graus Celsius, comparado com o do início da Revolução Industrial, com 90% de confiança para o intervalo de 2,4-5,8 graus;

- As consequências de um cenário classificado como "clima elevado" também são calculadas assumindo que as temperaturas podem subir ainda mais devido aos efeitos cumulativos no sistema climático; especificamente, dois efeitos estão presentes: aumento nos vazamentos de metano e enfraquecimento nos sistemas de absorção espontânea de carbono. Nesse caso, o intervalo de confiança da mudança é estendido para 2,6 a 6,5 graus.

As consequências econômicas dependem se as estimativas se limitam a incluir apenas as consequências de uma mudança gradual do clima nos setores classificados como "mercado" ou, ao contrário, também incorporam o risco de impactos climáticos catastróficos resultantes de temperaturas mais altas. Desta forma, estimativas preliminares de perdas médias no PIB *per capita* no ano 2200 variam entre 5,3 e 13,8%, dependendo dos efeitos de retroalimentação climática e de quais impactos "não-mercantis" são tomados em consideração.

Refinando estas premissas, o modelo usado por Stern e seus colaboradores, chamado PAGE 2002 IAM, incorporou as seguintes suposições:

a) o bem-estar social geral é calculado como a soma das utilidades sociais do consumo de todos os habitantes da Terra;

b) para avaliar riscos e bem-estar futuros, a hipótese de utilidade marginal decrescente é incorporada, ou seja, um euro ou um dólar têm mais valor para um pobre do que para um rico;

c) o crescimento do consumo futuro varia sistematicamente, em vez de ser a uma taxa única;

d) no processo de avaliação da utilidade esperada, o modelo usa uma taxa temporária (ou taxa de desconto) para ponderar a utilidade do consumo para cada um dos cenários futuros.

Com esta abordagem, se as medidas não forem efetivamente tomadas (o *business as usual*), caso em que os níveis de 550 ppm CO_2, em 2035, seriam atingidos e aumentariam anualmente a partir dessa data a uma taxa de 4,5 ppm, o custo da mudança climática nos próximos dois séculos equivaleria a uma perda definitiva de pelo menos 5% ao ano de consumo *per capita* universal. Mas se o modelo incorpora impactos "não-mercantis" e efeitos naturais de retroalimentação, o custo total médio subiria para 14,4%. Pelo contrário, se fosse decidido estabilizar o nível das emissões totais a 550 ppm CO_2 até o ano de 2050, eles deveriam atingir um máximo nos próximos 10 a 20 anos e depois diminuir a uma taxa de 1 a 3% ao ano. Dependendo da trajetória exata de queda, as emissões totais devem ser 25% inferiores aos níveis utilizados para o cálculo do modelo (em 2006), ou seja, 30 a 35 GtC de CO_2 (gigatoneladas de dióxido de carbono). O custo total desse esforço seria de aproximadamente 1% do PIB mundial, estimado com um nível de confiança de ± 3%. Trata-se de um custo não desprezível, pois equivale a US$ 350 bilhões de dólares a taxas de câmbio de mercado, ou cerca de US$ 600 bilhões de dólares na mesma moeda em termos de paridade de poder de compra (PPC).

O número pode parecer absurdo, mas, pouco mais de dois anos após o anúncio do Relatório, a economia global entrou em profunda crise financeira, derivada da bolha especulativa dos anos 2000 e do processo de desregulação do mercado financeiro. Para o resgate da crise, bancos centrais de todo o mundo injetaram US$ 11,8 trilhões nos mercados entre 2008 e 2010 e chegaram a instaurar juros reais negativos. Dez anos depois do abalo internacional, desencadeado justamente no mercado de crédito dos Estados Unidos, o estoque de dívida (pública e privada) no planeta saltou 43%, para US$ 247,1 trilhões — mais do que três vezes a economia global, segundo dados do Instituto Internacional de Finanças (IIF)[46]. Inconcebíveis em 2006, os recursos empregados para tirar o mundo da crise financeira de 2008 seriam suficientes para mais de 30 anos de investimento nas políticas de controle da mudança climática. Nada impede, no entanto, que uma nova crise financeira global possa retonar nos próximos anos, pois as regras continuam basicamente as mesmas.

Em todo caso, é necessário destacar que o 1% do PIB mundial necessário para estabilizar as emissões de gases não implica que os custos sejam distribuídos uniformemente entre os diferentes setores econômicos ou mesmo que afetarão igualmente todos os países. Os setores mais intensivos no uso do carbono teriam de arcar com custos mais elevados, assim como aqueles que são mais dependentes de recursos ambientais, como a agricultura ou o turismo. A isto deve ser acrescentado outro alerta: os custos de adaptação e seus efeitos sobre a competitividade dos diferentes países serão menores se todos eles implementarem políticas semelhantes e renunciarem a agir de acordo com o comportamento *free-rider* (o carona, já mencionado quando expus a importância da ação coletiva). O Relatório recomenda que os preços do carbono subam para o nível que reflete os custos sociais inerentes às emissões de GEE originados pelas decisões tomadas diariamente por milhões de empresas e indivíduos. Essa seria a única maneira de entender as vantagens de investir em tecnologias que reduzem as emissões de carbono: especificamente, nos campos de geração de energia, processos de produção e meios de transporte. O fato de esses objetivos

---

46 Disponível em: <https://www.iif.com/Publications/currentpage/10>.

serem aceitos por toda a comunidade internacional é ainda mais urgente à medida que a demanda por energia cresce rapidamente nos países em desenvolvimento.

Segundo dados da época, da Agência Internacional de Energia (AIE), aproximadamente um quarto da humanidade não tinha acesso a nenhuma fonte de energia. Portanto, esses países poderiam se recusar a aceitar qualquer sacrifício se os países desenvolvidos não assumissem a sua responsabilidade histórica e, ao mesmo tempo, o compromisso de ajudar as nações financeiramente mais pobres, proporcionando investimentos necessários para reduzir as emissões de GEE.

Para a consecução dos objetivos do Relatório, seria necessário implementar uma estratégia escorada em três linhas básicas: i) impostos internacionalmente harmonizados sobre emissões; ii) criação de sistemas em que as quotas de emissão atribuídas são negociadas (sistema incluído no Protocolo de Quioto) e iii) estabelecimento de regulamentos que penalizam a poluição. Naturalmente, os custos de se atrasar as decisões são a chave para justificar um acordo urgente se se pretende estabilizar as emissões de CO_2 e no nível de 450 a 550 ppm. E os interesses de curto prazo das empresas e dos investidores, como ficam?

Ainda que muitas das suas premissas e dados já tenham sido corrigidos pelos relatórios mais atualizados do IPCC, bem como as políticas propostas já foram revisadas pelas Conferências que se sucederam, o Relatório Stern teve o dom da oportunidade, pois serviu como uma referência aos trabalhos subsequentes dos especialistas reunidos pela ONU, ao mesmo tempo em que ofereceu apoio sólido para suas conclusões. Apesar disso, não deixou de ser alvo das críticas que as análises sobre questões essencialmente controversas sempre apoiam. A primeira veio da própria Inglaterra – especificamente da Universidade de Cambridge – e seu autor foi o professor *Sir* Partha Dasgupta. Na sua opinião, não deveria ser permitida a desigualdade interpessoal excessiva entre os membros da mesma geração e isso é o que acontece com aqueles escolhidos no modelo de Stern. A segunda objeção de peso, o que requer uma explicação mais extensa, foi formulada pelo especialista norte-americano William D. Nordhaus (que viria a receber o Prêmio Nobel de Economia de 2018), professor da Universidade de Yale e um dos mais reconhecidos especialistas no estudo das consequências econômicas dos gases de efeito estufa.

Nordhaus critica a abordagem feita por Stern, observando que os modelos anteriores afirmavam, geralmente, que as políticas econômicas eficientes para reduzir as mudanças climáticas repousavam em cortes modestos de curto prazo nas emissões de gases para, a médio e longo prazo, impor reduções mais pronunciadas. A base dessa abordagem é simples: como nas próximas décadas nossas sociedades serão mais ricas, será mais eficiente transferir investimentos para programas que intensifiquem a taxa de redução de GEE. Ele, então, aponta para a taxa social de desconto – que é muito baixa, 0,1% – como o "mecanismo" que amplia os impactos futuros e fornece uma força lógica às recomendações para reduzir as emissões, justificando os sacrifícios que hoje são impostos para lograr alguns objetivos, mais ou menos certos, no futuro. Portanto, aponta Nordhaus, a taxa social de desconto social é um fator que mede a importância do bem-estar das gerações futuras em relação àquelas desfrutadas pelos presentes.

Essa discordância tem suas raízes em duas posições diametralmente opostas. Para a maioria dos economistas ingleses, "descontar" – isto é, reduzir o bem-estar das gerações seguintes – é inadmissível; enquanto seus pares norte-americanos se perguntam por que investir enormes quantias hoje para resolver um problema que no futuro pode se revelar de menor monta? Definitivamente, tais divergências não ajudam no intento de tornar viáveis as metas propostas pelo Relatório Stern, mas, a despeito disso, não resta sombra de dúvida de que a mudança climática é a maior falha de mercado já vista na história, um fracasso que vem se assomar às várias outras imperfeições.

Acesso e conflitos

Fundamentalmente, a questão ambiental denuncia a existência de impactos provocados na natureza, derivados da busca da internalização de seus benefícios econômicos. E isso por alguns poucos, uma parcela da população que se vê a cada dia mais diminuta. Se todos fossem beneficiados na justa medida (não estou falando de igualdades) – social, econômica e fisicamente – e tal exploração dos recursos naturais fosse realizada dentro dos limites da capacidade de suporte do planeta, certamente não haveria motivos para maior preocupação; além de tal exploração não se pautar por esse tipo de equilíbrio, o problema é que, ao almejar esses benefícios, são geradas sequelas a partes não diretamente envolvidas (ou beneficiadas) no processo, o que conduz à formação de conflitos em torno da gestão do uso dos recursos.

Nesse sentido, podemos sumarizar, a partir de Little (2004), três grandes tipos "ideais" de conflitos em torno da questão ambiental: i) conflitos em torno do controle sobre os recursos naturais, tais como disputas sobre a exploração ou não de um minério, sobre a pesca, sobre o uso de recursos florestais, entre outros; ii) conflitos em torno dos impactos (sociais ou ambientais) gerados pela ação humana, tais como a contaminação de rios e do ar, o desmatamento, a construção de grandes barragens hidrelétricas... e iii) conflitos em torno de valores e modos de vida, isto é, conflitos envolvendo o uso da natureza, cujo núcleo central reside num choque de valores ou ideologias.

Os dois primeiros tipos de conflitos refletem os problemas tratados nos capítulos anteriores: o impacto sobre a natureza e as suas sequelas para a vida humana, assim como a distribuição espacial dos impactos, bem como o acesso aos resultados econômicos de tal tipo de atividade. Estabelecer parâmetros e ampliar o nível de conhecimento para tratar tais conflitos é uma prerrogativa básica para elaborar políticas e tentar dirimir os seus efeitos negativos. O terceiro tipo de conflito envolve uma disposição ainda mais profunda, pois, para a superação da crise ecológica, não é suficiente apenas a transformação da organização econômica em sua base técnica, é imprescindível também redefinir os conceitos culturais dominantes de riqueza, crescimento econômico, consumo e trabalho. E, no limite, a ideia de bem-estar e felicidade que permeia a nossa sociedade, cada vez mais global.

A imponência e o alto grau de divulgação do discurso da sustentabilidade não deixam dúvidas quanto à sua força. O apelo global, a sua grande difusão nas mais importantes mídias e o seu quase consensual acolhimento nas mais diversas esferas escondem, no entanto, a relativa fraqueza de suas políticas. O discurso é forte, mas a política ainda é fraca. Além das questões econômicas, a fraqueza de tais políticas reside num ponto fulcral: a sua opção pela solução paliativa, intermediária, crente na possibilidade de saídas tecnológicas que possam vir a mitigar tais impactos e que potencialmente consigam mudar a atual direção tomada. Enquanto isso, predominam os discursos cosméticos e as estratégias de *greenwashing*. A atual crise ambiental é impossível de ser analisada com profundidade sem ter como perspectiva a maneira como nos colocamos sob tão grave situação de risco. Da mesma forma, chega a parecer ingênua – se não fosse uma esperteza de curto prazo – a pretensão de explorar a natureza como se seus bens e recursos fossem infinitos com o objetivo de satisfazer uma população crescente (ainda que em crescimento decrescente) com um padrão de consumo cada vez mais demandante de recursos naturais e energia; ou seja, apesar de seu grande desenvolvimento nos últimos séculos e, principalmente, décadas, o progresso tecnológico não poderá nos ajudar por muito mais tempo, ao menos não na medida sonhada, e com a rapidez exigida. Os alertas do IPCC já nos dão pouco tempo para isso.

Por outro lado, é igualmente ingênuo pensar que poderíamos regressar à existência idílica dos caçadores e coletores, com sua visão específica de cultura de abundância. Todas as soluções de problemas que foram desenvolvidas e obtidas nos últimos séculos perderiam o seu sentido e todo o esforço seria jogado fora.

Conhecidas e explicitadas as razões, os impactos e as sequelas da forma de agir que nos conduziram à situação de risco global da atualidade, é importante pensar em como elaborar meios para mudar tal realidade e realmente atingir padrões sustentáveis. Para se definir possíveis políticas, reveste-se de fundamental importância destacar a necessidade da importância de regras comuns e da autoridade para fazer cumpri-las. Não existe nada mais fácil do que criar normas que proíbam as pessoas de praticar o mal. Mas, para efetivamente evitar que o perpetrem, é preciso torná-las aplicáveis ou ter instrumentos e condições para isso.

Mas o cenário não é de todo negativo. Ainda que o esforço deva ser cada vez mais intensificado, na prática já vemos muitos exemplos de experiência de regulamentação bem-sucedidos e que conseguiram, na medida do possível, mitigar parte do problema que poderia ser ainda maior se não tivessem ocorrido tais medidas. Esse é o caso, por exemplo, das políticas conduzidas pela Cetesb – agência ambiental do estado de São Paulo –, que controla a qualidade do ar, da água e do solo no estado. Embora tenha uma qualidade do ar ainda bastante ruim, a cidade de São Paulo teria indicadores ainda piores se não fosse a existência da política de comando e controle exercida principalmente pela Cetesb.

Segundo estudo publicado na revista *Atmospheric Environment* (Andrade et alii, 2017), a qualidade do ar na cidade melhorou muito nos últimos 30 anos. Apesar do crescimento da frota – aumento de 76% de 2002 a 2012, alcançando 11 milhões de veículos em 2014 –, as concentrações de poluentes diminuíram no período, exceto para o gás ozônio e para o material particulado fino, ambos relacionados a problemas de saúde e transtornos cognitivos, principalmente em crianças e idosos. Mesmo com o incremento da frota, houve uma diminuição não só no valor absoluto nas emissões, mas também nas concentrações ambientais.

Apesar dos resultados positivos, se houver aumento da frota, e isso é o esperado, deverá haver um crescimento da emissão e consequente aumento na concentração ambiental, pois a cidade já está no seu limite de saturação. A estratégia, no caso, é diminuir a frota em circulação, ampliar o uso de transporte coletivo e buscar combustíveis mais limpos, principalmente para os veículos pesados, como ônibus, que usam diesel, que ainda é altamente poluente, e que podem ser substituídos por combustíveis mais limpos, incluindo os elétricos ou híbridos.

A pesquisa verificou mudanças nas concentrações de poluentes na atmosfera da Grande São Paulo. Nos anos 1980, havia grande concentração de óxidos de enxofre (SOx), monóxido de carbono (CO), ozônio (O_3), nitratos (NOX) e aldeídos (RCHO). Nessa década, houve o início do controle das emissões industriais com a utilização de combustíveis com baixo teor de enxofre, ou mudanças no combustível de caldeiras industriais – e também a introdução do Proálcool. Na década seguinte, houve queda nas concentrações de enxofre e aumento de hidrocarbonetos, aldeídos e material particulado. Foi na década de 1990 que ocorreram medidas de controle nas indústrias para redução de poluição por enxofre e a instituição do rodízio veicular.

Na década de 2000, começou-se a perceber, nas medidas ambientais, o efeito do controle de emissões da frota de veículos leves em função da implantação, em 1986, do Programa de Controle da Poluição do Ar por Veículos Automotores (Proconve). Dez anos depois, observou-se a queda de praticamente todos os poluentes, exceto a de hidrocarbonetos e material particulado, por conta do aumento da frota e consequente crescimento do uso de combustível.

Modelos de políticas

No Brasil, dada a profusão de leis que são criadas diariamente, é comum dizer: "existem leis que pegam e as que não pegam". O que temos de reconhecer é que, a despeito da boa vontade e do interesse comum (não que elas necessariamente se pautem por isso) que podem fazer parte de sua real intenção quando de sua elaboração e proposição, muitas leis, normatizações ou tentativas de encaminhamento acabam não encontrando aderência no comportamento dos indivíduos, por não refletirem condições objetivas mínimas para sua implementação; ou seja, seus preceitos ficam muito distantes dos atos e formas de comportamento que os indivíduos entendem como usuais ou práticos em suas vidas. Do cumprimento de uma obrigação estabelecida por lei à sua realização por uma razão de consciência interna, existem vários intervalos que, de forma indireta, bem analisados e prescritos, podem contribuir para uma maior adesão aos seus preceitos.

Exigir o cumprimento de uma determinada lei ou norma demanda um aparato legal de fiscalização e punição que envolve altos custos e dificuldades administrativas, o que é uma característica das políticas de comando e controle, como as executadas pela Cetesb. Desta forma, quanto mais leis são criadas, maiores são as dificuldades de se exigir o seu cumprimento; o que, no decorrer do tempo, conduz a um relaxamento de suas ordens e dá margem ao surgimento das famosas leis que "não pegam". No trato da questão ambiental, essa dificuldade se vê amplificada. Como envolve uma grande diversidade de subtemas com características específicas em locais muitas vezes distantes de regiões com estrutura de fiscalização, em muitas situações as determinações tornam-se pouco operacionais. Na atualidade, com o auxílio das modernas tecnologias de gestão espacial e com o monitoramento por satélites, certamente os problemas deveriam ser mais facilmente fiscalizados. Apesar disso, mesmo em tópicos que são constantemente divulgados pela grande mídia, percebe-se uma grande dificuldade de fiscalização. Apesar de suas dificuldades administrativas, as políticas de comando e controle são as mais utilizadas ao redor do mundo e contribuíram em muito para que houvesse significativas melhorias em termos de processos e de procedimentos para o controle do uso de recursos naturais e a emissão de poluição.

A outra linha de políticas ambientais é chamada de instrumentos econômicos de mercado. Nela, mais do que fiscalizar e punir, o interesse é o de induzir comportamentos, estimulando-os pela via econômica. Nessa via, encontram-se subsídios, impostos diferenciados, licenças e direitos de poluição negociáveis, entre outros. O agente não é obrigado a seguir ou a obedecer determinada condição, mas seria interessante economicamente para si mesmo se o fizesse; já que, teoricamente, o faria auferir maiores lucros e desfrutar de uma maior competitividade econômica.

Existem, desta forma, motivações diferentes para uma maior adesão às políticas. De maneira geral, elas se aplicam também ao caso ambiental. Numa ponta, a operacionalização das políticas demanda um aparato técnico, administrativo e fiscalizatório que consiga monitorar as determinações. Na outra vertente, trabalha-se com a perspectiva de que as determinações sejam adotadas por conveniência econômica. As motivações para o cumprimento das regras poderiam ser classificadas em quatro tipos mais gerais:

Numa primeira ordem, a obediência cega, quando não se questionam as prescrições: desde que seja lei, ela deve ser cumprida; o não questionamento pressupõe situações positivas e outras nem tanto. A concordância incondicional com a deliberação pode significar tanto uma conscientização extrema quanto uma ignorância na mesma medida.

O medo da privação da liberdade. Com a edição, por exemplo, da Lei dos Crimes Ambientais (Lei nº 9.605, de 12 de fevereiro de 1998), passou a ser passível de detenção de até três anos uma série de crimes contra o meio ambiente: uma prerrogativa exclusiva do poder de polícia do Estado e que por isso prescinde de fiscalização.

Numa terceira ordem, a vantagem financeira: variação do medo da privação de liberdade, lida também com punição, embora pecuniária. A regra tende a ser cumprida se houver uma vantagem financeira, ou seja, se o custo da não obediência for inferior, ela perde parte de sua eficácia. Num raciocínio simples, o virtual infrator calcularia, além do risco e probabilidade de ser fiscalizado durante a prática, o impacto da multa em seu cálculo econômico-financeiro. Se a fiscalização for extensa e a multa for significativa, ele terá uma vantagem financeira ao cumprir com as determinações. Se a fiscalização for frouxa e a multa, branda, literalmente vale a pena praticar a contravenção.

Vantagem econômica, a lógica dos instrumentos de mercado: a obediência ao prescrito traz vantagens econômicas e competitivas; logo, a prescrição deve capitalizar as vantagens. Um maior poder de mercado, uma orientação estratégica ou uma indicação de custos são direções que necessitam de uma informação científica precisa, que ilustre as oscilações em torno do equilíbrio ambiental e de como isso afeta as comunidades. Para que uma vantagem econômica seja o referencial para o comportamento dos agentes, é necessário o estabelecimento de indicadores consolidados que consigam prescrever tais vantagens.

Frente ao cenário de incerteza científica na questão ambiental, fica difícil de estabelecer e cristalizar vantagens econômicas no sentido de revisão de pautas de produção e padrões de consumo. Argumentações como as que apontam para os potenciais riscos subjetivos que podem já estar afetando parcelas do topo da pirâmide social certamente contribuem para a conscientização acerca dos padrões insustentáveis que continuam a ser impingidos à grande parcela da sociedade moderna. Tal compreensão pode contribuir em muito para uma maior adesão às práticas e preceitos do desenvolvimento sustentável. Um valor para temer, como as previsões realistas do IPCC, deveria ser uma variável adicional no cálculo econômico, o que aumentaria a vantagem econômica – de longo prazo – de tal adoção.

Autoridade: políticas indutoras

Uma pergunta básica que os legisladores deveriam sempre se fazer é: "pra que serve uma lei?". Afinal, uma lei deve ter propósitos muito bem definidos para que possa vir a ser efetivamente obedecida. Neste tópico, baseei a argumentação na necessidade de enfoque em dois eixos essenciais no tratamento legislativo da questão ambiental. O primeiro trata da legislação sobre as propriedades comuns. Já destaquei no item sobre os impactos no meio ambiente a questão da "Tragédia dos Comuns", em que Garret Hardin aventava a necessidade de uma total privatização das propriedades para que elas fossem tratadas com a devida sensatez e cuidado ambiental; mostrei as limitações de tal abordagem e, principalmente, sua relação com a ideia de capital natural crítico e o entendimento do conceito de propriedade comum.

No segundo ponto, destaquei a ideia da reforma tributária ecológica (ou socioecológica), no sentido de indução de comportamentos mais conscientes com relação à natureza (numa via mais liberal) e também por um caminho mais radical, visando a uma potencial mudança na pauta e nos padrões de consumo.

É importante aqui a concepção que percebe a propriedade comum como o capital natural crítico, independentemente do fato de a propriedade ser privada ou não. Se existe uma ideia clara do benefício mútuo e se existem regras claras do funcionamento biofísico e sua condição de equilíbrio (daí a importância da qualidade da informação) e, simultaneamente, uma autoridade coletiva capaz de vigiar o cumprimento de acordos, a negociação, o consenso e o acordo, em tese, são possíveis.

A propriedade comum tem sido muitas vezes mal interpretada, especialmente por economistas que confundem propriedade comum com livre acesso aos recursos ou ausência de propriedade. Ou seja: a propriedade comum não é algo sem dono, mas sim de acesso limitado e, por conta disso, possui ou deveria possuir uma ordenação institucional específica, uma legislação específica para o capital natural crítico.

No Brasil, especificamente, a concepção do direito de propriedade que imperava no Código Civil antigo (de 1916) era um entendimento extremamente individualista, ou seja, o direito de propriedade era irrestrito e inviolável (do tipo "posso fazer tudo aquilo que quiser com o meu patrimônio, pois é meu e ninguém, nem mesmo o Estado, pode interferir nesse exercício de direito"). Essa concepção, copiada do Código de Napoleão, embora tenha sido reproduzida no Código Civil de 1916, já chegava aqui meio atrasada e se arrastou pelo século passado à base de reformas e interpretações judiciais limitadoras de seu amplo alcance.

A compreensão de que o direito de propriedade deveria ser limitado – e cada vez mais limitado – pelo interesse social que nele se encerra serviu para impulsionar textos legais de limitação da propriedade, como é o Código de Águas, o Código de Mineração, a Política Nacional do Meio Ambiente, entre outros. Todos esses textos têm por característica comum restringir o exercício da exploração da propriedade, ou seja, "o proprietário pode usar, gozar e dispor de seus bens, mas de forma criteriosa".

Essa é uma tendência que todos os sistemas jurídicos vêm, de uma forma ou outra, consagrando, notadamente quanto ao aspecto ambiental do bem (propriedade) e seus reflexos sobre todos indistintamente. Quando a Constituição Federal de 1988 afirma que a propriedade tem função social, o que está tentando reforçar é, justamente, essa ideia: de que o proprietário não está só; ele deve fazer uso do seu patrimônio para o bem-estar social (o que implica não só se abster de determinadas condutas, mas, também, a obrigação de praticar determinados atos, como dar-lhe uma destinação produtiva ou sofrer as consequências de uma desapropriação ou imposição de um imposto territorial progressivo, por exemplo).

Fica claro, então, que os direitos de propriedade são limitados, ou deveriam sê-lo. O bem ambiental tem natureza jurídica de bem difuso, de natureza trans-individual, cujos titulares são pessoas indeterminadas e ligadas por circunstâncias de fato, conforme definição dos denominados interesses ou direitos difusos, trazida pelo art. 81, parágrafo único, I, da Lei nº 8.078/90, que pressupõe a existência de um bem de natureza indivisível, como é o meio ambiente, bem jurídico autônomo, que não se confunde com os bens públicos ou privados.

Uma característica importante do dano ambiental é a pluralidade de vítimas, ainda que, em alguns casos, possa atingir, também, uma pessoa ou um conjunto de pessoas individualizáveis. Todavia, em qualquer situação será sempre vítima a coletividade, em razão do conceito de bem ambiental, trazido pela própria Constituição Federal como bem de uso comum do povo e essencial à sadia qualidade de vida.

Essa pretendida sadia qualidade de vida é o ponto a ser enfatizado no que se relaciona aos fundamentos do desenvolvimento sustentável: a possibilidade de as gerações futuras disporem das mesmas condições que tivemos. Se um recurso é explorado além da sua capacidade de recomposição, parece evidente que o fundamento não está sendo observado. Da mesma forma, se ele é explorado até o limite da exaustão, ele deixará de se apresentar às gerações futuras. No caso da perda de biodiversidade, o impacto pode ser ainda mais profundo, dado que muitos recursos podem ser perdidos sem que ao menos tenham sido conhecidos em algum momento; a grande utilidade que ele poderia ter tido para uma qualidade de vida mais sadia.

Finalmente, o que está sendo colocado aqui é a ideia de capital natural crítico, um nível no qual o capital natural não pode ser substituído pelo capital manufaturado. Um conhecimento aprofundado dos recursos em seus respectivos ecossistemas e sua sensibilidade à atividade humana seriam os elementos essenciais para a delimitação de tais pontos de sustentabilidade e zelariam pela manutenção de condições similares às gerações futuras.

Reforma tributária socioecológica

Há muitos anos, tramita no Congresso Nacional Brasileiro a chamada "Reforma Tributária Ecológica", com emendas que procuram incorporar ao Sistema Tributário Nacional instrumentos econômicos de política ambiental para o País. Entre as emendas apresentadas, destaca-se a proposição da consolidação do princípio do poluidor-pagador, ou do usuário-pagador, além de propostas de consolidação do princípio do não-poluidor-recebedor, ou do protetor-recebedor. O princípio do protetor-recebedor postula que o agente público ou privado que protege um bem natural em benefício da comunidade deve receber uma compensação financeira pelo serviço de proteção ambiental prestado. O ICMS ecológico já aplicado em alguns Estados brasileiros é um exemplo desse princípio.

São concebidas diversas alternativas para sua aplicação: isenções tributárias, critérios ambientais para repartição das receitas do ITR, FPE e FPM ecológicos, entre outras. Unindo os princípios do poluidor-pagador e do protetor-recebedor, existem emendas prevendo que a seletividade do IPI (Imposto sobre Produtos Industrializados) e do ICMS (Imposto sobre Circulação de Mercadorias e Serviços) seja ponderada não apenas a partir do critério da essencialidade do produto ou serviço, mas também a partir do impacto ambiental a ele associado, além da proposta de que a contribuição previdenciária incidente sobre a receita ou faturamento proposta pelo governo seja aplicada de forma diferenciada de acordo com o impacto da atividade da empresa e do ciclo de vida de seus produtos sobre o meio ambiente.

Todas essas medidas modernizantes propostas para uma possível reforma ecológica e tributária seguem os princípios dos instrumentos econômicos de mercado. O que se preconiza a partir da utilização de tais mecanismos é a indução de comportamentos mais sustentáveis motivados pela lógica do mercado. Não se tratam somente de punições (como no poluidor-pagador da política de comando e controle), mas, propriamente, de incentivos. Certamente, existe um impacto positivo potencial em tais medidas, mas tais deliberações ainda continuam fortemente atreladas a uma racionalidade produtiva de curto prazo dominante.

Uma reforma tributária socioecológica pode ser muito mais profunda e é cada vez mais urgente. Segundo Kowalski e Haberl (1998), os problemas atuais da mudança do meio ambiente global são uma consequência da quantidade e qualidade do metabolismo das sociedades industriais e da quantidade e da qualidade das intervenções de colonização dos sistemas naturais para garantir os recursos necessários para a sustenção desse modelo. A principal conclusão que emerge deste argumento é que uma política para um desenvolvimento sustentável da sociedade atual deveria se focar em estratégias para diminuir o seu fluxo material e energético. Isto implicaria em uma concentração de esforços em um nível estratégico macroglobal em lugar dos enfoques setoriais tradicionais de políticas de meio ambiente, o que não tem se mostrado fácil.

Uma constatação: a divisão internacional do trabalho, apesar da potencial escassez futura dos recursos naturais, vinha historicamente reduzindo o preço das matérias-primas, ao mesmo tempo em que aumentavam os custos do trabalho nos países desenvolvidos. O Gráfico 7 mostra a evolução do Índice de Commodities CRB no período que vai de 1980 a 2015.

Desde o final da década de 1970, e mesmo antes disso, o índice apresentava uma tendência de queda que só foi revertida no início dos anos 2000, até atingir o seu patamar mais alto em 2008, quando voltou a cair, até atingir, em 2015, o mesmo patamar do início do ciclo do chamado *boom das commodities*, em 2002.

| Gráfico 7 - *Evolução do Índice CRB (1980 - 2015)*

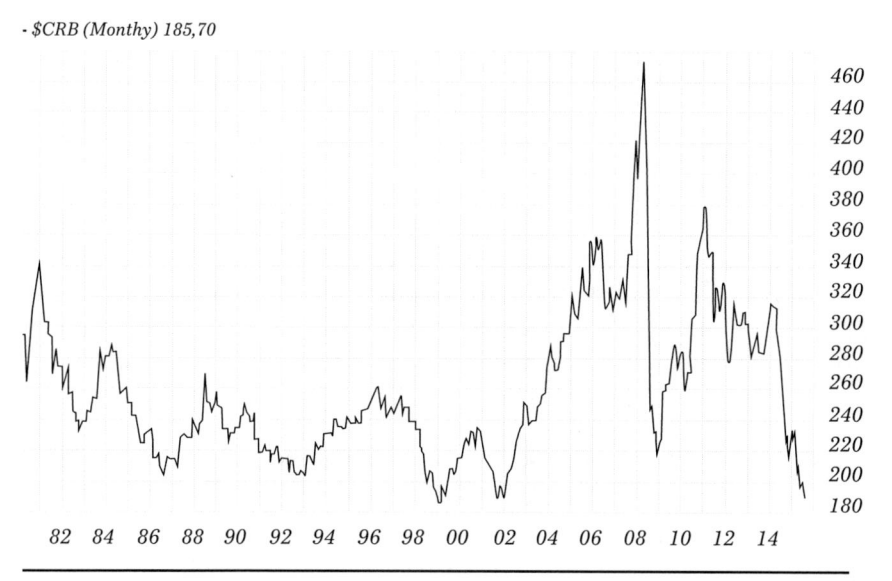

- $CRB (Monthy) 185,70

Fonte: Thomson Reuters

À exceção da década de 2000, na qual subiu vertiginosamente por conta da alta demanda de recursos naturais da economia chinesa – que cresceu a taxas superiores a dois dígitos no período –, os preços das matérias-primas tinham uma tendência de longo prazo declinante, que não espelhavam ou apontavam para uma possível escassez. Novas descobertas de fontes e jazidas, bem como tecnologias que permitiam maior produtividade na extração e produção dos recursos não permitiam grandes oscilações nas suas cotações (afora o caso do petróleo). Ao mesmo tempo em que os materiais mostravam seus preços estáveis ou com tendência de queda, o custo do trabalho, ou do emprego, aumentava consideravelmente nos países desenvolvidos. Além do maior poder de barganha desses trabalhadores por conta do período econômico esplendoroso do Pós-guerra (os "Trinta anos gloriosos" citados por Piketty), os direitos advindos da implantação do Estado de Bem-Estar também contribuíam para o aumento dos custos do trabalho (como impostos, seguro social e outras contribuições).

No entanto, com o aprofundamento da globalização da economia, as empresas passaram a buscar mercados de trabalho em outras regiões do planeta, com grande contingente de trabalhadores e dotados de uma rede de proteção social e direitos trabalhistas muito menos estruturada. Consequentemente, com salários muito mais baixos, o que já foi retratado no Capítulo 1.

Para manter uma rede de benefícios sociais e direitos adquiridos no Estado de Bem-Estar, uma reforma de salários socioecológica insinua uma troca gradual das taxas incidentes sobre salários a taxas sobre energia e matérias-primas, tornando estas mais caras. Com isso, podem ser aventadas políticas reformistas para promover o desenvolvimento de tecnologias que, empregando mais pessoas, economizem em recursos naturais, o que deveria aumentar a demanda por trabalho e é socialmente vantajoso, além de ambientalmente mais auspicioso.

De forma geral, a economia capitalista pós-moderna exibe uma forte tendência para restringir despesas com trabalho ao invés de empregar capital humano para desenvolver formas mais elaboradas de utilização de recursos naturais. Como os recursos minerais e matérias-primas não incorporam os seus custos de escassez e o de depleção dos seus resíduos, eles acabam sendo subvalorizados e seus preços não se coadunam com condições mínimas de uso racional dos recursos ou de sustentabilidade. Em suma, os recursos naturais e matérias-primas deveriam ser muito mais caros do que atualmente são, pois não têm embutidos em seus preços a sua potencial escassez; adicionalmente, em seu cálculo também não estão incluídos os custos indiretos relacionados à sua extensão e utilização, que redundam nos chamados subsídios indiretos, distribuídos para toda a sociedade global.

Um estudo feito pelo Instituto Alemão para Pesquisa Econômica (DIW, 1994, *apud* Kowalski e Haberl, 1998), financiado pela Greenpeace Alemanha, buscou desenvolver um modelo econométrico para avaliar os efeitos econômicos de sobretaxar energia e reembolsar o montante de imposto extra a empregadores através de uma redução de seus pagamentos de previdência social para empregados. O resultado: não haveria impacto negativo em termos de crescimento econômico, ao mesmo tempo em que se verificou um pequeno aumento do nível de emprego e nas rendas domésticas. De acordo com o modelo, o imposto ainda induziria a uma redução no consumo de energia da ordem de 20 a 22%.

O mesmo poderia ser feito para avaliar os efeitos de se taxar o uso de matérias-primas. Uma reforma deste tipo implica, necessariamente, numa revisão dos padrões de consumo da atualidade. Como já dito em outra parte do trabalho, impor padrões de consumo pode ser uma medida que supera (ou adentra) os limites do autoritarismo, ainda que possa ter a melhor das intenções. Mas, se estudos mais direcionados, conduzidos em base científica séria, mostrarem uma correlação estreita entre os fatores subjetivos e a cultura do consumo destacada é de se supor que medidas deste gênero possam também contribuir para uma maior qualidade de vida.

Numa análise econômica na qual os preços das mercadorias realmente refletissem o seu preço de escassez, certamente serviria para um reposicionamento das empresas frente a um mercado em transição, possibilitando a orientação para a migração de um setor para outro, com vistas a uma maior adequação aos fundamentos do desenvolvimento sustentável. Haveria, assim, o tempo para o estímulo ao desenvolvimento de tecnologias sustentáveis que pudessem redimensionar a produção aos limites de capacidade de carga do planeta, ao mesmo tempo em que promoveriam também uma maior valorização dos recursos dos países em desenvolvimento, o que poderia conduzir concomitantemente à diminuição da desigualdade de renda, que se mostra cada vez mais intensa no circuito mundial.

Apesar da grande popularidade do desenvolvimento sustentável e de muitas pessoas estarem convencidas da existência de problemas ambientais reais e globais – como a mudança climática decorrente do aquecimento global e da destruição da camada de ozônio –, as mudanças fundamentais das políticas atuais ainda seguem em evidente contradição com a maioria das experiências cotidianas. O uso exacerbado de recursos naturais e a poluição, o consumo desenfreado e estimulado, o culto à imagem... Todos estes são exemplos relacionados de uma racionalidade produtiva em crise. Para definir algumas regras comuns para o exercício de uma racionalidade ambiental, é preciso começar a prestar maior atenção a alguns de seus aspectos essenciais.

Uma definição mais precisa sobre propriedade e recursos comuns certamente contribuiria para uma melhor gestão dos recursos naturais, em função de um conhecimento mais preciso sobre as condições de equilíbrio dos ecossistemas, os tais parâmetros de sustentabilidade. Da mesma forma, a percepção da existência de um *trade-off* entre trabalho e energia/matéria-prima caminha no sentido de uma mudança de pauta nos níveis de consumo dos recursos e numa revalorização do trabalho. A percepção conjunta de uma potencial escassez de um determinado bem com a sua valorização (sob o preceito de capital crítico que deve ser mantido constante) auxiliaria também em uma mudança de rota nos ritmos produtivos, acenando a necessidade e a viabilidade da procura de bens substitutos. Para ser realmente operacional, tanto as deliberações sobre propriedade comum quanto as que visam à reorientação produtiva prescindem da existência de acordos globais para uma implementação conjunta. Afinal, de nada adiantaria uma reforma fiscal encarecendo as matérias-primas em um único ou grupo pequeno de países se os demais continuarem com as mesmas práticas e, com isso, ofertando produtos com preços muito mais baixos.

Além das políticas de Estado

Além das políticas de comando e controle e das reformas de cunho fiscal, é interessante também estudar, pesquisar e promover formas de organização que superem as ações baseadas no autointeresse de curto prazo. Ostrom sintetizou suas ideias em *Governing the Commons* (2011), obra na qual afirma que realmente existem muitas soluções que lidam com muitos problemas diferentes, mas em vez de presumir que existem soluções institucionais ótimas que podem ser projetadas com facilidade e impostas com baixos custos por autoridades vindas de fora, na realidade a sua efetivação é um empreendimento muito difícil e que envolve a resolução de muitos conflitos. Em vez de basear a política na presunção de que os indivíduos são indefesos, Ostrom sugere aprender com a experiência desses indivíduos na expressão de acordos. Busca reforçar a experiência e o entendimento das pessoas e entre elas.

Ostrom observa que os problemas de sobreutilização dos recursos geram a necessidade de mudar a maneira como os membros de uma sociedade se comportam; e isso não é fácil, por vários motivos, como já vimos. Para começar, neste tipo de situação, o comportamento de cada um está essencialmente ligado ao dos outros, e é muito difícil prever como os outros se comportarão, ou como eles responderão à introdução de uma nova norma. Após muitos anos de glorificação da atitude autointeressada (e egoísta), é preciso restituir a confiança entre os pares.

De forma mais localizada, membros de uma comunidade com um recurso comum teriam certas vantagens para a busca de soluções mais equilibradas em termos ambientais. Assim, eles têm conhecimento da terra e das pessoas que os ajudam. É um conhecimento "de tempo e lugar", na expressão de Ostrom. É o "conhecimento pessoal" citado por Michael Polanyi ou o "conhecimento subjetivo e disperso" enunciado por Friedrich Hayek.

Este conhecimento de base empírica, em combinação com a técnica, pode conduzir à elaboração de padrões a serem testados com a experiência e posteriormente refinados, em um processo de tentativa e erro, até que se torne um conjunto de instituições que carrega em si uma inteligência sutil na resolução de conflitos, o que levaria a comunidade a explorar de forma equilibrada o recurso em questão.

Com essa linha de argumentação, Ostrom chega a "uma teoria da ação coletiva auto-organizada" na qual, "ao invés de supor que alguns indivíduos são incompetentes, maus ou irracionais enquanto outros são oniscientes", presume que os indivíduos têm "capacidades limitadas muito similares para pensar e buscar soluções em ambientes ou entornos complexos".

Quando olhamos para os casos que Ostrom coloca como paradigmas do gerenciamento bem-sucedido de bens comuns, verificamos que não nos mostra uma situação de parcelamento de terra, com uma definição perfeita dos direitos de cada um, mas alguns acordos que se assemelham a uma privatização do recurso. "Em Valência", ela escreve, "o direito à água é herdado da própria terra. [...] O princípio da alocação de Valência é que cada parcela irrigada tem direito a uma quantidade de água proporcional ao seu tamanho". O seu caso preferido é o da cidade mediterrânea turca de Alanya, que "oferece um exemplo de um acordo comunal de boa governança em que as regras foram concebidas e modificadas pelos próprios participantes [...], embora não seja um exemplo de livro-texto de propriedade privada, os direitos de exploração dos locais de pesca e os deveres de cada em relação a esses lugares estão bem definidos" (Ostrom, 2011, p. 65).

Nos exemplos de gestão de recursos comuns mal-sucedidos, um dos problemas mais comuns é a falta de comunicação entre os participantes, mas um elemento que é repetido em vários dos exemplos que coloca é a ação do Estado, sobre o qual a autora é geralmente crítica. "Sem informações válidas e confiáveis, uma agência central pode cometer numerosos erros", e é preciso haver um mecanismo como o "mercado competitivo", para exercer "pressão sobre o governo para criar instituições eficientes". Apesar do seu enfoque comunal, Ostrom argumenta que existem maneiras de gerenciar recursos que não são propriedade do Estado ou do setor privado, mas que se enquadram na esfera privada e, fundamentalmente, que se beneficiam de um ambiente com mercados competitivos. Mas é preciso ter a capacidade de articulação e gestão para fomentar os acordos e que estes sejam efetivamente cumpridos (Ostrom, 2000). Os usuários que resolveram o desafio de organizar utilizadores independentes em instituições que passaram a gerir recursos de propriedade comum de forma coletiva tiveram que resolver, segundo Ostrom, três questões principais: 1) o problema do provimento de um novo conjunto de instituições, 2) o problema de assumir compromissos críveis, e o 3) problema do monitoramento mútuo.

As análises, proposições e encaminhamentos sugeridos por Ostrom guardam estreita correspondência com os conceitos da chamada *Economia Solidária*, que no Brasil teve em Paul Singer (economista falecido em 2018) o seu grande divulgador, no que destacava a importância da autogestão nos modelos de negócios solidários. Segundo ele, "em uma sociedade ideal igualitária, a economia deveria ser solidária, aquela em que os participantes da vida econômica cooperam entre si, ao invés de competir. Na cooperativa de produção da empresa solidária, todos os sócios têm a mesma parcela do capital e, por decorrência, o mesmo direito de voto em todas as decisões" (Singer, 2002, p. 9). E para isso desenvolver o negócio em bases sustentáveis, os sócios precisam promover a autogestão, oferecendo trabalho e renda para aqueles que precisam, difundindo no mundo um modo democrático e igualitário de organizar atividades econômicas.

Ostrom afirma que onde "os indivíduos seguem as regras e se envolvem no monitoramento mútuo, reforça-se os arranjos institucionais e as estratégias individuais, de modo a manter padrões duradouros de comportamento consistente, mas não perfeito" (2000, p. 187). Esse fato ocorre, principalmente, por que há uma constante comunicação e um nível considerado alto de interação entre os apropriadores. Desta forma, eles desenvolvem mecanismos relacionais que permitem estimular a confiança entre eles, sabendo que podem confiar no outro, identificar quais os efeitos que seus atos terão e no recurso de apropriação comum. Esses seriam os princípios básicos a serem seguidos também pela economia solidária.

Concretizar tal proposta se mostra um desafio, já que as pessoas não são naturalmente inclinadas à autogestão, tendo como inimigo o desinteresse dos sócios, que preferem dar um voto de confiança da direção da cooperativa, pois, em geral, é "mais fácil conciliar interesses e negociar saídas consensuais num pequeno comitê de diretores do que numa reunião mais ampla de delegados" (Singer, 2002, p. 19-21). A melhor forma de uso dos recursos de bem comum (que poderiam ser os ativos de uma empresa cooperativa, um banco de crédito popular, uma plantação, um terreno a ser utilizado) precisa ter sua gestão consensuada entre os seus integrantes para que seja efetivamente sustentável. Mas, talvez mais importante, "a autogestão tem como mérito principal não a eficiência econômica (necessária em si), mas o desenvolvimento humano que proporciona aos praticantes. Participar das discussões e decisões do coletivo, ao qual se está associado, educa e conscientiza, tornando a pessoa mais realizada, autoconfiante e segura" (Singer, 2002, p. 21).

Bens comuns globais

Do nível microeconômico das organizações coletivas à escala das preocupações planetárias: os recursos naturais globais ou os bens comuns globais não são "bens comuns" no sentido estrito da palavra e como é projetado na visão da Ostrom, mas muitos deles ainda pertencem teoricamente às categorias de bens livres e até mesmo *res nullius*[47], cujo acesso é livre e cuja regulamentação escassa ou nula permite seu uso e/ou exploração individual ilimitada, até sua apropriação total, com a consequente deterioração do bem. Isso é, por exemplo, o que ocorre na área de alto-mar e na atmosfera (no fenômeno das mudanças climáticas), que apresenta a situação dramática na qual o acesso livre e geral está disponível para qualquer usuário, e cada uso que é feito do bem tira da sua capacidade de servir ou ser usado por outros. A discussão sobre a questão do aquecimento global é basicamente essa. Quanto cada um (em termos de países) pode emitir de poluentes em um nível sustentável? Ou qual seria esse nível sustentável? De qualquer maneira, o que já sabemos é que esse ponto já foi superado, daí a urgência de um acordo global.

Outros grupos de recursos globais, como o espaço sideral, os corpos celestiais e os leitos marinhos, são considerados bens comuns sujeitos ao regime jurídico do patrimônio comum da humanidade; no entanto, essa regulamentação também é ainda incipiente, seguindo as leis da economia de mercado mundial livre, enfrentando também os mesmos problemas de bens livres, isto é, seu uso excessivo e clandestino.

Desta forma, dois níveis de problemas nos recursos globais

---

47 Expressão latina que se refere às coisas que não possuem proprietário, que carecem de dono e que podem ser objeto de apropriação, fundamentalmente através da ocupação. Esta classificação teve muita importância no começo dos sistemas jurídicos, mas na atualidade possui um campo muito limitado, dado que poucas são as coisas sem dono.

se apresentam: um que corresponde à sua transformação de bens livres ou (*res nullius*) em "bens comuns globais", e o outro que tem a ver com esses espaços já reconhecidos na expressão moderna do patrimônio comum da humanidade, que deve ser submetido a um rigoroso escrutínio para determinar a sua verdadeira qualidade dos bens comuns.

No caso de bens comuns globais não regulamentados que se enquadram no âmbito de bens livres ou *res nullius*, a questão a responder é se a sua transformação no regime de propriedade comum representa uma alternativa real para uma gestão razoável e se as contribuições científicas sobre os recursos comuns globais podem servir de modelo ou referência para seu tratamento. Certamente, não existe uma outra alternativa que seja eticamente razoável do que a de transformar esses recursos em bens comuns para garantir uma gestão eficiente, equitativa e sustentável em benefício das gerações presentes e futuras; seja sob um regime autorregulado, como Ostrom propõe, ou como patrimônio comum da humanidade; ou mesmo criando uma nova categoria a partir dessas duas propostas (o Acordo das Partes é uma tentativa). Esse é o cerne dos grandes desafios do século XXI.

Uma opção que é apresentada seria humanizar ou individualizar esses bens, no sentido de que seu acesso é considerado um direito humano, como é a tendência atual que se segue na ONU, ou tratá-los como direitos humanos coletivos na forma de um "direito de participação no patrimônio comum da humanidade" (ver discussão sobre o conceito a seguir). Mas esses caminhos, mesmo nos melhores casos que se materializam no direito internacional positivo, não fornecem soluções para os problemas de uso excessivo e do comportamento *free-rider*. Isso é evidente no problema da água potável, considerado o "ouro azul do século 21" por investidores privados e empresas multinacionais, e cujo acesso foi declarado pela ONU como um "direito humano", já que essa figura não impede a privatização do seu acesso e/ou produção, nem a sua comercialização, nem menos o controle e o monopólio privado internacional sobre ele, nem a sua escassez natural ou artificial. Nesse caso, o discurso dos direitos humanos está aquém desse problema global de apropriação, e isso tende a acontecer com outros recursos globais. A sua transformação nos direitos humanos é adequada porque só seria possível com recursos vitais para o ser humano, como a água, mas não com outros recursos não vitais, mas de valor econômico potencialmente excepcional, como é o caso dos recursos do fundo do mar ou dos corpos celestes. Além disso, uma extensão do alcance da aplicação dos direitos humanos a esses recursos corre o risco de distorcer o seu conceito, reduzindo, assim, sua validade. Os direitos humanos, tidos como a panaceia para qualquer problema ético-legal em tempos de predominância do individualismo liberal, confeririam a qualquer pessoa apenas a ilusão de ter um "direito" individual a esses bens, enquanto, na realidade, outros se beneficiam de seu uso e exploração, como acontece usualmente. A ideia dos bens comuns globais, por outro lado, potencialmente garantiria seu uso coletivo por e para todos os seres humanos. Seria, no final, incoerente interpretar os recursos globais como uma chave para os direitos humanos, porque o acesso a eles é ainda mais individualizado e fragmentado.

Outra alternativa de caráter teórico-prático seria declará-los como bens públicos, o que é apropriado se esse status for transitório e propício ao regime de bens comuns, a fim de estabelecer um manto protetor sobre esses recursos contra a ganância individual. O modelo que tem sido seguido, dos bens gratuitos e *res nullius* (direta ou indiretamente sujeito à apropriação privada), com a situação do caronista que tem conduzido à "tragédia dos comuns" é um estado que continua a aceitar a situação perversa de que o lucro de seu uso ou sua exploração é privatizado, enquanto os custos dessas atividades são socializados no presente e para as gerações futuras, que precisam pagar por esses custos sociais. Mais do que técnico, trata-se de um dilema de ética e responsabilidade social e ambiental.

O modelo institucional dos recursos comuns da Ostrom poderia servir de base para o tratamento dos bens comuns globais, uma vez que enfrentam os mesmos problemas que aqueles, com a diferença de levá-lo um nível macroeconômico ou universal. Mas seu papel como modelo ainda é insuficiente ou limitado, dada a extensão dos recursos e o número de atores que usam, participam ou decidem, juntamente com seu alto grau de heterogeneidade ou desigualdade econômica, política, geográfica, social, cultural. Isto tudo sem mencionar os altos custos de autogestão, supervisão e controle recíproco, que são fatores que afetam negativamente o nível de cooperação, um requisito indispensável para qualquer regime de bens comuns. O alto grau de heterogeneidade ou desigualdade com a consequente assimetria na capacidade ou poder econômico, político, científico, tecnológico e militar dos Estados espalhados ao redor do mundo é o resultado do confronto de posições opostas, levando-os a escolher indiferentemente entre uma ou outra alternativa de tratamento do tema, guiados por sua posição e interesse individual.

Assim como os pastores que queriam colocar um animal a mais no pasto para que não perdesse espaço para a concorrência, o mesmo ocorre entre os países e corporações (seriam, na verdade, países-corporações?). Existe uma grande desconfiança também entre os Estados. Não existe a confiança necessária para a cooperação neste nível, porque os Estados (representando os seus cidadãos, mas principalmente os interesses das empresas) estão em uma corrida competitiva que segue as leis do mercado globalizado e que vai na direção oposta à ideia de bens comuns. Estamos, pelo contrário, caminhando a passos céleres para a "tragédia global dos comuns". Isso se aplica a quase tudo e tem impacto sobre todos, do nível individual ao comunitário, da esfera das empresas até o nível dos países em bloco.

Superar essa dificuldade é, seguramente, o maior desafio da atualidade. E, a despeito das críticas que se possam direcionar a ela, a Organização das Nações Unidas (ONU) é a depositária das nossas grandes esperanças. A ONU foi criada em 1948 para garantir a paz do planeta. Mas mesmo essa meta está muito longe de ser obtida. Pelo contrário, desde então, o número de guerras ou conflitos vem crescendo década a década. A criação da Organização das Nações Unidas, assim como a Paz de Westphalia, a Paz de Utrecht, o Congresso de Viena e a Liga das Nações, foi mais uma tentativa de reordenar a sociedade anárquica. Todas elas tiveram como bandeira "a união para a paz"; apesar disso, visavam manter ora o oligopólio ora o monopólio do poder das potências mundiais.

A própria estrutura organizacional da ONU comprova o privilégio concedido às grandes potências. Apesar do maior número de órgãos principais, a Assembleia Geral, o Conselho de Segurança, o Secretariado e órgãos de apoio, o Conselho Econômico e Social, o Conselho de Tutela (praticamente extinto), órgãos jurisdicionais e o Tribunal Internacional de Justiça, a ONU não trata de uma forma igualitária todos os seus Estados-Membros. A superioridade política, econômica e militar de alguns países lhes permitiram impor na redação da Carta das Nações Unidas uma solução que efetivamente sobrepôs o princípio da responsabilidade pela paz e segurança internacional. O artigo 12 da Carta retrata a grande desigualdade de poderes entre os seus órgãos constituintes, sendo o Conselho de Segurança o único órgão intergovernamental permanente previsto na mesma no referido documento.

O Conselho de Segurança assegura às grandes potências o direito de controle sobre a evolução da organização. A sua composição de quinze membros, sendo somente cinco (China, França, Rússia, Reino Unido e Estados Unidos) detentores do poder de veto, retrata como o perfil do equilíbrio de poder ainda se encontra presente. Este direito de veto possibilita cada um desses estados impedir, pelo seu juízo discricionário, a utilização dos meios coercitivos de que o Conselho de Segurança dispõe para garantir a paz e a segurança internacional, ao passo que os demais órgãos possuem somente o direito de recomendações, isto é, suas resoluções não possuem um caráter obrigatório.

Em sua forma atual, a ONU é mais uma expressão da máxima concentração de poder, com alguns poucos países execercendo grande controle sobre ela; apesar disso, é a única estrutura de que dispomos para avançar na governança global. Em 2014, com o lançamento da Carta de Bruxelas, começou-se a se esboçar o primeiro passo para a criação de uma possível corte penal internacional do meio ambiente e saúde, para legislar sobre os problemas atinentes. Ecocídio é o termo para o que ocorre no planeta. As catástrofes em Mariana (2015) e Brumadinho (2019), com os rompimentos de barragens, ambas em Minas Gerais, são exemplos deste tipo de atentado.

Patrimônio Comum da Humanidade[48]

Apenas um número muito pequeno de recursos globais goza do status legal dos bens comuns, que em sua forma moderna

---

48 As ideias, o conceito e a trajetória do PCH deste intertítulo basearam-se, fundamentalmente, na tese de doutoramento de Rocha (2002).

é entendido sob o conceito de Patrimônio Comum da Humanidade (PCH). Estes recursos são: fundo do mar, espaço sideral e corpos celestes e, com reservas, a Antártica. O clima, que também é um comum global, não está sujeito a este regime, embora algumas aproximações sejam encontradas nos conceitos de "preocupação comum da humanidade", "interesse comum" ou "responsabilidade comum e cooperação" (Rocha, 2002).

O termo Patrimônio Comum da Humanidade (PCH) surgiu na década de 1960 do século XX como um dos conceitos mais utilizados no diálogo Norte-Sul e como uma parte importante das demandas do Terceiro Mundo para a configuração de uma nova ordem econômica internacional. Foi revelado na ONU, em 1967, em conexão com as discussões sobre o fundo do mar e seus recursos além das jurisdições nacionais, bem como as discussões sobre a utilização espaço sideral, quando já existia nos Estados Unidos a convicção geral de que o uso desses espaços deveria contribuir para o desenvolvimento de todos os povos.

Originalmente, o PCH foi concebido como um conceito legal sobre a participação equitativa de recursos naturais localizados além da jurisdição nacional e que, mais especificamente, busca a participação igual de todos os Estados, especialmente dos menos desenvolvidos, no processo de decisão sobre esses espaços. Ele tem o caráter de um princípio jurídico, tendo sido legalmente estabelecido por todos os Estados através de resoluções e acordos e contendo uma série de declarações ou regras que governam esses espaços. Sua ideia básica é o princípio geral da justiça e seus princípios derivativos de equidade, igualdade global genuína e material e de responsabilidade social, aqueles que têm a humanidade como beneficiária de seu uso e/ou exploração, o mesmo que é representado de fato pelos Estados, sendo constituído por todos os indivíduos, povos, Estados e gerações de hoje e do futuro.

O núcleo do conceito de PCH consiste, portanto, na participação justa de recursos globais, sendo todos os outros elementos secundários. A conclusão imediata é de que não se pode falar sobre PCH sem um sistema de participação em recursos. No entanto, a concretização do conteúdo do seu elemento central, bem como os elementos secundários, que não foram resolvidos na Convenção das Nações Unidas sobre os Direitos do Mar III, UNCLOS (*United*

Nations Convention on the Law of the Sea) de 1982, representaram desde o início um sério problema para o alcance do princípio, não só devido aos componentes mais controversos como o uso e a administração, mas acima de tudo, pela mudança radical de posição dos países altamente industrializados, liderada pelos Estados Unidos, que a partir dos anos 1980 mostrou uma posição paralela e até mesmo a rejeição aberta do próprio princípio para se manter de novo a ideia de "liberdade dos mares" ou acesso gratuito.

O modelo de regime legal mais completo e ambicioso do PCH poderia ser encontrado no fundo do mar. No entanto, sofreu falhas desde o seu nascimento, uma vez que não cobriu todos os seus recursos, nem todas as formas de seu uso econômico, concentrando-se apenas no uso econômico de certos recursos minerais; não pôde realizar um acesso igual e equitativo aos seus recursos na prática, nem criou uma forte autoridade internacional representativa da humanidade, que gerencia, controla e supervisiona todas as atividades neste espaço.

Por conta da percepção da exaustão dos recursos marinhos, a ONU propôs declarar esta área de interesse para a humanidade e apontou seus elementos de não apropriação por parte de qualquer Estado ou entidade em particular; a sua exploração e pesquisa de acordo com os propósitos e princípios da Carta das Nações Unidas e na salvaguarda dos interesses da humanidade; seu uso no interesse de todos, promovendo, sobretudo, o desenvolvimento dos países pobres em relação aos benefícios de sua exploração; a perpetuidade do uso pacífico e, finalmente, a criação de uma autoridade.

Na sequência desta iniciativa, a Assembleia-Geral da ONU aprovou, em 1970, uma Resolução que declarava o fundo do mar como PCH, o mesmo que constituiria a base jurídica, iniciando o desenvolvimento do conceito PCH e sua expressão fixa como lei internacional vários anos depois, na Convenção de 1982 sobre o Direito do Mar (Convemar). Na ocasião, todos os Estados, sem exceção, reconheceram o Princípio em si. Do mesmo modo, em 27 de janeiro de 1967, a ideia da PCH como lei internacional no Tratado do Espaço Sideral foi cristalizada, o que foi concretizado anos mais tarde, no Tratado da Lua, de 1979.

Assim, este regime, destinado a preservar os recursos naturais da Zona de acesso livre e desigual que leva a apropriações individuais, acabou se curvando e, portanto, deixou de ser um bem comum em benefício da humanidade e, ainda pior, recebeu o golpe de misericórdia com o Acordo de Implementação de 1994. A partir de então, o status legal do fundo do mar tornou-se incerto e inseguro e ele novamente cai no princípio da liberdade dos mares, com a liberdade de acesso, exploração e exploração de recursos reclinados; e com uma Autoridade que, além de ser uma sombra do que se destinava a ser, não consegue proteger os interesses da humanidade, pois o peso ou a influência, neles, dos países tecnologicamente mais ricos é muito forte.

O que começou como um projeto ambicioso de bens não sujeitos à soberania nacional dos Estados que deveriam ser destinados ao bem comum da humanidade, em virtude do princípio da PCH, terminou em um fiasco, não tanto por causa do sucesso da política e a diplomacia dos Estados Unidos da década de oitenta e seus seguidores, os países altamente industrializados, que sabiam defender seus interesses e impedi-los no final, mas, sobretudo, por causa do desvanecimento da luta por este princípio por parte dos países do Terceiro Mundo.

O problema dos recursos comuns globais não é apenas a heterogeneidade ou a desigualdade de países e interesses, mas a estrutura assimétrica escondida atrás dela; o que dificulta, se não impossibilita, a verdadeira cooperação, em virtude do princípio *quid pro quo*, pois, em um sistema anárquico como o nosso, os Estados procuram como objetivo precípuo assegurar sua própria sobrevivência.

Quarta sinopse: as regras do jogo

As advertências já estão dadas. Os indicadores ambientais e de sustentabilidade, por contestados que possam ser, devido à sua profusão e na grande maioria dos casos, atestada qualidade científica, já nos asseguram do grau de gravidade que a situação ambiental detém na atualidade. É hora de começar a pensar profundamente nos próximos passos, a necessária mudança cultural e de valores éticos concernentes à vida comunitária e pessoal junto à necessidade de ampliação da cooperação entre as pessoas para superar os impasses atuais. Passo concomitante é buscar saídas legais e institucionais que atentem para a cooperação entre os Estados para desenvolver o conceito de recursos comuns globais e que passem a atuar de forma coordenada. É preciso que a sociedade assuma, democraticamente, o controle dos investimentos estratégicos de seu sistema energético e alimentar, conhecer os seus riscos associados e as formas para coibi-los ou mitigá-los. São necessárias regras e políticas específicas para se conseguir alcançar tal objetivo.

A primeira geração de políticas de regulação ambiental ficou conhecida como "comando e controle" e foi crucial para um mínimo ordenamento das ações econômicas neste âmbito. Estabelecer boas normas a serem seguidas é um bom parâmetro para a ação, mas exige que tais normas sejam fiscalizadas e isso demanda um aparato administrativo condizente para que elas sejam efetivamente cumpridas. Um exemplo de controle ineficaz foi o realizado nas barragens de rejeitos de mineração que vieram abaixo, de Mariana e Brumadinho (em 2015 e 2019, respectivamente), que deveriam ter sido alvo de uma fiscalização muito mais acurada, de forma que se pudesse atestar minimamente as suas reais condições. O que ocorreu, no caso, foi uma "flexibilização" que permitiu que elas continuassem em operação mesmo não oferecendo as condições adequadas de segurança. Cumpri-las seguramente teria minimizado os impactos destas tragédias. Mas qual a razão para não terem sido realmente implementadas? Impor condições e parâmetros para um bom funcionamento constitui-se em uma política básica de gestão, mas, para o lado do empreendedor, cumpri-las representa custos que, se evitados (ou minimizados) podem melhorar os seus indicadores financeiros e, assim, aumentar o seu lucro, que é ao que tudo se resume numa lógica capitalista. Se o risco de ser fiscalizado, multado e obrigado a se adequar às normas não for elevado (e isso é seguramente avaliado no cálculo empresarial), a esperteza de curto prazo certamente conduzirá à procrastinação do investimento em tais controles e análises. O que vale é o curto prazo e a minimização de custos. Isso serve para todo tipo de empreendimento: da indústria, geradoras de energia, mineradoras e também no campo, com as regras do desmatamento do Código Florestal, por exemplo. Se as regras são consideradas muito duras pelos empreendedores, uma demanda que se torna forte é a luta pela sua flexibilização, pois, além do aparato administrativo deficiente, outro dificultador para o sucesso efetivo das políticas de comando e controle é que a atividade lobista com tal intuito é muito intensa, convertendo-se efetivamente em um movimento social das classes dominantes.

Os instrumentos econômicos representam outro modo de intervenção pública e visam complementar os tradicionais mecanismos de comando e controle. Basicamente, buscam aperfeiçoar o desempenho da gestão ambiental, influenciando o comportamento dos agentes econômicos, corrigindo as falhas de mercado. Não se tratam de imposições, mas de políticas que tenderiam a induzir via lógica do mercado, podendo ser utilizados, para tanto, instrumentos fiscais e creditícios, entre outros. Os instrumentos fiscais poderiam ser tratamento tributário diferenciado para certos produtos (maior percentual sobre produtos mais nocivos e menores para o que fosse ambientalmente mais aceito, por exemplo); créditos como linhas de financiamento para determinados setores também contribuem neste sentido. Na mesma linha, a ideia de transações de direitos sobre o meio ambiente ("o direito a poluir") também representa instrumentos econômicos. Tal instrumento encontrou grande repercussão nos Estados Unidos com os "certificados ambientais", utilizados como medidas para maior controle da poluição. Eles são vendidos para as empresas poluidoras que podem, por sua vez, negociá-los no mercado de licenças ambientais. Seria uma solução para o equilíbrio dos recursos naturais mediados pela mesma lógica econômica de maximização. Os créditos de carbono também seguem a mesma lógica. Mas, para que tenham sucesso na escala global, é preciso que os países se comprometam com as metas acordadas na Conferência das Partes e aí dimensionem suas necessidades, numa espécie de comando e controle. Tais tipos de instrumentos econômicos também prescindem da atuação forte dos Estados (em cada país e também no seu conjunto).

Uma outra forma de instrumento econômico, que não precisaria passar diretamente pelo crivo da atuação do Estado, seriam os chamados certificados de sustentabilidade, como o da FSC (Forest Stewardship Control), para o controle de desmatamento (valorizando, por exemplo, a madeira de reflorestamento) ou o de produtos orgânicos (que atestariam a produção sem a utilização de agrotóxicos), os chamados selos verdes. Mas precisariam contar também com uma terceira parte para garantir a procedência dos produtos e os processos envolvidos na sua produção, as certificadoras. No caso, a lógica seria a de valorizar determinados tipos de produtos que se configurem como ambientalmente mais corretos, o que pressupõe a compreensão por parte do comprador (consumidor final) em reconhecer e valorizar tais atributos, o que demanda uma forte educação ambiental para influenciar em sua escolha. O problema imediato detectado para o sucesso da iniciativa é o fator preço: os produtos certificados, por conta dos processos auditados e diferentes formas de manejo, tendem a ser mais caros do que o padrão usual. No caso dos produtos orgânicos, esse tem sido um entrave para a sua maior disseminação e real popularização, pois sua cultura em menor escala e sem o arsenal da indústria de agrotóxicos tende a ser menos produtiva que o modelo convencional, que também enfrenta as suas dificuldades de rentabilidade. Para a grande maioria da população, o fator preço, no caso destes produtos, é o principal aspecto observado no momento de compra.

    Uma reforma tributária de cunho socioecológico seguiria a linha dos instrumentos econômicos, mas para que seja realmente sustentável e direcionar os investimentos nesta linha, deveria ser muito mais radical e agressiva. Como visto no caso do subsídio dos combustíveis fósseis (p. 54), existe uma forma de proteção a essa indústria que acaba sendo paga pelos governos (na verdade, pelo contribuinte), uma vez que a subvenção ao produto ao redor do planeta é superior à despesa total com saúde de todos os governos do mundo. Relembrando, nisso se incluem também os danos causados às populações locais pela poluição do ar, bem como para as pessoas afetadas pelas inundações, secas e tempestades impulsionadas pelas alterações climáticas. Como já vimos, a retirada destes subsídios é fundamental para a visualização do real preço das mercadorias, mas o que isso implica para o cidadão comum? Em primeira instância e no que será alvo de grande ataque, é o aumento do seu preço ao consumidor final. No caso dos combustíveis: a gasolina e o diesel deveriam ser bem mais caros do que já pagamos ("o quê? Pagar ainda mais caro? E os impostos que já pagamos?"); os transportes, de maneira geral, ficarão mais caros e os alimentos, por conta disso, deverão também ter os seus preços majorados. Uma mistura explosiva no curto prazo. E se tal retirada dos subsídios (sem que o aumento de preços fosse absorvido pelo produtor, e sim pelo Estado) fosse claramente sinalizada e antecipada para ser executada de forma gradual? Haveria tempo para que novos arranjos produtivos fossem concebidos a minimizar o impacto de tal aumento, privilegiando, por exemplo, a produção local (não seria necessário que os alimentos viajassem tantos quilômetros – milhares, em muitos casos – para chegar à mesa do consumidor), formas coletivas e integradas de transporte (menos carros, mais ônibus ou trens), desenvolvimento de fontes de energia alternativas e mais sustentáveis para a geração de eletricidade (como a eólica ou a solar); fomentaria também o reaproveitamento de materiais no local (reciclagem) para posterior reuso, bem como uma vida mais longa aos produtos, o que estimularia muito a economia, gerando empregos sob outro padrão e uma nova forma de organização social, muito mais comunitária, dado que os espaços deveriam voltar a ser pensados localmente, com maior participação das pessoas do entorno para decidirem melhores formas de atuação, mais sustentáveis.

5 RACIONALIDADE AMBIENTAL: UMA UTOPIA ECOLÓGICA?

> "A história do pensamento e da cultura é, como Hegel mostrou com grande brilho, um padrão mutável de grandes ideias libertadoras que inevitavelmente se tornam camisas de força sufocantes, estimulando assim a sua própria destruição por novas concepções emancipadoras e ao mesmo tempo, escravizadoras. O primeiro passo para a compreensão dos homens é trazer à consciência o modelo ou os modelos que dominam e impregnam seu pensamento e sua ação. Como todas as tentativas de tornar os homens conscientes das categorias em que pensam, essa é uma atividade difícil e às vezes dolorosa, propensa a produzir resultados profundamente inquietantes. A segunda tarefa é analisar o próprio modelo, e isso obriga o analista a aceitá-lo, modificá-lo, ou rejeitá-lo, e no último caso, providenciar um modelo mais adequado em seu lugar". (Berlin, 2002, p. 117)

O que os homens pensam? Por que pensam de determinada forma? Como isso acaba afetando as vidas das pessoas? Muitas são as razões que justificam as formas de pensar e os seus comportamentos. Mesmo os cientistas, com todo o seu sonho de isenção, podem ser influenciados por determinadas formas de pensamento: por razões de conforto técnico ou mesmo espiritual, ou segurança íntima para defender o seu *status quo* e seu modo de vida, eles defenderão com afinco a sua forma de ver o mundo, mesmo que ele já esteja caindo aos pedaços. Não se trata apenas do caso dos economistas na defesa do instituto da competição. O comportamento é impelido também na forma geral de condução do saber científico e traduz uma forma de analisar e compreender a realidade que nos cerca.

Essa forma geral de saber científico como o conhecemos surgiu de um movimento voltado a questionar as conclusões prontas, desenvolvidas a partir dos sábios da Antiguidade e absorvidas por teólogos cristãos. Os novos cientistas, ao valorizarem a razão, apresentavam uma atitude crítica que os fazia observar os fenômenos naturais, realizar experiências, formular hipóteses e buscar sua comprovação. Este projeto pretendia transformar uma ordem social guiada pela tradição e pela religião em outro, concebido racionalmente para servir a um ideal de justiça universal (Tayra, 2003). Nesta nova sociedade racional, os indivíduos atuariam de acordo com o exercício individual da razão. Neste sentido, a ideia de modernidade está diretamente associada à ideia de racionalização. A modernidade fez da racionalização o seu princípio da organização da vida pessoal e coletiva ao associá-la ao tema da secularização, ou seja, prescindindo de toda a definição de "fins últimos" (Touraine, 1994). Este exercício deveria conduzir à geração de normas de comportamento de validade prática universal, ou seja, ordem sob as quais todos os seres humanos seriam tratados com fins em si mesmos. Deste modo, a razão conduziria à discussão dos fins institucionais no foro político, a partir do qual se alimentaria a ordem social racional. O exercício individual da liberdade, sob tal concepção, era a vontade e a capacidade de se usar a razão como padrão do comportamento individual contra os mandatos da tradição.

A partir deste marco de racionalidade de natureza utilitária, a interpretação econômica passou a dar por suposto que o indivíduo escolhe e calcula racionalmente os seus meios e fins em função da máxima utilidade ou pela máxima utilidade esperada. Neste sentido, a racionalidade instrumental passou a ser percebida como aquela que torna possível uma eficaz mobilização de recursos para alcançar um determinado bem com as estratégias mais apropriadas para isso, auxiliados pela ciência e pela técnica.

Para Jurgen Habermas, a razão que se impõe a partir da Modernidade possui duas variantes: uma dimensão instrumental e uma dimensão substantiva. A dimensão instrumental corresponderia ao desenvolvimento das forças produtivas, que se converteu no objetivo central das políticas de governo em todos os sistemas políticos do mundo. A dimensão substantiva, por sua vez, corresponderia às faculdades de comunicação intersubjetiva entre as pessoas, à formação da cultura e da integração social que deveriam se dar plenamente em toda a sociedade. Desta forma, o filósofo alemão colocou que o projeto da modernidade deveria ser compreendido de duas formas: como desenvolvimento da razão tecnológica e científica (como produto lógico do desenvolvimento burguês que deu combustível ao modelo capitalista suicida que descrevi nos capítulos anteriores), mas também como razão comunicativa, não instrumental, dado que a modernidade teria também um aspecto humano e cultural, não somente técnico. Assim, a modernidade, para ele, seria um projeto inacabado. Esta é uma das razões que os chamados pós-modernistas criticam sobre a modernidade, a de que ela não cumpriu as suas promessas de progresso e de desenvolvimento ou, pelo menos, não conseguiu estendê-la a uma parte substantiva da humanidade, que se revela cada vez maior.

Esta valorização da ciência e da técnica (razão instrumental) como ferramenta de emancipação e transformação social foi muita criticada por autores como o alemão Frederich Nietzsche, em *A Gaia Ciência* (2011), que submeteu a um duro juízo os fundamentos antropológicos, éticos, estéticos e político-sociais da modernidade. Para ele, a modernidade constituiu um universo de discursos, subjetividades, representações sociais e mitos com os quais o homem moderno expressou sua nova condição e compreensão da história. Nela, consoante aos economistas clássicos, a ação racional consistiria na escolha de um curso de ação mais conveniente para alcançar os fins a que o indivíduo se propõe. O curso de ação mais conveniente, por sua vez, é o que otimiza a relação entre meios e fins, ou seja, o menor investimento de meios para alcançar de maneira satisfatória os objetivos pré-fixados, um modelo consequencialista, já que a racionalidade da ação se avalia, entre outras coisas, por seus resultados. Ficariam fora do alcance desta definição, por exemplo, as ações que possuíssem um motivo moral. Um dos perigos dessa visão otimizadora e consequencialista é o de converter o indivíduo modelo de racionalidade em um ser egoísta e antissocial. E o pior, de tão teorizado, ele passa a assumir tal comportamento na prática.

Na atualidade, sofremos as consequências desta lógica sendo levada até o paroxismo. O modelo de racionalidade que estabelecemos e aprendemos a louvar e copiar culturalmente sofre desta abordagem consequencialista, mas que se reflete principalmente no seu imediatismo, na visão de curto prazo tantas vezes já reiterada aqui. Desta forma, o desenvolvimento sustentável deve ser colocado em prática sob tal égide, ou seja, sob o pano de fundo de um mercado global pautado pela "eficiência econômica". Seria isso realista?

Consequência do modo racional de se pensar e fazer escolhas, a raiz da economia moderna passou a ser o dinheiro, a moeda. Mas esta é uma abstração social. Na relação com a moeda, o trabalho aparece como puro consumo de energia humana abstrata. À medida que a moeda se põe a meio caminho entre homem e natureza, esta tende a ser destruída. A moeda, portanto, também é a raiz da força destrutiva da economia moderna, ao cegar os homens na busca desenfreada pela riqueza que redunda na concentração de renda e nos impactos sobre o meio natural levado aos limites de sua resistência.

É evidente que a moeda é muito mais antiga do que a sociedade industrial moderna, mas enquanto durou a produção mercantil, ela se restringiu ao papel de intermediária: figurava entre duas mercadorias qualitativamente diversas como simples meio de troca. A economia moderna, por sua vez, não é fruto tão apenas do progresso técnico, como prega a visão da racionalidade instrumental. Acrescento neste cenário a transformação da moeda, que, de um meio, passou a ser um fim em si mesma, uma transformação cultural, na qual está presa a um circuito frenético cada vez mais fechado sobre si mesmo. Ela passou a ter vida própria e tem se tornado cada vez mais autonôma nas últimas décadas. Foi por conta disso que o historiador Karl Polanyi chamou a economia de mercado moderna de uma "economia autonomizada" face aos contextos da vida. Esse modelo produtivo acelerou de modo vertiginoso o desenvolvimento das forças produtivas, mas nele os progressos científicos e tecnológicos precisaram se submeter à forma monetária e foram por ela impregnados (o que tem valor no nosso mundo? A primeira resposta certamente tem uma base monetária...). Como já dito no Capítulo 1, sob a pressão da concorrência no mercado, o empresário é obrigado a obedecer, em todas as decisões, à racionalidade monetária e, sob seu ponto de vista, a natureza e o futuro tornam-se espaços economicamente vazios para além do cálculo de custos, nos quais os "excrementos da produção" desaparecem sem deixar vestígios ao mesmo tempo em que a concorrência exige o aumento permanente da produtividade, com impactos deletérios sobre a natureza e o nosso próprio ambiente de convívio. Ambientes de trabalho ruins, relações pautadas no interesse financeiro, a valorização generalizada de condutas que se adequam a tal lógica acabam por contaminar o nosso dia a dia, democratizando os dissabores que são disfarçados em publicações nas redes sociais transbordando de felicidade.

Após meio milênio sob tal racionalidade (um pequeníssimo espaço de tempo na história do planeta), é de se pensar: seria esta a expressão máxima da natureza humana? Seria este um ordenamento "natural" das coisas? Ou seria apenas uma fotografia de um tempo específico e sua própria lógica de pensar?

O ideal de cientificidade e o paradigma

No início do século XX, os filósofos do Círculo de Viena[49] ainda tentavam encontrar uma base para as ciências naturais partindo da ideia de corroboração. O plano consistia em tornar rigorosa uma suposição do senso comum: a de que quanto mais casos particulares confirmam uma teoria, mais chances ela tem de ser verdadeira (no exemplo clássico, quanto mais cisnes brancos en-

---

49 Foi um importante movimento científico e filosófico fundado em 1921 por Moritz Schlick, na cidade austríaca que dá nome ao grupo. O movimento surgiu com o propósito de formar um grupo de discussão de temas científicos de maneira informal, mas acabou se transformando no principal núcleo ideológico do neopositivismo lógico e da filosofia da ciência. Contou com grandes figuras da ciência provenientes de diversas disciplinas, estando entre eles (além do próprio Schlik) Herbert Feigl, Friedrich Waimann, Rudolf Carnap, Victor Kraft, Otto Neurath, Philipp Frank, Klaus Mahn, Carl Gustav Hempel, Felix Kaufmann e Alfred Ayer. Muitos deles eram físicos, matemáticos ou profissionais que estudaram diferentes ramos da ciência que terminaram aprofundando em termos filosóficos.

contrarmos, mais próxima da verdade estaria a teoria que afirma que todos os cisnes são brancos). Uma vez que as teorias científicas lidam com conjuntos infinitos de objetos (a teoria dos cisnes deve valer para todos os infinitos cisnes que tenham existido, existam ou venham a existir sobre este planeta), por mais que se achassem casos "bons"', a probabilidade de que a teoria seja verdadeira continuaria virtualmente nula.

Em vista das dificuldades encontradas, Karl Popper (1975) propôs um novo critério para demarcar as afirmações científicas. Para o filósofo austríaco, embora fosse impossível provar que uma teoria seja verdadeira, sempre é possível provar que ela é falsa. No exemplo dos cisnes, bastaria encontrar um que não fosse branco para que a teoria fosse refutada. Assim, o projeto popperiano de separar ciência de não-ciência fundava-se na ideia de que asserções científicas, embora pudessem ser falseadas, não poderiam ser jamais provadas.

Dessa reflexão resulta toda a sua filosofia. As teorias científicas não são sugeridas pelos fatos, não vêm deles. São, na verdade, produtos da livre imaginação humana. Depois de formuladas, devem passar por testes que visem a refutá-las. O sucesso em testes sucessivos marca a qualidade da teoria, o que não quer dizer que ela seja verdadeira, mas apenas melhor que suas concorrentes. Enfim, seriam "conjecturas e refutações", par de conceitos que deu nome a um de seus livros, publicado em 1963[50].

A abordagem de Popper (1975, 1994), sobretudo, busca evitar o velho ideal positivista, de tentativa de unificação da ciência e construção de uma blindagem que a protegeria de toda e qualquer tentação metafísica ou normativa. Apesar da ótima recepção e do quase inconsciente acolhimento que teve nos meios científicos, sobretudo nos mais experimentalistas, o falseacionismo continua expoente de uma concepção de ciência regida pelo conceito de ver-

---

[50] Na interpretação de Popper, nunca podemos demonstrar que nossas hipóteses são definitivamente verdadeiras. Aqueles que elaboram uma teoria e se aferram a elas fechando os olhos para os exemplos contrários têm um comportamento irracional e estéril. O que se deve é buscar contra-exemplos e nos alegrar quando encontrarmos um, porque apenas assim poderemos saber a razão do equívoco e, a partir daí, formular uma hipótese melhor. Por conta disso, o conhecimento avança mediante hipóteses que são "conjecturas" e contra-exemplos que são "refutações" de tais conjecturas e conduzem a novas hipóteses (Popper, 1994).

dade. Nos últimos anos, esta concepção de ciência e a consequente distinção entre o grau de certeza das "ciências naturais e exatas" e a subjetividade das "ciências humanas e sociais" têm vindo progressivamente a ser postas em causa por um cada vez mais extenso conjunto de fatores.

A introdução da noção de paradigma ao nível da epistemologia e do conceito de revolução científica colocados por Thomas Kuhn em *A Estrutura das Revoluções Científicas* (1990, lançada em 1962) procurava descobrir quais eram os elementos que um conjunto de cientistas partilhava com outros, para que fosse possível o trabalho de investigação ou a comunicação com outros investigadores, no que Kuhn qualificou como a "ciência normal". A forma de explicar a realidade sob determinado prisma. O paradigma, como ele denominou, seria uma estrutura pré-conceitual que permite olhar o real, identificar os fenômenos e classificá-los, antes de passar ao seu estudo mais aprofundado.

Esta noção também representou um combate à concepção positivista de ciência, pois admite fatores extracientíficos na produção do conhecimento científico (o paradigma é constituído também por componentes científicos e religiosos, psicológicos, metafísicos...). Deste modo, através de uma concepção paradigmática de ciência são postos em causa os critérios que a demarcam de outros saberes pela sua relação à verdade: se um paradigma é a pré-estrutura conceitual de uma investigação científica, passa a ser descabido opor a ciência às humanidades, como se a primeira fosse um conhecimento meramente explicativo e a segunda, uma forma de saber compreensivo e interpretativo. Para Kuhn, uma das grandes limitações do discurso de Popper residia na sua não percepção do significado social do conhecimento científico: apesar de questioná-la, Popper acreditava na neutralidade da verdade científica.

A teoria central de Kuhn (1990) é a de que o conhecimento científico não cresce de modo cumulativo e contínuo. Ao contrário, esse crescimento é descontínuo, opera por saltos qualitativos, que não podem ser justificados em função de critérios de validação do conhecimento científico. A sua justificação reside em fatores externos, que pouco têm a ver com a racionalidade científica e que contaminam a própria prática científica. O desenvolvimento da ciência madura processa-se, assim, em duas fases, a fase da ciência normal e a fase da ciência revolucionária. A ciência normal é a dos períodos em que o paradigma é unanimemente aceito, sem qualquer tipo de contestação, no meio da comunidade científica. O paradigma indica à comunidade o que é interessante investigar, como levar a cabo essa investigação, impondo sentido ao trabalho realizado pelos investigadores e limitando os aspectos considerados relevantes da investigação científica[51].

Nesse sentido, o grupo limita-se a resolver um conjunto de incongruências que o paradigma lhe vai fornecendo, e toda a investigação é realizada dentro e à luz do paradigma aceito pela comunidade. Nesta fase da ciência normal, o cientista não procura questionar ou investigar aspectos que extravasam o próprio paradigma, limitando-se a resolver dificuldades de menor importância que vão permitindo mantê-lo em atividade e que possibilitam simultaneamente revelar a sua engenhosidade e a sua capacidade na resolução dos chamados "quebra-cabeças". O cientista, individualmente ou em grupo, vai conseguindo resolver os enigmas, com maior ou menor dificuldade, à luz do paradigma vigente, e por conta disso manifesta-se uma profunda resistência da comunidade à mudança de paradigmas. O cientista não está interessado em provocar um abalo na estrutura do edifício em que está instalado e dá sentido ao seu trabalho profissional. O cientista é humano: a proteção, a confiança e, de certo modo, a segurança são condições que todo ser humano deseja alcançar (também fazem parte do seu rol de necessidades). Todas estas condições são fornecidas ao cientista pelo paradigma.

O decurso da ciência normal não é feito só de êxitos, pois, se assim fosse, não haveria as inovações profundas que têm lugar ao longo do desenvolvimento científico e que, segundo Kuhn, ocorrem por mudança de paradigmas. Quando o cientista se confronta com incongruências de impossível solução sob o paradigma, surgem as anomalias. "Na ciência, assim como na experiência com as cartas de baralho, a novidade somente consegue emergir com dificuldade [...] contra um pano de fundo fornecido pelas expectativas. Ini-

---

51 "[O cientista] ao adquirir um paradigma, adquire igualmente um critério para a escolha de problemas que, enquanto o paradigma for aceito, poderemos considerar como dotados de uma solução possível. Numa larga medida, esses são os únicos problemas que a comunidade admitirá como científicos ou encorajará seus membros a resolver. Outros problemas, mesmo muitos do que eram anteriormente aceitos, passam a ser rejeitados como metafísicos, ou como sendo parte de outra disciplina". (Kuhn, 1990, p. 60).

cialmente, experimentamos somente o que é habitual e previsto, mesmo em circunstâncias nas quais mais tarde se observará uma anomalia. Contudo, uma maior familiaridade dá origem à consciência de uma anomalia ou permite relacionar o fato a algo que anteriormente não ocorreu conforme o previsto. Essa consciência da anomalia inaugura um período no qual as categorias conceituais são adaptadas até que o que inicialmente era considerado anômalo se converta no previsto" (Kuhn, 1990, p. 90-91).

O novo paradigma irá redefinir os problemas e as incongruências até então insolúveis, dando-lhes uma solução convincente, e é neste sentido que ele vai se impondo junto da comunidade científica. Essa substituição não ocorre de um modo rápido; o período de crise, caracterizado pela transição de um paradigma a outro, pode ser bastante longo. Neste ínterim, o diálogo entre os cientistas é de surdos, já que existe sempre uma clara incompatibilidade de paradigmas; utilizando a linguagem kuhniana, os paradigmas são *incomensuráveis*.

Verifica-se, então, neste cenário a presença de duas visões radicalmente diferentes do mundo, o que torna impossível uma solução de compromisso, na tentativa de tornar compatíveis os dois paradigmas. Ao contrário daquilo que era afirmado por Karl Popper, o cientista não passa a vida a pôr em causa aquilo que aprendeu[52]; pelo contrário, para Kuhn, ele defende esse patrimônio de um modo insistente e procura resistir a mudanças bruscas que acarretem uma redefinição radical do trabalho até então realizado. A imagem do cientista é a de um sujeito profundamente conservador e que a todo o custo procura resistir à mudança (o princípio kuhniano da tenacidade).

Para Kuhn, as crises podem terminar de três maneiras: "Algumas vezes a ciência normal acaba se revelando capaz de tratar do problema que provoca crise, apesar do desespero daqueles que o viam como o fim do paradigma existente. Em outras ocasiões, o problema resiste até mesmo a novas abordagens aparentemente radicais. Nesse caso, os cientistas podem concluir que nenhuma solução para o problema poderá surgir no estado atual da área de estudo [...]; ou finalmente [...] a crise poderá terminar com a emergência de um novo candidato a paradigma, e com uma subseqüente

---

[52] Muito menos se alegra ao ver contraexemplos à sua teoria.

batalha para a sua aceitação" (1990, p. 116).

Segundo Philip Kitcher, a publicação de *Estrutura das Revoluções Científicas* abriu uma profunda crise de confiança na racionalidade científica. A concepção de ciência como geradora de conhecimento objetivo, racional e imparcial veio abaixo; e desapareceu o mito herdado do Iluminismo, da ciência como a forma mais desenvolvida de racionalidade humana (*apud* Suarez, 2003). Numa visão crítica da teoria de Kuhn, ele inaugurou um processo de deslegitimação do conhecimento científico objetivo, tendo gerado e impulsionado em seu lugar uma larga série de excessos relativistas no tratamento filosófico da ciência. Nesse sentido, a herança de Kuhn seria uma concepção de ciência na qual qualquer desacordo se resolveria não seguindo as pautas metodológicas da evidência e da argumentação lógica, mas mediante as técnicas políticas de persuasão, negociação e arbitragem. Segundo tal concepção, a atividade científica possuiria causas políticas e sempre eminentemente conservadoras, dado que busca manter o *status quo*.

As objeções a Kuhn podem ser resumidas em quatro tipos principais (Suarez, 2003): i) pessimismo epistemológico: Kuhn possui uma atitude exageradamente pessimista acerca do progresso da ciência. Por exemplo, nega a existência do crescimento científico: nenhuma teoria científica se aproxima da verdade mais do que outra, e a busca da verdade não é o objetivo da investigação científica; ii) irracionalismo metodológico: Kuhn é acusado de defender uma forma de irracionalismo metodológico segundo o qual não existe nenhum método empírico que sirva para determinar que uma teoria é falsa, ou que possua maior conteúdo de verdade que outra. Não existe, portanto, nenhum método que nos permita resolver racionalmente uma disputa entre os defensores de duas teorias diferentes acerca dos mesmos fenômenos; iii) relativismo semântico: Kuhn é acusado de defender o relativismo acerca do significado dos termos científicos, segundo o qual o significado de um termo utilizado por um cientista ou comunidade científica particular é determinado por suas crenças teóricas. Nenhum termo científico possui um significado absoluto, independente das crenças teóricas particulares de uma comunidade científica; iv) idealismo: Kuhn é acusado de promover um idealismo ingênuo, ou um antirrealismo simplista com respeito à ontologia científica. No capítulo X de *Estrutura*, Kuhn afirma que o mundo físico no qual vive um cientista depende do paradigma que ele aceita. O mundo em que vive um cientista clássico é diferente do mundo de um cientista relativista, ou seja, não existe um mundo físico real, independente de nossas concepções.

O pensamento de Kuhn desencadeou a introdução de elementos que não casavam com a ideia de um cientista perseguidor incansável da verdade desapegado dos problemas cotidianos. Além de fazer ciência, ele teria também a necessidade de defender seus interesses como qualquer ser humano. O que não significa dizer que todas as suas conclusões e resultados estariam permeados apenas por seu interesse próprio, respondendo a possíveis interesses de classe, como muitos dos críticos do racionalismo procuram fazer crer. A cientificidade em xeque: o que isso representa na atualidade? A própria ideia de natureza. Vejamos como isso se encaixa.

A ideia de natureza e a técnica para o seu domínio

Embora antiga, a discussão sobre a relação natureza-cultura traz para os dias atuais, explicitada pela crise ambiental, a abordagem de uma questão muito difícil para o conjunto das disciplinas científicas contemporâneas na forma como estas se encontram estabelecidas. E isso se dá por conta da dificuldade de se conciliar, em uma temática complexa, dois objetos que com suas respectivas linhas de estudo se mantiveram separados por muito tempo. Enquanto a natureza foi tradicionalmente objeto de estudo das ciências físicas e naturais, a cultura foi objeto de estudo das chamadas ciências sociais e humanas. Um resgate histórico, porém, nos mostra que nem sempre foi assim (o que pode ser observado nos agora já numerosos estudos sobre a chamada história ambiental).

Como se dá a relação entre a natureza e o meio em que vivemos? Em outro trabalho (Tayra, 2003), analisei mais detidamente a interação entre homem e natureza. Reflexões sobre a ordem natural como, por exemplo, desígnio divino ou a influência do meio ambiente sobre a sociedade e também sobre o homem como agente modificador da natureza foram encontradas já em mitos de civilizações mesopotâmicas, assim como se encontram também os escritos de pensadores gregos e romanos que discutem sobre os efeitos do meio ambiente na formação do caráter dos povos (Glacken, 1996).

Muito embora a publicação do livro de Perkins Marsh em 1864, *Man and Nature* (1967), possa ser considerado um marco inicial nesse campo, por ter sido a primeira vez em que se abordava de forma global o problema da degradação do meio ambiente, a ideia de um campo de estudos especificamente voltado para história ambiental surgiu pela primeira vez nos anos 1970, com as conferências globais sobre o meio ambiente e a maior popularização dos movimentos ambientalistas em diversos países (Worster, 1988, p. 290). Antes do surgimento desse campo, porém, já se verificavam numerosos estudos que mostravam a relação cultura/natureza, embora espalhados por distintas disciplinas. *Grosso modo*, pode-se dizer que estes estudos partem de três supostos básicos para a relação entre natureza e cultura/sociedade: i) a dinâmica evolutiva dos ecossistemas; ii) as diversas formas de organização produtiva da espécie humana no decorrer dos tempos; iii) as ideias e percepções que orientaram os seres humanos em relação à natureza em cada momento de sua evolução.

O primeiro aspecto trata dos diferentes tempos históricos analisados, que adquirem sua relevância através da comparação entre a duração dos grandes processos físico-biológicos com os processos sociais, como, por exemplo, a influência que as variações do meio exercem na conformação de limites ecológicos ao desenvolvimento das sociedades do período ou as perturbações que as mudanças promovidas pelo homem acabam gerando na dinâmica dos ecossistemas. As distintas formas de organização produtiva dos seres humanos, por sua vez, trouxeram consigo modos específicos de tratar a natureza: o objetivo fundamental das relações estabelecidas entre os seres humanos dentro das diversas sociedades que existiram no decorrer da história foi a satisfação das suas necessidades materiais; ou seja, para que isso fosse possível, era e é necessário o uso dos recursos que a natureza proporcionava, tornando-os bens úteis mediante a implementação de práticas produtivas. Em termos ecológicos, tal conduta implica na manipulação dos ecossistemas naturais para a produção de bens com um valor de uso histórico e culturalmente dado, mediante o consumo de uma quantidade determinada de energia e materiais e com o emprego de um conhecimento e instrumentos de produção adequados. Nesse sentido, todo processo produtivo trouxe consigo a apropriação de um ou vários ecossistemas, artificializando sua estrutura e funcionamento. Deve-se salientar que as relações com a natureza na hora de implementar práticas produtivas varia muito de uma sociedade para outra. O terceiro suposto, que destaco aqui, versa sobre as ideias e percepções em relação à natureza e refere aos marcos de referência ideológicos ou simbólicos construídos pelos humanos na sua tentativa de organização e continuidade de vida; isto é, os fatores que geram uma determinada visão de mundo, que é não somente social, mas também material. A nossa civilização moderna é um exemplo de tal suposto.

Uma referência fundamental na análise da relação Cultura e Natureza é a obra de Clarence Glacken (1996), *Traces on the Rhodian Shore*, publicada pela primeira vez em 1967, na qual o autor norte-americano escreve sobre o impacto da ação humana sobre a natureza e as interpretações do pensamento ocidental sobre a lógica dessa relação desde a Antiguidade até o final do século XVIII. O texto se situa abertamente em uma perspectiva supradisciplinária dentro da linha da história do pensamento (Capel in Glacken, 1996, p. 16). O foco central do livro é a ideia de que o pensamento ocidental, até o final do século XVIII, foi dominado por concepções de mundo que buscavam responder a três perguntas básicas: i) teria sido a Terra, com tudo o que ela contém, criada especificamente para a morada do homem, ou seja, feita exclusivamente com esse propósito?; ii) é possível que os climas, os relevos e a configuração dos continentes tenham influenciado a natureza moral e social dos indivíduos e, com isso, moldado o caráter e a natureza da cultura humana?; e, finalmente, iii) no decorrer de sua existência como (ou quanto) a Terra terá se transformado, *por meio da ação do homem*, desde sua hipotética condição original? Glacken mostrou que, desde os gregos até os tempos modernos, já foram dadas diversas respostas a essas perguntas, e de forma tão frequente e tão contínua que se pode até mesmo estruturá-las em forma de ideias gerais em resposta às três questões mencionadas: i) a ideia do desígnio; ii) a da influência do meio ambiente e iii) o homem como agente geográfico, respectivamente. As duas primeiras foram bastante discutidas na Antiguidade; a terceira, um pouco menos, embora estivesse presente em muitos argumentos da época, que reconheciam o fato evidente de que os homens, por meio de suas artes, ciências e técnicas, haviam transformado o meio em que viviam.

A ideia de desígnio esteve sempre fortemente ligada a uma marcante carga teológica, despertando desde sentimentos de temor à veneração entusiástica. Até o século XVI, poucos autores ousavam desafiar a ortodoxia religiosa e a maioria se sentia obrigada a concordar com as observações da Igreja. Adicionalmente, boa parte dos cientistas do Renascimento e do início da Idade Moderna eram teólogos e a Igreja, em geral, era a depositária do saber. Mas, tão ou mais importante, detinha o monopólio do ensino (Urteaga, 1987) e, por meio de sua pedagogia específica, difundia tais teses.

Na antiguidade, Panécio, Posidônio e os autores herméticos – que associavam astrologia, magia e alquimia – foram os que mais contribuíram para uma interpretação teleológica, finalista, das transformações produzidas pelo homem no meio ambiente. A sua missão na Terra, no caso, consistia exatamente em aperfeiçoar a ordem estabelecida por Deus, a sua função no plano celestial. Com isso, os avanços técnicos obtidos em áreas como irrigação, drenagem, mineração, agricultura e criação de animais eram percebidos como um complemento da ordem divina, e o homem, em decorrência disso, se entendia como um colaborador de Deus na gestão do planeta (Glacken, 1986, p. 163). Na Idade Média, se houve uma ideia dominante, foi a de que o homem, abençoado com a habilidade de trabalhar, ajudava a Deus e a si mesmo na melhoria de suas condições de habitação no planeta, ainda que, na teologia cristã, a vida na Terra fosse somente uma passagem rápida antes de se decidir se vai mesmo para o inferno (ou para o seu oposto). No entanto, a razão mais forte na justificação da observação e estudo da natureza era a ideia de que este tipo de desenvolvimento conduzia a uma melhor compreensão da ideia geral do desígnio divino, ou seja, formava parte das provas de sua existência, de seu plano de mundo como um desígnio e da verdade da religião cristã (Glacken, 1996, p. 186). Aspecto a ser destacado na visão teológica e que perdurou durante séculos no pensamento ocidental foram as chamadas concepções otimistas e pessimistas acerca da natureza e do mundo. Segundo Horacio Capel, "[...] na concepção cristã tradicional, a visão de mundo é essencialmente otimista. Se o mundo foi desenhado pelo Criador para a morada do homem, é natural que seja bom, belo e apto para a vida humana, e inclusive, que se constitua no melhor dos mundos possíveis. [...] Mas essa não era a única interpretação possível, existia também junto a ela – e frente a ela – uma visão pessimista, segundo a qual a terra e a humanidade estavam fadadas a uma profunda decadência ou degradação" (1986, p. 42).

Na cultura ocidental, a ideia de desígnio cresceu junto com a de terra criada para o homem, ou seja, antropocêntrica. Na cultura judaico-cristã, o mundo é concebido como morada do homem, posto por Deus sob o seu domínio para a conservação e perpetuação do gênero humano. O controle do homem sobre o meio físico se assegurava, assim, de um mandato divino (Urteaga, 1987, p. 20).

Ainda assim, mesmo na leitura religiosa já se podia observar princípios éticos contraditórios a respeito da responsabilidade do ser humano em relação à natureza. Segundo John Passmore – filósofo e cientista político australiano –, existem duas maneiras de interpretar tal supremacia humana no Antigo Testamento: ou o homem é um ditador absoluto, tendo Deus criado o mundo só para ele, ou pode ser também um pastor platônico (ou um bom pastor), que estima as coisas por si mesmas, governando-as para entregá-las ao criador, em suas melhores condições, uma atitude que na atualidade se encaixaria no padrão preservacionista. Pelo Antigo Testamento, a natureza não é sagrada, o que não quer dizer que ela deva ser tratada de forma irresponsável, conduta que é um caminho aberto ao sacrilégio. Somente Deus é sagrado (Passmore, 1978, p. 24).

Na linha de pensamento ocidental, que pode ser traçada a partir de Aristóteles e os estoicos (continuada por Santo Agostinho, Descartes, Bacon, Kant e outros), considera-se que a natureza foi concebida em função do ser humano, tendo este o poder de modificá-la. Outra linha de pensamento, que descende de Epicuro e tem como expoentes modernos Darwin e Marx, considera que o ser humano é apenas parte da natureza, e esta não foi criada especificamente para ele. A concepção que descende de Epicuro – que aceitava a ideia da dissolução dos mundos e das coisas que existiam dentro deles – uma visão pessimista que trazia consigo uma noção de decadência da terra, foi reforçada pela chamada "metáfora organicista", cujo ponto de partida era a ideia de profunda unidade do cosmos e o princípio de que o "todo está em tudo", o que tornava possível raciocinar sobre as semelhanças existentes entre a parte e o todo e suas respectivas funções. Segundo o espanhol Horacio

Capel, "as comparações orgânicas eram feitas com diversos graus de intensidade e oscilavam desde a simples metáfora ou um razonamento analógico, sem implicações metafísicas, até a aceitação de um profundo sistema de correspondências e semelhanças entre todas as partes, próprio da filosofia platônica. Mas, que, em todo caso, levava a comparar a Terra com um organismo vivo no qual existia uma circulação semelhante à do sangue (os rios, por exemplo), uma respiração (que pode provocar terremotos), uma digestão, e inclusive uma patologia e uma força vital" (1987, p. 47).

As correntes pessimistas foram reforçadas com a linha de pensamento judaico-cristão que destaca a perda do paraíso terrestre como consequência do pecado original, que relatava a perda de pureza e a liberação do instinto de maldade do homem. O essencial de tal abordagem é que ela trazia consigo a ideia de que com o incremento do mal e do pecado se tornava cada vez mais indispensável um castigo geral para a humanidade. A ideia do juízo final. Nos dias atuais, a ampliação de tal debate poderia encontrar ecos nos debates ambientalistas[53].

De toda forma, até a emergência do modelo capitalista de produção – ponto culminante das transformações culturais ensejadas a partir do Renascimento –, a relação com a natureza foi concebida em termos de intercâmbio, ao invés de uma noção de transformação. A visão organicista que as religiões proporcionaram a respeito de homem e natureza acabaram por conceber o mundo como uma grande entidade biológica, o que favorecia formas de relação que respeitavam mais o meio ambiente (se comparadas com a relação que se estabeleceu posteriormente). Embora o que prevalecesse fosse a noção de complementaridade, havia muitas limitações técnicas para que o homem pudesse realmente provocar transformações que pudessem afetar a saúde do planeta como um todo, embora existam registros de civilizações antigas que acabaram se autodestruindo, por conta de uma sobreexploração de seu meio ambiente imediato, mas localizado. Na verdade, o que faltava mesmo eram instrumentos e conhecimento para que pudessem ampliar o ritmo de sua exploração.

Após esse período, a expansão econômica vertiginosa propi-

---

53 No seu rebate às alegações do *Relatório Meadows* (Meadows *et alii*, 1972), que julgava francamente catastrofista, Robert Solow chamava-o de Doomsday Model.

ciada pelo novo modo de produção provocou uma profunda transformação nas representações coletivas de natureza, substituindo a visão anterior (que ligava o homem ao universo, ainda que muitas vezes lhe atribuindo um papel de protagonista) por uma outra visão também antropocêntrica, mas que denotava o domínio e absoluto controle do homem sobre a natureza. Nesse contexto, o papel da visão teológica e dos excertos das Escrituras foram rapidamente substituídos pela visão científica, alterando a partir daí, sobremaneira, a relação homem-natureza. A nova ciência, amparada na razão e no conhecimento, converteu-se, então, no instrumento que tornaria os seres humanos senhores de seu próprio destino. Desta forma, a fé na ciência e em suas possibilidades provocou uma transformação na visão antropocêntrica: de um eminente servo de Deus, antes zelador do planeta ou continuador do plano divino, ele próprio tornou-se o centro do universo, a quem ficavam subordinadas todas as demais esferas da natureza.

Foi notadamente a partir deste período que se erigiram as bases da ciência natural contemporânea, secular, cujo principal objetivo era o de detectar regularidades no curso da natureza, gerando condições de previsão, ou mesmo a possibilidade de indução ou rejeição de determinados efeitos, visando ao seu maior controle. É a partir do Renascimento que os homens começam a se perguntar pelas causas mais mundanas dos fatos da realidade, ao invés de seguir com o modelo medieval de reflexão sobre a finalidade além--vida propiciada pela visão tradicional. Nesse sentido, o filósofo e sociólogo alemão Max Horkheimer destaca que "a possibilidade de que existam algumas leis da natureza, e por conseguinte, a de seu domínio, aparece na nova ciência do Renascimento em dependência lógica da pressuposição de que o acontecer das coisas está sujeito a uma regularidade" (1995, p. 18).

Em relação às ciências sociais, estas também se assentaram, desde o seu início, à premissa do dualismo cartesiano, ou seja, à suposição de que existe uma distinção fundamental entre a natureza e os seres humanos ou entre o mundo físico e o mundo social/espiritual. E esse seria o ponto fulcral do novo método. Segundo o economista espanhol José Manuel Naredo (1996), o todo, em que o enfoque anterior era a razão de ser das partes, acabou por perder sua própria entidade para se tornar um simples agregado cujo conhecimento podia ser gerado a partir de uma análise parcelária;

uma análise que sacrificava a diversidade e a inter-relação das partes com seu entorno para abstrair aspectos de um comportamento mecânico e causal que permitiria sua manipulação isolada.

Este tipo de enfoque parcial acabou por encontrar o importante apoio com o desenvolvimento das ciências exatas, que passaram a identificar ciência com medição. Nessa nova configuração, o todo passava a se constituir na soma das partes, como uma engrenagem em que suas peças operavam através de relações lineares. Desta forma, detectar regularidades no curso da natureza para seu posterior controle e domínio era precisamente o objetivo da nova mentalidade. Dado tal estado de coisas, afirmações como as de Bacon, que asseverava a existência de uma separação total entre a espécie humana e seu meio ambiente, passaram a ser assumidas como axiomas inquestionáveis e a natureza se tornou um objeto de observação e manipulação para servir de forma mais eficaz aos interesses da humanidade. A razão substitui a fé, mas a crença na ciência passou a tomar ares de uma nova religião. A ciência deveria descobrir as regras de funcionamento da natureza e com o seu desenvolvimento prático, a tecnologia, tornar possível a sua aplicação, transformando, assim, partes de um processo natural em formas utilizáveis, com um maior grau de ordem inserida.

Com esse intuito, estavam abertos os canais que tornaram possíveis as profundas transformações na natureza que surgiram a partir deste período, sendo o industrialismo um desdobramento de tal lógica. Adicionalmente, a nova concepção de ciência e conhecimento trouxe consigo também a separação entre objetos de estudo, ciências físicas e naturais de um lado e a cultura de outro, que passaram a ser tratados pelas chamadas ciências sociais e humanidades. O que se viu a partir daí foi um grande avanço científico e uma consequente departamentalização dos problemas, que passaram a analisar, cada um por sua própria conta, aspectos fragmentários da realidade, o que – para o bem ou para o mal – contribuiu significativamente para o sucesso do empreendimento.

A despeito de tal avanço do conhecimento científico, no século XIX (para alguns, ainda antes), já se começavam a manifestar algumas provas de que o homem havia operado transformações em uma escala muito ampla, não desejada na natureza. A destruição de bosques e florestas que conduzia à erosão do solo nos campos e a poluição atmosférica crescente nas cidades mostravam que o homem não estava cumprindo com louvor o seu papel de administrador do planeta (neste tempo, essa já não era mais uma visão dominante). O livro de George Perkins Marsh, *Man and Nature*, publicado em 1864, é uma das sínteses deste tipo de reflexão pessimista e crítica sobre a ação do homem sobre o meio ambiente. Considerado por muitos como o primeiro ambientalista, Marsh foi um diplomata norte-americano que viveu muitos anos na Europa, por isso seu trabalho é bastante concentrado no contexto europeu e mediterrâneo, e procurava passar em revista as transformações provocadas pela ação humana, desde a Antiguidade, na flora e na fauna, nas florestas, nas águas e nas areias, tendo como eixo central de seus escritos a denúncia da destruição. Nas palavras sugestivas deste autor, desde então já estávamos "quebrando o piso, as vigas, as portas e as janelas do nosso lugar de moradia" (Marsh, 1965, p.52).

Tais escritos mostram que o discurso ambientalista, embora em contextos muito diferentes, não é novo; mas, no fundo, seu interesse desde então reside principalmente em como pode se dar o comportamento humano num contexto de ideologia do crescimento e desenvolvimento econômico e sua relação com o seu meio físico e natural, o que nos obriga a repensar a concepção que impera desde princípios da Era Moderna, e levada ao seu apogeu desde o pensamento iluminista, que concebe o homem como senhor e dominador da natureza, que pode extrair desta os recursos indispensáveis ao seu progresso material (Horkheimer, 1969).

Nesta nova fase na relação homem e natureza, um novo departamento da ciência, a ecologia, surgida no final do século XIX (Worster, 1978), é uma referência básica e busca analisar a nova realidade ambiental com suas características próprias. Acot (1990) e Odum (1985) relatam que o vocábulo foi cunhado, em 1866, por um discípulo de Charles Darwin, Ernst Haeckel. No entanto, Haeckel não utilizava o termo no sentido que hoje é aceito. A ciência ecológica demoraria mais trinta anos para realmente surgir, no *Tratado de Geobotânica Geral*, de Eugen Warming (escrito em 1895), considerado esse tratado o primeiro de uma teoria para a ecologia (Acot, 1990). Por isso, caberia a Warming o título de pai da ecologia.

Em 1935, um avanço conceitual permitiu uma notável ampliação das pesquisas em ecologia. Foi nessa época que o ecólogo A.G. Tansley criou o conceito de ecossistema, considerando-o um "complexo dos fatores físicos que formam o que chamamos meio ambiente do bioma, os fatores do habitat no sentido mais amplo" (Acot, 1990, p. 84). Nesse caso, foi a vontade de integração dos ambientes biótico e abiótico, em um sistema único, que constitui um progresso notável. Então, finalmente havia uma ferramental conceitual para "o estudo dos vínculos muito complexos existentes nos planos químico e físico entre o meio ambiente inorgânico e as comunidades". Tais avanços, utilizando concepções de ordem física e matemática, suscitaram a construção de modelos que permitiram "aprofundar a compreensão da mecânica ecossistêmica, oferecendo ao pensamento ecológico instrumentos conceituais novos" (p.89).

A ecologia passou a se definir, então, como o estudo das relações que se estabelecem entre os seres vivos e o seu ambiente, do qual emergeria o conceito de ecossistema, a unidade ecológica fundamental. Eugene Odum, baseado no conceito de ecossistema e na teoria da termodinâmica, explicou a relação entre seres vivos e meio ambiente em termos de fluxos de matéria e energia, no qual o ser humano passou a ser um componente a mais do ecossistema, sendo analisado com base em leis gerais que regem todo o conjunto (Margalef, 1980). Conforme Odum, na biologia podem ser descritos diversos níveis de organização, tais como comunidade, população, organismo, órgão, célula e gene. Todos esses termos, mostrados num arranjo hierárquico do maior até o menor, são empregados para denominar os principais níveis bióticos. Em cada um desses níveis, a interação – que possibilita as trocas de matéria e de energia – com o ambiente físico produz sistemas funcionais característicos.

Desta forma, a ecologia trata principalmente dos níveis de sistema além do organismo. Na ecologia, o termo "população", por exemplo, se expande para incluir grupos de indivíduos de um tipo qualquer de organismo. Da mesma forma, "comunidade", no sentido ecológico, inclui todas as populações que ocupam uma dada área. Além do mais, a "comunidade e o ambiente não-vivo funcionam juntos como um sistema ecológico ou ecossistema" (Odum, 1985). Nesse particular, "cada nível [...] está 'integrado' ou interdependente com os outros níveis, não pode haver linhas divisórias abruptas e rupturas num sentido funcional, nem mesmo entre organismo e população" (idem). Assim, por exemplo, um organismo individual não consegue sobreviver durante muito tempo sem a sua população. De forma semelhante, a comunidade não consegue existir sem a ciclagem de materiais e o fluxo de energia do ecossistema.

Para Odum (1985) no último quartil do século XX, a ecologia se tornou "cada vez mais uma disciplina integrada, que une as ciências naturais e sociais" (1985, p. 7). A história dessa disciplina, conforme Acot (1990), revela uma constituição que se deu sobre resultados e métodos de especialidades científicas pertencentes a numerosas outras áreas. Portanto, se por um lado ela é uma ciência exata, pois nela se utilizam conceitos e instrumental da matemática, da química, da física, por outro, houve a tendência, no curso de sua história, em utilizá-la "em setores do saber que inicialmente lhe eram estranhos, como a sociologia, a antropologia ou a economia política" (Acot, 1990, p. 145). Dessa forma, a ecologia seria "como uma integração das ciências naturais e sociais, [e] possui enorme potencial para uma aplicação nos assuntos humanos, uma vez que as situações do mundo real quase sempre incluem um componente de ciência natural e um componente sócio-econômico-político" (Odum, 1985, p. 7).

A Ética da Terra e as visões biocêntricas

A reintegração do homem com a natureza é um desafio da sociedade moderna, acostumada, educada e treinada a pensar de forma antropocêntrica. O antropocentrismo tem suas origens na afirmação clássica de que o homem é a personagem central. Nesta visão, o homem é a medida de todas as coisas. Por conta disso, apenas as questões relativas ao homem teriam uma dimensão moral, enquanto as consequências do comportamento humano em terceiros – ou seja, não humanos – seriam irrelevantes, a menos que os direitos ou interesses de outros seres humanos fossem indiretamente feridos. A subsequente mecanização desta imagem do mundo na Modernidade levou a delinear a ideia segundo a qual o homem e a natureza se opõem, sendo o homem o proprietário e o seu mestre. Ou, o que dá no mesmo, sob a imagem do domínio da natureza pelo homem, na qual a natureza é apenas um objeto sem substância ou qualquer poder, sem valores e direitos intrínsecos.

Muitas civilizações defenderam uma imagem do mundo segundo a qual a espécie humana merece, e de fato tem, um lugar especial entre outros seres vivos. A capacidade de modificar conscientemente o mundo à vontade e o sentimento de superioridade vinculado a essa ideia serviram para justificar o domínio da natureza pelo homem. Assim, por exemplo, tem sido repetidamente apontado que o *mainstream* da religião judaico-cristã é responsável pela preeminência do homem sobre outros seres da Criação e promove a sobre-exploração da natureza em detrimento de todas as outras formas da vida. Esta visão de nossa espécie como a razão da Criação, juntamente com a ideia de dominância que ela implica, é uma visão claramente antropocêntrica. No entanto, também é verdade que mesmo em certas correntes da mesma religião judaico-cristã, os homens devem buscar um relacionamento atencioso com a natureza, como nos textos de São Francisco de Assis; o que foi reiterado pelo papa franciscano Francisco, em 2015, na encíclica *Laudato Si'*.

Em geral, as culturas pré-tecnológicas, com seus estilos de vida baseados em caça e coleta, ensejaram atividades desenvolvidas em estreito contato com a natureza e mantiveram um forte vínculo de união com o seu meio. Nesta visão, o papel do homem é também descrito por uma função de administração, responsabilidade e cuidado dos bens de um determinado local. Como guardiãs de tais recursos, os seres humanos dessas culturas e sociedades trabalhavam na terra em que viviam, sob uma posição de humildade e reverência que é parte integrante dessa concepção de mundo.

Nas sociedades industriais e de consumo, entretanto, o que se entende por gestão dos recursos naturais é a sua capacidade para satisfazer as numerosas demandas das atividades com base em algumas crenças principais: 1) somos as espécies "mais importantes" do planeta e, portanto, somos responsáveis também pelo resto da natureza; 2) "Existe sempre mais a ser explorado", isto é, o planeta nos oferece uma quantidade ilimitada de recursos naturais, e o engenho humano colocado a serviço da tecnologia sempre nos permitirá descobrir novos recursos, novos usos para recursos já conhecidos, substitutos para recursos que possam estar acabando e, fundamentalmente, novas tecnologias que permitam fazer o uso ainda mais produtivo desses recursos. Apesar desta crença, por quanto tempo podemos continuar a fazer uso irracional de recursos naturais?

Para os que se preocupam com o papel do homem na natureza, tanto a visão de domínio como a de gestão são certamente antropocêntricas. Com o intuito de pensar numa concepção mais ampla da ética ambiental, com foco no fenômeno da vida, a abordagem biocêntrica reconhece a existência de uma ordem na estrutura e funcionamento da natureza, antes mesmo da vontade humana individual ou coletiva. Neste sentido, a existência humana é colocada em igual importância com a de outros seres vivos, como defendido por John Muir, um naturalista escocês/americano do século XIX que defendia o conservacionismo e foi um dos fundadores dos parques nacionais americanos (como o de Yosemite).

Na mesma linha, o trabalho do conservacionista Aldo Leopold defendeu a adoção do que chamou de "Ética da Terra". Segundo ele, "a ética da terra alarga as fronteiras da comunidade para nela incluir os solos, as águas, as plantas e os animais, ou coletivamente: a terra" (Leopold, 1949, p. 190). Quando Leopold cunhou a ideia da Ética da Terra, ele considerou que a ética implicava uma limitação à liberdade de ação na luta pela existência e a presença de diferenças entre comportamentos sociais e antissociais. A Terra seria uma comunidade no sentido mais básico da ecologia, mas deveria ser amada e respeitada como uma extensão da ética. Para Leopold, uma coisa é boa se ela tende a preservar a integridade, a estabilidade e a beleza das comunidades biológicas, e ruim se agir na direção oposta. Na sua ética, a Terra como um todo teria um valor intrínseco, enquanto seus membros individuais têm meramente valor instrumental (desde que contribuam para a integridade, estabilidade e beleza das comunidades). Uma consequência direta da Ética da Terra de Leopold é que um elemento individual de uma comunidade biótica superior deve ser sacrificado desde que seja necessário preservar o bem da entidade superior. A biodiversidade possui o maior valor ético na natureza: a variabilidade com que a vida se manifesta no planeta Terra.

A posição biocêntrica recebeu um suporte importante graças à chamada "Hipótese de Gaia", de James Lovelock (2007), que recuperou a ideia da Mãe Terra, considerando o planeta como um sujeito vivo, consciente e capaz de sentir. A Terra, para Lovelock, é um organismo vivo, e os biomas (como o semiárido, a tundra, as florestas tropicais, a pampa, mas também os ecossistemas submarinos, os das cadeias de montanhas, dos altiplanos e dos desertos) são os seus órgãos vitais (e muitos destes órgãos já sofreram danos permanentes, talvez irreversíveis). E a maior ameaça é justamente a mais perfeita criação de Gaia, o homem. A elaboração de ideias biocêntricas e a sua subsequente extensão ao movimento da Ecologia Profunda (*Deep Ecology*), defendido pelo norueguês Arne Naess (1973), levaram ao desenvolvimento de uma específica ética do meio ambiente, uma ética ecológica que prega o respeito pela vida como a base de suas ideias. Nesta base, todo ser vivo, pelo simples fato de estar vivo, seria portador de um valor intrínseco, pois a vida tem um valor universal e absoluto, e não admite intervalos, comparações, classes ou estratos de importância.

Tabela 7 - Visões de mundo

Antropocentrismo	Ecologia Profunda
Domínio da Natureza	Harmonia com a Natureza
Ambiente natural como recurso para os seres humanos	Toda a Natureza tem valor intínseco
Seres humanos são superiores aos demais seres vivos	Igualdade entre as diferentes espécies
Crescimento econômico e material como base para o crescimento humano	Objetivos materiais a serviço de objetivos maiores de autorrealização
Crença em amplas reservas de recursos	Planeta tem recursos limitados
Progresso e soluções baseados em alta tecnologia	Tecnologia apropriada e ciência não dominante
Consumismo	Fazendo com o necessário e reciclando
Comunidade nacional	Biorregiões e reconhecimento de tradições das minorias

Fonte: Fonte: Naess, 1973

A ecologia profunda defende o convívio em harmonia com a natureza e entende que os recursos naturais são limitados. O conceito também afirma que todos os seres vivos fazem parte de um único sistema, inseridos nos processos da natureza. A Tabela 7, mostra as diferentes concepções de mundo existentes entre o antropocentrismo, muito caro aos economistas, e a ecologia profunda, na primeira interpretação de Naess (1973).

Existem, basicamente, duas correntes dentro do biocentrismo: a mais radical e a moderada. A moderada postula que as atenções deveriam se concentrar nas espécies completas, nas comunidades ou nos ecossistemas, e não simplesmente nos organismos individuais que os compõem, como os radicais tendem a valorizar. Para os moderados, as espécies deveriam ser consideradas intrinsecamente mais valiosas do que os indivíduos que as compõem, porque a perda de uma espécie conduz ao desaparecimento de um conjunto genético inteiro. Existiriam também razões biológicas para acreditar que esse controle na verdade faria parte de uma gestão adequada dos recursos de uma determinada área, já que é necessário conservar as populações de outras espécies e comunidades na reserva.

Uma posição holística diferente é a visão de mundo daqueles que consideram que o que é realmente importante não são populações, comunidades de organismos ou mesmo espécies. De acordo com este ponto de vista ecocêntrico, o que é realmente importante são os processos desenvolvidos pelos sistemas ecológicos, dos quais depende a continuidade da vida: ciclos biogeoquímicos, taxa de renovação dos recursos naturais, treinamento do solo, a captura atmosférica de dióxido de carbono, a produção e a liberação de oxigênio através da fotossíntese, a regulação do clima em diferentes escalas, a evolução das formas vivas ao longo do tempo.

Na primeira versão da *Ecologia Profunda* (de 1973), Naess postulou alguns princípios a respeito da vida humana e não humana, a partir dos quais seria possível fazer a distinção entre o movimento ambientalista profundo e aquele mais superficial. Para ele, o problema ambiental seria basicamente de origem filosófica e social, que revelaria uma crise profunda do homem e sua cultura estimulada pelo modelo industrialista. Segundo Naess, o conceito de Darwin sobre a sobrevivência do mais forte e apto deveria ser entendido como a habilidade dos seres humanos para cooperar e evoluir junto, e não como o direito do mais forte de matar, explorar o outro ou extingui-lo. Para mudar tal concepção, seria necessária a mudança do paradigma cultural vigente.

Desde a publicação de suas ideias, foram se formando grupos de pensadores e filósofos estudiosos das concepções de Naess. Filósofos como os norte-americanos Bill Deval e George Sessions, os australianos Warwick Fox e Freya Matheus e o francês Michel Serres, entre outros, debateram os fundamentos da ecologia profunda e aportaram algumas ideias para enriquecê-la. Em abril de 1984, durante evento de homenagem a John Muir, George Sessions e Arne Næss resumiram quinze anos de pensamento sobre os princípios da ecologia profunda enquanto acampavam no Vale da Morte, na Califórnia. Eles articularam esses princípios de um modo literal, na esperança de que fossem compreendidos e aceitos por pessoas provenientes de diferentes posições filosóficas e religiosas[54].

Nesta segunda versão, Naess e Sessions (1984) suprimiram alguns princípios iniciais, como os que exigiam a autonomia local e descentralização e também a postura anti-classista, por considerar que estes aspectos não eram estritamente de competência da ecologia. Surgiu, assim, o Movimento de Plataforma para os Princípios da Ecologia Profunda, como uma proposta ecológica de oito princípios:

1. "O bem-estar e o florescimento da vida humana e não humana na Terra possuem valores em si mesmos. E este valor é independente da sua utilidade para os objetivos humanos";

2. "A riqueza e a diversidade das formas de vida contribuem para a percepção de tais valores e são também valores em si mesmos";

3. "Os seres humanos não têm direito a reduzir esta riqueza e diversidade, salvo para satisfazer necessidades vitais de modo responsável e ético";

4. "O florescimento da vida e da cultura humana é compatível com uma redução substancial da sua população. O

---

54 No seu rebate às alegações do *Relatório Meadows* (Meadows *et alii*, 1972), que julgava francamente catastrofista, Robert Solow chamava-o de Doomsday Model.

florescimento da vida humana e não humana prescinde dessa redução";

5. "A interferência humana atual no mundo não humano é excessiva e daninha. Esta situação continua piorando cada vez mais com o modelo de desenvolvimento econômico atual";

6. "Todo o exposto de 1 a 5, necessariamente conduz ao princípio 6 que postula a necessidade de mudar as políticas e as estruturas econômicas, tecnológicas e ideológicas da atualidade";

7. "A mudança ideológica requer, fundamentalmente, apreciar a qualidade de vida, ao invés de se aspirar a um padrão de vida cada vez mais elevado em termos materiais";

8. "Todos os que acordam com os princípios anteriores possuem a obrigação, direta ou indireta, de levar a cabo as mudanças necessárias para a sua inclusão na postura filosófica, moral, política e econômica do modelo atual".

As críticas às proposições de Naess e Sessions são variadas, desde seu não igualitarismo, mas principalmente em relação à sua pouca viabilidade política. Norton (1991), por exemplo, assinalou que o igualistarismo biocêntrico é inviável, a menos que seja complementado com uma postura antropocêntrica dirigida à busca do bem-estar humano. Para ele, mais importante seria a elaboração de uma "cosmovisão ecológica" baseada no avanço científico, numa perspectiva que abarca também várias fileiras de economistas, ainda crentes nas possibilidades tecnológicas. Essa é uma possibilidade, mas as colocações de Naess e Sessions dão ênfase à necessidade de uma transformação moral para a construção de uma nova forma de relacionamento com a natureza. A ciência é, evidentemente, muito importante, mas outros aspectos como arte e espiritualidade também seriam fundamentais para essa nova construção. Adicionalmente, é importante também destacar que, além da valorização ecológica, é preciso também que se instigue a diversidade cultural, permitindo que coexistam tanto as perspectivas biocêntricas quanto antropocêntricas.

Embora pareça pouco viável politicamente aos nossos olhos atuais e no nosso modo coletivo de pensamento, tais concepções são muito importantes para a busca de um novo caminho, pois estamos testemunhando um momento sem precedentes na magnitude e a variedade de problemas ambientais decorrentes das atividades das sociedades humanas, nas quais a conservação da natureza em geral e dos recursos naturais em particular tornou-se um dos principais problemas éticos da atualidade. Essa preocupação em incluir outros seres vivos e a natureza entre os interesses da ética está se expandindo e se acelerando em muitas culturas humanas. Diante disso, é necessário desenvolver um amplo quadro de referências que incentive o surgimento e a posterior disseminação de novas ideias culturais e éticas, bem como uma ética ecológica e da sustenbilidade e a sua racionalidade.

Adicionalmente, a ética ecológica mantém relações próximas com as ciências ambientais, influenciando-se mutuamente em um fluxo dinâmico, no qual a ciência constrói teorias que incorporam valores éticos do contexto cultural de cada caso, enquanto a ética ecológica pode valorizar a natureza de acordo com o conhecimento científico disponível. Mas é preciso trabalhar para formular as mudanças necessárias na ética ecológica que ajudem a conservar e gerenciar a natureza de forma apropriada. Para isso, é necessário lutar abertamente contra a desinformação da população como um todo, ou seja, combater o narcisismo e o ensimesmamento a que estamos sendo induzidos cada vez mais fortemente na atualidade. Somente fazendo todo o possível para promover a discussão e o debate de problemas e abordagens éticas dentro da sociedade na qual vivemos será possível conviver de uma maneira melhor ou, ao menos, mais equilibrada com a natureza. Utópico? Sim, da forma como nos habituamos a analisar a realidade e fazer as escolhas ditas racionais, isso não passaria de uma utopia ecológica. Mas talvez seja exatamente disso que necessitamos no momento: um ideal, um sonho a mirar. É preciso mudar o conceito de racionalidade a que nos acostumamos.

Racionalidade: a mudança do coletivo de pensamento

Voltando aos paradigmas de Thomas Kuhn. Ainda que em meio a críticas profundas, a obra de Kuhn (1990) desencadeou uma interessante transformação na filosofia da ciência ao inaugurar um discurso inovador, privilegiando os aspectos históricos e sociológicos na análise da prática científica, dando menor ênfase à importância dos aspectos lógico-metodológicos contidos no discurso epistemológico popperiano.

A ideia de que o exercício da ciência é, sobretudo, uma construção social que prescinde de um contexto sociocultural que o torna possível – em detrimento da ideia de que seja uma atividade individual e abstrata – antes mesmo de ser tratada por Kuhn, foi estabelecida pelo médico polonês Ludwig Fleck em seu livro *Gênese e Desenvolvimento de um Fato Científico*, publicado em 1935 (1986). Ainda embrionária em relação à ideia de paradigma, a noção serviu de inspiração a Kuhn e aqui pode servir com o propósito de exemplificar o conteúdo cultural que fomenta a cosmovisão, que continua a realimentar constantemente a forma de exploração e de relação com a natureza e os homens entre si.

Para Fleck, o integrante de um grupo intelectual deve estar formado conquanto às práticas, conhecimentos e imaginário cultural que definem a sua disciplina, fazendo parte de uma comunidade de referência constituída por indivíduos e instituições, assim como no paradigma de Kuhn. Com tais elementos, Fleck faz uma avaliação epistemológica que gira em torno da condicionalidade histórica do saber e esboça os elementos fundamentais da estrutura sociológica do saber, destacando que os fatos estão condicionados histórica e culturalmente (e podem ser compreendidos com o auxílio das chamadas protoideias, conceito que relaciona a dependência das concepções teóricas atuais em relação às anteriores). O objetivo fundamental de sua proposta é identificar fatores de transformação do estilo de pensamento e como se produz esta tendência estrutural à persistência e estabilidade, contrapondo-se às mudanças na dinâmica da investigação científica. Existe, sim, o crescimento do conhecimento científico, mas sua velocidade é condicionada à existência de coletivos de pensamento que elegem (ou são criados sob) uma determinada forma de análise e a defendem.

Fleck destaca que é a existência de um modo de pensar específico – o que caracteriza como estilo de pensamento –, que define uma comunidade ou coletivo de pensamento[55]. Ou seja, uma coletividade intelectual é aquela que conta com história, cultura, noção de identidade, referências institucionais, programa de investigação e objetivos centrais compartilhados sobre a prática da disciplina; o que não necessariamente implica uma total uniformidade conceitual ou prática, mas que explicita a existência de um eixo cultural que lhe outorga identidade. O estilo de pensamento não é uma característica opcional que pode ser voluntariamente adotada, mas antes uma imposição feita pelo processo de socialização representado pela inclusão em um coletivo de pensamento. É importante destacar que estas categorias partem de conceitos epistemológicos concretos, no sentido de que o saber nunca é possível por si mesmo, senão sob certas presunções sobre o objeto. Estes supostos não podem ser compreensíveis *a priori*, e sim como um produto histórico e social da atuação de um coletivo de pensamento.

O progresso do conhecimento, para Fleck, consiste no desenvolvimento coletivo do estilo de pensamento. Para ele, tal processo possui três etapas: instauração, extensão e transformação do estilo de pensamento; além disso, a tradição, a formação e os costumes são também fatores que dão origem a uma disposição para perceber e atuar conforme um estilo (Fleck, 1986, p. 131). A existência e a viabilidade do coletivo dependem de um processo no qual a criação de condições para sua afirmação como gerador de conhecimento é essencial para o doutrinamento dos novos integrantes do coletivo e, consequentemente, para seu crescimento. Com essa tática de arrebanhamento, quanto mais desenvolvido um campo do conhecimento, menores divergências de opinião irão ocorrer. O conhecimento vai se tornando uma estrutura rígida, com muitos pontos de confluência, deixando, portanto, pouco espaço para o desenvolvimento de outras formas de pensamento.

Dentro da estrutura geral do coletivo de pensamento, o au-

---

[55] Segundo Douglas, o "coletivo de pensamento" de Fleck equivale ao "grupo social" de Durkheim, ao passo que os estilos de pensamento seriam as "representações coletivas" de Durkheim, que guiariam a percepção individual e produziriam a acumulação de pensamento, um bem comum e compartilhado. Douglas chama os primeiros de instituições e os segundos, de memória pública (Douglas, 1996).

tor identifica a formação de dois círculos compostos pelos seus integrantes. Há um pequeno círculo esotérico, formado por uma minoria de maior domínio intelectual no campo de conhecimento em questão, envolvido por um grande círculo exotérico, formado pelos indivíduos não especialistas na área. A partir do saber especializado (esotérico) surge o saber exotérico, caracterizado pela simplificação da ciência nas publicações de divulgação popular[56]. Um indivíduo poderia pertencer simultaneamente a diversos coletivos de pensamento, transitando livremente entre eles, garantindo a circulação inter e intracoletiva de ideias (Fleck, 1986, p. 152-168).

Tanto a abordagem de Kuhn quanto a anterior de Fleck tratam de campos de conhecimento específicos, disciplinares, que fomentam análises e abordagens específicas consoantes ao seu estilo de pensamento: em momento algum estes autores defenderam uma abordagem sistêmica do conhecimento. Mas, na passagem para a abordagem multifacetada em termos disciplinares da tese ambiental, essa é uma questão que se impõe, daí a dificuldade de se falar em paradigmas em uma base consistente. Sabe-se, como vimos, que existe a necessidade de elaboração de um outro tipo de abordagem, holístico e sistêmico, porém, metodologicamente não se sabe como tratar tais questões. Na questão ambiental, o que se percebe é que, antes da necessidade de tratamento interdisciplinar e sistêmico, é necessária a organização do conhecimento existente, enfocando-o no que as distintas disciplinas lhe oferecem. Retomando o conceito de Fleck, parece existir um círculo exotérico que divulga as informações (como toda a extensa literatura do Desenvolvimento Sustentável), popularizando-as sem se ter um círculo esotérico (um grupo ou um conjunto de saber especializado) constituído que consiga dar conta dos problemas suscitados, na forma e na medida em que estes se apresentam.

Por trás desta argumentação que exponho, existe a percepção do que Leff (1998) chamou de racionalidade produtiva, de uma forma de pensar que está presente no comportamento de pessoas

---

56 O sociólogo inglês Anthony Giddens (1990) descreveu como leigos confiam no que ele chamou de sistemas especialistas (*expert systems*) em sua vida cotidiana, referindo-se à miríade de tecnologias com as quais interagimos diariamente sem realmente compreender como as mesmas funcionam; ele chega mesmo a descrever esta confiança em termos de fé, ainda que de um modo pragmático. Dada a complexidade da sociedade industrial moderna, isto significa que qualquer pessoa é leiga em mais áreas do que aquelas em que ele ou ela não é.

comuns, políticos, empresários e na ciência (a face da modernidade em encontro à questão ambiental): um grande coletivo de pensamento, enfim, na definição de Fleck (1986). E isso tem implicações econômicas, sociais e agora biofísicas. A sua face ambiental nos mostra também que os riscos globais parecem estar cada vez mais próximos e reais e as formas de proceder já causam séries de mal--estares, mesmo em populações que não se encontram na base da pirâmide social, concentradas que estão na perseguição dos valores culturais da racionalidade produtiva. Tomar consciência disso ou perceber a relação estreita existente entre tais valores e os novos problemas e, acima de tudo, relacioná-los a uma racionalidade específica pode ser um importante estímulo para a adoção de uma nova racionalidade que prime pela complementaridade entre meio ambiente e sociedade.

Tal encadeamento busca dar organicidade no tratamento da questão ambiental, pois, apesar da profusão de estudos de casos referentes à área ambiental nas mais diversas zonas de conhecimento, o acúmulo de tais estudos não tem ainda conduzido à formulação de alguns princípios gerais, basilares para a formação de uma ciência propriamente dita. Nesse sentido, a interdisciplinaridade que o tema suscita no mais das vezes tem sido tratada como uma mera divisão de tarefas no trato dos problemas reais levantados: os biólogos, por exemplo, descrevem a fauna e a flora; os geólogos e geógrafos, a constituição do território; economistas tentam dar preço aos impactos; engenheiros elaboram situações mitigadoras, e assim sucessivamente. Todos tratando o problema (e suas derivações) com o seu conhecimento técnico disciplinar que, unido, cria a ilusão de um saber compartilhado.

As discussões sobre questões epistemológicas parecem sempre inconclusivas. Posicionar-se filosoficamente exige um grande aprofundamento teórico que, na medida em que é desenvolvido, tende a cair no mesmo círculo vicioso que busca analisar. É uma análise dentro da análise e não existem mecanismos definitivos de resolução de controvérsias científicas; afinal, é esse o objeto dessa área de pensamento. O importante de tais discussões é que elas fazem repensar constantemente a atividade científica e mostram caminhos possíveis para seu desenvolvimento, além de fornecer material para uma fundamental avaliação autocrítica.

Não é possível negar a existência de um conhecimento em bases racionais que consigam captar linearidades e comportamentos repetitivos que, via de regra, permitem maior compreensão da natureza. Na busca de uma abordagem mais integrada da questão ambiental, não é necessário alterar as estruturas disciplinares na forma em que estas estão constituídas. O que precisaria ser repensado é: qual o fim que está sendo dado a estes avanços? Ou seja, a que (e a quem) eles têm servido? Fora do âmbito acadêmico (principalmente, mas não somente), quando um pesquisador apresenta os resultados de seu trabalho é comum ouvir a pergunta: *para que serve?* Tal questão, antes de ser básica para justificar o trabalho e o investimento realizado que carrega consigo, no mais das vezes, a impressão corrente de que o trabalho científico deve possuir uma aplicação direta. Quanto mais direta a aplicação, maior seria o valor da ciência. E se essa aplicação prática se traduzir em dividendos econômicos, aí, sim o trabalho terá valido a pena. Tal concepção está impregnada na cultura moderna: na busca de uma maior compreensão e entendimento dos fatos da vida e do mundo está inserida uma ideia que preconiza uma maximização do domínio da natureza, que busca, fundamentalmente, maiores ganhos econômicos[57].

A ideia de coletivo de pensamento e mesmo de paradigma, ou seja, de uma concepção de saber que é emoldurada por algumas convicções que são extracientíficas, antes de ser interpretada como uma crítica e tentativa de desconstrução do pensamento racional, deve ser entendida como uma ampliação do raciocínio ao inserir um elemento a mais na discussão. Normalmente, as explicações científicas são colocadas em termos de dois níveis: uma base de dados e uma teoria explicativa. Os dados servem, então, para qualificar a teoria e o valor de suas explicações. É com base nesses dados que se valida ou se aceita uma teoria. Da mesma forma, a teoria se formularia e se refinaria no decorrer do tempo, através da exposição e observação de tais dados. A ciência do aquecimento global rapidamente caminha para tal status. A explicação precisa

---

57 Para as ciências sociais, isso é particularmente problemático. As ferramentas que desenvolvem não possuem a eficácia que as ciências exatas e naturais têm conseguido obter nos últimos séculos. Com isso, parecem não possuir o mesmo grau de cientificidade. E isso até se justifica: segundo Isaiah Berlin, "[...] à medida que descemos na escala [partindo da matemática] as ciências se tornam mais ricas em conteúdo e correspondentemente menos rigorosas, menos suscetíveis às técnicas quantitativas [...] quanto mais elásticos seus conceitos e mais rico seu conteúdo, mais distante estarão de uma ciência natural" (2002, p. 71).

ser dada pela ciência ambiental, o que demanda novas leituras.

A ideia de coletivo de pensamento acrescenta um nível na estrutura tradicional. A forma de se ver os dados é também delimitada por um viés pessoal, extracientífico. É a interpretação do fenômeno, que depois deve ser explicado por uma teoria. Nesta interpretação, estão envolvidas diversas formas de leitura de um mesmo problema. Os elementos estão dados e dispostos: apesar disso, a interpretação de um mesmo fenômeno pode variar sobremaneira entre dois analistas com diferentes formações. Da mesma forma, quando tais analistas são formados em determinado estilo de pensamento, a tendência é de repetirem a mesma interpretação. Como Fleck e Kuhn já adiantaram, existe um componente que escapa à análise científica e pode conduzir a forma como os resultados podem ser apresentados, assim como transformar a teoria explicativa do fato.

Por meio da categoria racionalidade, Enrique Leff explica a situação econômica, política, cultural, social e ambiental atual e propõe o que chama de "racionalidade ambiental" para construir uma proposta teórica para a transição para uma sociedade mais equitativa e eficiente (Leff, 1998).

Para o economista mexicano, a racionalidade é a forma teórica para fazer referência ao processo de pensar e atuar dos sujeitos que vivem em sociedade. A partir de tal categoria, Leff constrói outras categorias com base nas formas que pode adotar tal racionalidade, dependendo da formação de cada sujeito em sua sociedade. Ou seja, a racionalidade dos indivíduos depende do domínio de um aspecto da realidade em sua consciência; desta forma, existem vários tipos de racionalidades: a ambiental, a produtiva, a técnica, a econômica, a social, a cultural... Sendo atualmente a econômica (ou a da moeda) a que domina na maior parte das pessoas.

A racionalidade econômica se sustenta nos aspectos éticos e teóricos que a sociedade adota. Desta forma, é possível observar que a situação atual do planeta é reflexo do descuido dos valores e princípios que conduzem a conduta humana; ou seja, os problemas de desigualdade social e econômica, de contaminação em seus diferentes níveis e formas não seriam propriamente da ordem econômica, mas de uma ética específica que lhes guia: Leff afirma que "a crise do crescimento econômico, manifesta na destruição da base de recursos naturais, o desequilíbrio ecológico, a contaminação ambiental e a degradação da qualidade de vida têm levado a revisar os princípios morais que guiam a conduta dos homens e que legitimam a tomada de decisões e práticas de uso e exploração dos recursos naturais" (Leff, 1998, p. 276).

Desta forma, é possível pensar que as teorias que ainda dominam o mundo possuem aspectos morais implícitos. Leff argumenta que "as doutrinas econômicas se fundam igualmente em teorias ou pressupostos morais. Assim, a natureza e as causas da riqueza das nações de Adam Smith seguem a sua Teoria dos Sentimentos Morais, e Weber percebeu na ética do protestantismo o espírito do capitalismo; os agentes econômicos, conduzidos por uma "mão invisível", traduziriam suas condutas egoístas no bem comum, ao passo que a ética do trabalho, a frugalidade e a poupança permitiriam incrementar a reinversão de lucros e excedentes para acelerar o processo de acumulação do capital" (Leff, 1998, p. 279).

Assim, a problemática ambiental vivida coloca a necessidade de impor normas e condições aos processos econômicos e tecnológicos que, dominados pela lógica do mercado, têm degradado o ambiente e a qualidade de vida. Da mesma forma, é necessário introduzir reformas nas políticas, incorporar novas normas no comportamento econômico e produzir técnicas para controlar os efeitos contaminantes com o objetivo de dissolver as externalidades sociais e ambientais geradas pela racionalidade econômica, o que configuraria uma nova racionalidade produtiva, que para Leff deve se sustentar em uma racionalidade ambiental. Sob o ponto de vista científico, a categoria racionalidade ambiental surge como "uma estratégia teórica para articular condições ideológicas, teóricas, políticas e materiais que estabelecem novas relações de produção e novas bases para o desenvolvimento das forças produtivas" (Leff, 1998, p. 277).

O sociólogo português Boaventura de Sousa Santos também defendeu uma utopia ecológica: "[...] a única utopia realista é a utopia ecológica e democrática. É realista, porque assenta num princípio de realidade que é crescentemente partilhado e que, portanto, tem as virtualidades que Gramsci achava imprescindíveis na construção de ideias hegemônicas. Este princípio de realidade consiste na contradição crescente entre o ecossistema do planeta Terra, que é finito, e a acumulação do capital, que é tendencialmente infinita. Por outro lado, a utopia ecológica é utópica, porque a sua realização pressupõe a transformação global, não só dos modos de produção. Mas também do conhecimento científico, dos quadros de vida, das formas de sociabilidade e dos universos simbólicos e pressupõe, acima de tudo, uma nova relação paradigmática com a natureza, que substitua a relação paradigmática moderna. É uma utopia democrática porque a transformação a que aspira pressupõe a repolitização da realidade e o exercício radical da cidadania individual e coletiva, incluindo nela a carta dos direitos humanos da natureza. É uma utopia caótica porque não tem um sujeito histórico privilegiado. Os seus protagonistas são todos os que, nas diferentes constelações de poder que constituem as práticas sociais, têm consciência de que a sua vida é mais condicionada pelo poder que outros exercem sobre eles do que pelo poder que exercem sobre outrem" (Santos, 1995, p. 43-44). Definitivamente, precisamos mudar a rota suicida do capital.

CONCLUINDO:
UMA ESTRUTURA
DE PENSAMENTO

"Não confiamos mais no progresso; não acreditamos mais que o enriquecimento traz consigo a democratização e a felicidade. À imagem liberalizadora da razão sucedeu o tema inquietante de uma racionalização que concentra no cume o poder de decisão. Cada vez mais tememos que o crescimento destrua equilíbrios naturais fundamentais, aumente as desigualdades em nível mundial, imponha a todos uma corrida esgotante às mudanças. Por trás dessas inquietações surge uma dúvida mais profunda: não está a humanidade em vias de romper sua aliança com a natureza, de tornar-se selvagem no momento em que ela se acredita liberada das exigências tradicionais e senhora do seu destino?". (Touraine, 1994, p. 391)

Existe um saber popular que nos indica que para resolver um determinado problema é preciso, em primeiro lugar, conhecê-lo e identificá-lo, ou seja, saber da sua existência, de suas causas, sua extensão e magnitude. Numa estratégia de sabedoria de curto prazo utilizada por muitas pessoas, o problema não existe se você não reconhecer a sua existência. Tomar conhecimento de uma dada situação ou problema, no entanto, resolve apenas parte do imbróglio: uma preocupação seguinte seria como resolvê-lo, como desenvolver meios para minimizar ou extinguir o problema; afinal, saber da existência de uma dada situação preocupante e não ter, ou mesmo saber, como dirimi-lo é, no mais das vezes, uma situação angustiante. Sabendo do que se trata e como ele pode ser conduzido, é preciso, finalmente, querer resolvê-lo: pois, às vezes, sua tentativa de resolução pode implicar em perdas imediatas que as pessoas podem não querer carregar. Conclusão quase trivial, para tratar um determinado problema, é preciso conhecê-lo (saber, tomar ciência de sua existência), criar ou desenvolver meios para resolvê-lo (poder, reunir meios e métodos para solucionar) e, principalmente, ter disposição e vontade para que isso realmente ocorra (querer, ter disposição para mudar o cenário e a situação, uma cultura própria).

Existem muitos casos em que se pode perceber essas sequências, o que não quer dizer que elas sejam todas cumpridas ou estejam sempre dispostas de tal forma. Muitas vezes, é possível desejar ardentemente resolver uma situação, mas não deter o conhecimento, assim como ter consciência do problema e ferramentas para resolvê-lo, mas uma disposição muito fraca para realmente utilizá-las.

Em busca de uma concepção abrangente do problema ambiental, tratei, neste livro, de três aspectos que considero essenciais para dar conta da complexidade inerente ao tema: 1. Conhecimento; 2. Cultura; 3. Políticas. O primeiro bloco foi representado pelo conhecimento científico e uma melhor e maior interpretação dos fatores relacionados à questão ambiental e seu relacionamento biofísico-antrópico, no que se sobressai o principal fator motivacional para a manutenção e o fortalecimento do estado de coisas que conduz ao tema: o mercado e o comportamento autointeressado. A despeito de sua importância para a formalização do raciocínio econômico, ele traduz apenas um traço do comportamento humano; importante, mas não único. O problema maior que identifico é que a continuidade de tal forma de pensar e agir, fundamentada na visão de um mundo de recursos infinitos, continua imperando na atualidade, a despeito dos avisos que são constantemente dados. Continua a imperar justamente pelo fato de que os interesses de curto prazo não permitem maior compreensão de tal condição; segundo os preceitos do "efeito manada" da economia comportamental, existe uma percepção de que as coisas não são tão terríveis quanto se alardeia e sempre existirá uma saída tecnológica que poderá mitigar os efeitos já causados e prover uma solução mágica. É no que muitos acreditam; mas é, principalmente, o que alguns poucos querem que muitas pessoas acreditem.

O item que trata propriamente de cultura, no tocante ao aspecto relacionado ao tema ambiental, demanda uma visão mais crítica que aponta a necessidade de revisão profunda no tocante aos direitos e acessos aos bens e recursos; o que não pode ser mediado diretamente pelo mercado, ou, mais precisamente, que não é estimulado ou induzido por sua lógica. São visões eminentemente conflitantes. Mas, mais do que tal aspecto de direitos, o aspecto cultural que mais influencia comportamentos é o ensimesmamento dirigido das pessoas. Mais do que uma característica natural do homem moderno, é um comportamento induzido para que a lógica do individualismo venha a prevalecer, mobilizada por um sistema de preenchimento de necessidades e satisfações que depende basicamente de bens materiais: é o combustível para realização das tarefas e o mobilizador de sonhos de consumo, com consequentes ideais de felicidade. É preciso mudar esta situação e, nesse sentido, uma pedagogia da sustentabilidade poderia e deveria ser desenvolvida para a melhor utilização dos recursos naturais e também para maior conscientização das formas pouco livres a que nos acostumamos a viver, presos a objetivos delineados externamente e colocados para a manutenção de um sistema cuja lógica de sustentação é suicida.

Outro aspecto que também considero de grande importância é o que trata de como viabilizar as possíveis novas prescrições, o que chamei de Política, no qual poder, ordenamento institucional e políticas específicas apresentam as possíveis formas de implementar os preceitos que o conhecimento observa, descreve e potencialmente prescreve. Mas são também relevantes os aspectos de cultura e educação, ou seja, como estamos estruturados, qual o código de valores que temos estabelecido e como isso envolve conflitos na forma de acesso aos bens e recursos envolvidos na continuação da vida. Evidente que todas estas instâncias, quando analisadas separadamente, representam formas de conhecimento, mas possuem escopos diferentes entre si.

A despeito da boa vontade e do interesse comum (sua ausência ou não) que podem fazer parte de sua real intenção quando elaboradas; muitas leis, normatizações ou tentativas de encaminhamento acabam não encontrando aderência no comportamento dos indivíduos, por não refletirem condições objetivas mínimas para sua realização, ou seja, seus preceitos ficam muito distantes dos atos e formas de comportamento que entendem como usuais ou práticos em suas vidas. Do cumprimento de uma obrigação estabelecida por lei à sua realização por uma razão de consciência pessoal crítica, existem muitos intervalos que, de forma indireta, podem contribuir para a maior adesão aos seus preceitos. Acredito que uma maior adesão aos ditames da sustentabilidade prescinde, além de conhecimento e poder, de uma capacidade de pensar, de uma formação e percepção consciente acerca das situações vividas, dos ideais e dos riscos envolvidos; no limite, de uma verdadeira capacidade de livre escolha para que o indivíduo possa exprimir desejos e aspirações que sejam reais, não somente induzidos por um interesse específico de exploração e maximização de ganhos.

Uma abordagem transdisciplinar

O que argumento é a existência, na verdade, de um grande paradigma de fundo – um extenso coletivo de pensamento –, que é a visão de domínio sobre a natureza, guiada por uma racionalidade econômica e instrumental permeando todas as disciplinas. Uma revolução paradigmática seria começar a remover (ou relativizar) tais pensamentos, fomentando uma análise (ou um programa) que pudesse entender a complementaridade entre natureza e sociedade – entre o homem e o meio ambiente; o que parece ser uma demanda premente na atualidade.

O conhecimento dos limites físicos do ambiente, seus níveis de resiliência, possíveis formas de mitigar o efeito da exploração, por exemplo, que são característicos das ciências naturais e exatas, fazem parte de um arcabouço do conhecimento que precisa ser sempre analisado e ampliado. Ao mesmo tempo, é de vital importância avaliar os mecanismos que suscitam e impulsionam os movimentos de atividade física para com a natureza, que provocam nela os efeitos indesejados ou no limite, acima do nível aceitável: o ponto crítico da sustentabilidade. Para uma abordagem tão ampla, parece imprescindível uma costura interdisciplinar enfocada na questão ambiental, abordando os seus principais tópicos (numa tentativa de reduzir o problema a seu nível mais geral) e possíveis formas de abordagem (inicialmente, em sua concepção mais simples). Generalidade e simplicidade, dois atributos fundamentais para a prática científica, a despeito da reconhecida complexidade da questão ambiental.

Sob tal concepção, a ciência ambiental se revela, de imediato, uma ciência inter e transdisciplinar, ao ter em seu objeto de pesquisa uma abertura para várias disciplinas que desenvolvem práticas em seu interior voltadas a tal foco. O problema não é somente de tratamento dos dejetos do processo, do nível de tecnologia empregada no processo de produção ou de se consumir determinados tipos de produtos em maior ou menor escala. A preocupação de fundo e amálgama desta concepção é a ideia de complementaridade entre natureza e sociedade, uma análise cujo pano de fundo seja uma verdadeira racionalidade ambiental, muito além da economia e dos instrumentalismos que tomaram parte do atual coletivo de pensamento que a tudo guia e consome.

REFERÊNCIAS BIBLIOGRÁFICAS

ACOT, P. (1990). História da Ecologia. Rio de Janeiro: Campus.

AGUILLERA KLINK, F. (ed.) (1995) Economía de los recursos naturales: Un enfoque institucional. Fundación Argentaria. Visor distribuciones. Madrid.

ALIER, J.M. (1998) Curso de economia ecológica. Série Textos básicos para la formación ambiental nº 1. PNUMA/CEPAL, México, DF.

ALIER, J.M. e JUSMET, J.R. (2001) Economía ecológica y política ambiental. México, Fondo de Cultura Económica.

ALIER, J.M. e SCHLUPMAN, K. (1991). La Ecologia y la Economia. Ciudad de México, Fondo de Cultura Economica.

ALPHANDERY, P. et alii. (1992) O equívoco ecológico: riscos políticos. São Paulo, Brasiliense.

ANDRADE, M.F., KUMAR, P., FREITAS, E.D., YNOUE, R.Y. MARTINS, J. e outros. (2016) Air quality in the megacity of São Paulo: Evolution over the last 30 years and future perspectives (doi: https://doi.org/10.1016/j.atmosenv.2017.03.051)

ARNSPERGER, C.; VAROUFAKIS, Y. (2006) What Is Neoclassical Economics? The three axioms responsible for its theoretical oeuvre, practical irrelevance and, thus, discursive power. Panoeconomicus 2006 Volume 53, Issue 1, Pages: 5-18 doi:10.2298/PAN0601005A

ARRAES, R. A.; DINIZ, M. B.; DINIZ, M. J. T. (2006) Curva ambiental de Kuznets e desenvolvimento econômico sustentável. Revista de Economia e Sociologia Rural, Rio de Janeiro, v. 44, n. 3, p. 525-547, 2006.

ARROW, K. (1963) Social choice and individual values. Wiley, 1963

ARROW, Kenneth (1963), Social Choice and Individual Values, Wiley, 1963

AUSTER, P. (1999) A invenção da solidão. São Paulo, Companhia das Letras.

AXELROD, R. and HAMILTON, W.D. (1981). The Evolution of Cooperation. Science, 211:1390-1396.

AXELROD, Robert (1997). The complexity of cooperation: agent-based models of competition and collaboration. New Jersey, Princeton University Press, 1997.

AZAR, C. et al (1996). Socio-ecological indicators for sustainability. Ecol. Econ. 18, 89-112.

BARANY, A. , GRIGONYTE, D. (2015). "Measuring Fossil Fuel Subsidies." ECFIN Economic Brief, Issue 40, European Commission, Brussels. IMF Working Paper

BECK, U. (1992), Risk Society, Londres: Sage Publications.

BECK, U. (1995) Ecological Enlightment. Essays on the Politics of the Risk Society. New Jersey: Humanities Press, 1995.

BECK, U. (1998) Qué es la Globalización? Falacias del globalismo, respuestas a la globalización. Barcelona: Paidos, 1998.

BENTHAM, J. (1974) Uma introdução aos princípios da moral e da legislação. São Paulo : Abril, 1974 (Os pensadores ; v.34)

BERLIN (2002) Estudos sobre a Humanidade, uma antologia de ensaios. São Paulo, Companhia das Letras.

BERLIN, I. Quatro ensaios sobre a liberdade. Brasília: Editora UnB, 1981.

BERMAN, M. (2004) El reencantamiento del mundo. Editorial Cuatrovientos, Santiago, Chile.

BETTIN, G. (1982) Las sociologias de la ciudad. Barcelona, Editorial Gustavo Giuli.

BIANCHI, Ana M. (1988). A Pré-História da Economia, de Maquiavel a Adam Smith. São Paulo, Editora Hucitec, 1988

BIRMAN, J. (2004) Subjetividades contemporâneas (palestra proferida). Disponível em http://www.santacruz.g12.br/palestras/05birman.htm . Acessado em agosto de 2016.

BLAUG, M. (1993). A Metodologia da Economia, ou como os Economistas Explicam. São Paulo, Edusp, 1993.

BOLTVINIK, J. (2000): "Las mediciones de pobreza", en Socialis, Año 2 No. 1, Rosario, Argentina.

BOSSEL, H. (1999) Indicators for Sustainable Development: Theory, Method, Applications: A report to the Balaton Group. Winnipeg: IISD, 1999

BOTKIN, D. & KELLER, E. (1995). Environmental Science: earth as a living planet. Nova Iorque: John Wiley & Sons.

BOURDIEU, P. (1980). O Capital Social - Notas Provisórias. In: NOGUEIRA, Maria Alice e CATANI, Afrânio (orgs.). Escritos de educação. Petrópolis: Vozes, 1998, pp. 67-69.

BOURDIEU, P. (1994). Esboço de uma Teoria da Prática. In: BOURDIEU, Pierre. Sociologia. São Paulo: Ática, 1994, pp. 46-81. (Coleção Grandes Cientistas Sociais).

BOURDIEU, P. (1996). Razões práticas: sobre a teoria da ação. Campinas: Papirus, 1996.

BOWLES, S. (2004) Microeconomics: behavior, institutions and evolution. Princeton University Press, Oxfordshire.

BROCK, D. (1993) "Quality of Life Measures in Health Care and Medical Ethics", The Quality of Life, Oxford, Clarendon Press.

BROWN, P.M. e CAMERO, L.D. (2000) What can be done to reduce overconsumption? Ecological Economics 32 (2000) 27-41

BUCHANAN, J. (1965) "An Economic Theory of Clubs". En Public Goods & Market Failures. Tyler Cowen. New Jersey.

CAMPBELL, B. (1983) Ecologia Humana. Lisboa, Edições 70.

CAPEL, H. (2003) El drama de los bienes comunes. La necesidad de un programa de investigación. Bblio 3W, Revista Bibliográfica de Geografía y Ciencias Sociales, Universidad de Barcelona, Vol. VIII, nº 458, 25 de agosto de 2003. <http://www.ub.es/geocrit/b3w-458.htm>.

CAPEL, H. (1986). La Física Sagrada: creencias religiosas y teorias cientificas en los orígenes de la geomorfologia española, siglo XVII-XVIII. Barcelona, Ediciones del Serbal, 1986, p. 42.

CAPELARI, M.G.M; CALMON, P.C.D.P.; ARAUJO, S.M.V.G (2017) Vincent e Elinor Ostrom: duas confluentes trajetórias para a governança de recursos de propriedade comum. Ambiente & Sociedade. vol.20 no.1 São Paulo jan./mar. 2017http://dx.doi.org/10.1590/1809-4422asoc20150135r1v2012017

CECHIN, A.D. VEIGA, J.E. DA (2010). A economia ecológica e evolucionária de Georgescu-Roegen. Revista de Economia Política. Rev. Econ. Polit. vol.30 no.3 São Paulo July/Sept. 2010. http://dx.doi.org/10.1590/S0101-31572010000300005

CEZAR, F.G. e ABRANTES, P.C.C (2003). Princípio da Precaução: considerações epistemológicas sobre o princípio e sua relação com o processo de de análise de risco. Cadernos de Ciencia e Tecnología, EMBRAPA, Volume 20 Núm. 2 - maio/ago

CHETTY, R. (2015) "Behavioral Economics and Public Policy: a pragmatic perspective," American Economic Review: Papers and Proceedings 2015, 105 (5), pp. 1-33

CHIESURA, A.; GROOT, R. (2003) Critical natural capital: a socio-cultural perspective. Ecological Economics, 44 (2003), p. 219/231. em www.elsevier.com/locate/ecolecon. Acessado em 13.06.2016.

CLASTRES, P. (1982) A sociedade contra o Estado. Rio de Janeiro, Francisco Alves.

CLEMENTS, B. COADY, D., FABRIZIO, S., GUPTA, S., SHANG, B. (2014) "Energy Subsidies: How Large Are They and How Can They Be Reformed?" Economics of Energy and Environmental Policy 3

COADY, D., PARRY, I. SEARS, BAOPING, S. (2015) How Large Are Global Energy Subsidies? ECFIN Economic Brief, Fiscal Affairs Department. IMF Working Paper

COBB, J.B. (1990). An Index of Sustainable Economic Welfare, Development n.3/4.

COHEN, G. A., (1996) "¿Igualdad de qué? Sobre el bienestar, los bienes y las capacidades", en Martha C. Naussbaum y Amartya Sen (Compiladores), "La calidad de vida", México, The United Nations University y Fondo de Cultura Económica, Primera Edición, 1996, 588 pp.

COLEMAN, J. S. (1990). Foundations of social theory. Harvard University Press, 1994. ENCYCLOPÆDIA BRITANNICA (1999). Coleman, James S(amuel). Obtido em: http://www.britannica.com/

COLMAN, A (1982). Game theory and experimental games. Oxford: Pergamon, 1982.

COMUNE, A E (1994). - Meio Ambiente, Economia e Economistas, uma breve discussão.in MAY., P.H. & MOTTA, R.S. - Valorando a Natureza, Rio de Janeiro, Editora Campus, 1994.

CONLY, S. (2013) Against Autonomy: Justifying Coercive Paternalism, Cambridge University Press, 2013

COOPER, J.; KOVACIC, W. E. (2012) Behavioral Economics: implications for regulatory behavior, Journal of Regulatory Economics, February 2012, v. 41, iss. 1, pp. 41-58

COSTANZA, R. et al. (1997). "The value of the world's ecosystem services and natural capital". Nature Vol. 387.

COSTANZA, R. et al. (1998). "The value of ecosystem services: Putting the issues in perspective". Ecological Economics 25: 67-72.

COSTANZA, R., CUMBERLAND, J., DALY, H., GOODLAND, R., NORGAARD, R. (1997). An Introduction to Ecological Economics. CRC Press LLC. United States.

DALY, H. e COBB JR., J.B. (1989), Para el Bien Comun, Reorientando la economia hacia la comunidad, el ambiente y un futuro sostenible. México. Fondo de Cultura Económica.

DASGUPTA, P. (1998) Population, consumption and resources: Ethical issues. Ecological Economics 24 (1998) 139-152

DATTA, S. and MULLANAITHAN, S. (2014) "Behavioral design: a new approach to development policy". Review of Review of Income and Wealth Series 60, Number 1, March 2014, pp.7-35

DAWKINS, R. (1976). O Gene Egoísta. Rio de Janeiro, Rocco, 1976

DAWKINS, R. (1996). O rio que saía do Éden. Rio de Janeiro, Rocco, 1996

DE BRUYN, S. M.; VAN DEN BERGH, J. C. J. M.; OPSCHOOR, J. B. (1998) Economic growth and emissions: reconsidering the empirical basis of environmental Kuznets curves. Ecological Economics, Amsterdam, v. 25, p. 161-175, 1998.

DEATON, A. (2017). A grande saída: saúde, riqueza e as origens da desigualdade. São Paulo, Intrinseca, 2017.

DEUTSCH, L.; FOLKE, C.; SKANBERG, K. (2003).The critical natural capital of ecosystem performance as insurance for human well-being. Ecological Economics, 44 (2003), p. 205/217. em www.elsevier.com/locate/ecolecon. Acessado em 13.06.2003.

DIAMOND, J.. (2010) O terceiro chimpanzé. Rio de Janeiro: Record, 2010.

DI TELLA, R.; MACCULOCH, R. (2006) Some uses of happiness data. Economic Perspectives. V. 20n.1 p. 25-46.

DODDS, S. (1997) Towards a 'science of sustainability': Improving the way ecological economics understands human well-being Ecological Economics 23 (1997) 95-111

DOUGLAS, M. (1996) Cómo piensan las instituciones. Madrid: Alianza Universidad; 1996.

DOWRICK, S. and QUIGGIN, J. (1993) International comparisons of living standards and tastes: A revealed preference analysis. American Economic Review 79(5).

DOYAL, L. & GOUGH, I. (1991), "A Theory of Human Need", Macmillan, 1991.

DUFLO, E., M. KREMER, and J. ROBINSON (2011) "Nudging Farmers to Use Fertilizer: Evidence from Kenya," American Economic Review, 101(6), pp. 2350–90

DWORKIN, R. (1978) Taking Rights Seriously, London, Duckworth, 1978

EASTERLIN, R. (1972). Does economic growth improve the human lot? In: David, P., Reder, M. (Eds.), Nations and Households in Economic Growth, Stanford University Press, Stanford.

EASTERLIN, R. (1973). Does money buy happiness?. The Public Interest 30, 3-10.

EGGERTSSON, T. (1990). Economic behavior and institutions. Cambridge: Cambridge University Press, 1990.

EKINS, P. (2003) Identifying critical natural capital, conclusions about critical natural capital. Ecological Economics, 44 (2003), p. 277/292 em www.elsevier.com/locate/ecolecon. Acessado em 13.06.2003.

EL SERAFY, S. (1989). "The Proper Calculation of Income from Depletable Natural Resources". Ahmad Yusuf, Salah El Serafy y Lutz Ernst. Environmental Accounting for Sustainable Development. UNEP World Bank Symposium, Washington D.C.

EL SERAFY, S. (1991). "The environment as capital". Ecological Economics: The Science and Management of Sustainability. Edited by Robert Costanza. Columbia University Press, New York.

ELSTER, J. (1984). Ulysses and the sirens: studies in rationality and irrationality. Rev. ed. Cambridge: Cambridge University Press, 1984.

ELSTER, J. (1989) Solomonic judgements: studies in the limitations of rationality. Cambridge: Cambridge University Press, 1989a.

ELSTER, J. (1983) Sour grapes: studies in the subversion of rationality. Cambridge: Cambridge University Press, 1983.

ELSTER, J. (1989) Social norms and economic theory. Journal of economic perspectives, v. 3, n. 4, p. 99-117, Fall 1989b.

ENGELS, F. (1988) A situação da classe trabalhadora na Inglaterra. São Paulo, Global.

ENGLAND, R. W (1998). Measurement of social well-being: alternatives to gross domestic product. Ecological Economics, 25, pp. 89-103, 1998.

ERIKSON, R (1993). Descriptions of inequality: The Swedish model of welfare research. In: Nussbaum, M., Sen, A. (Eds.), The Quality of Life. World Institute of Development Economics/Clarendon Press, Oxford.

ESI (2002). 2002 Environmental Sustainability Index - An Initiative of the Global Leaders of Tomorrow Environmental Task Force. (In collaboration with: Yale Center for Environmental Law and Policy Yale University and Center for International Earth Science Information Network Columbia University). www.ciesin.columbia.edu

FARQUHAR, M. (1995). Definitions of quality of life: a taxonomy. Journal of advanced nursing: 22 (3), Set , pp. 502-508

FAUCHEUX, S. e O'CONNOR, M. (eds.) (1998). Valuation for Sustainable Development: Methods and Policy Indicators. E. Elgar, Cheltenham.

FEATHERSTONE, M. (1995) Cultura de consumo e pós-modernismo. São Paulo, Studio Nobel.

FERRANS, C. E ; POWERS, M. J. (1992). Psychometric assessment of the quality of life index. Research in Nursing 6 Health, 15 (1) Feb., pp. 29-38

FERRY, L. (1993) A Nova Ordem Ecológica. Lisboa, Edições Asa

FLANAGAN, J. C. (1978). A Research approach to improving our quality of life. American Psychologist, (33), pp. 138-289

FLECK, L. (1986) La génesis y el desarrollo de un hecho científico. Madrid: Alianza Editorial,1986

FOSGAARD TR, PIOVESAN M. (2015) Nudge for (the Public) Good: How Defaults Can Affect Cooperation. Georgantzis N, ed. PLoS ONE. 2015;10(12):e0145488. doi:10.1371/journal.pone.0145488.

FRANK, R. (2007) A Journey through the American wealth boom and lives of the new rich.

FREY, B.; STUTZER, A. (2000)Happiness, economics and institutions. The Economic Journal, v110, p. 918-938.

FRIEDMAN, M. (1953) The Methodology of Positive Economics. Chicago, University Press, 1953.

FURUBOTN, E.; RICHTER, R.. Institutions and economic theory. Ann Arbor: University of Michigan Press, 1997.

GADOTTI, M.; GUTIÉRREZ, F.(Org) (1999). Educação comunitária e educação popular. 2. ed. São Paulo: Cortez, 1999.

GALBRAITH, J.K. (1985) O novo estado industrial. São Paulo, Nova Cultural (Col. "Os Economistas").

GEORGESCU-ROEGEN, N. (1971) The entropy law and the economic process. Cambridge: HarvardUniversity Press, 1971.

GIDDENS, A. (1997). Risco, Confiança, Reflexividade. In: Ulrich. Beck e Anthony GIDDENS and S. LASH (eds). Modernização Reflexiva. São Paulo: UNESP, 1997.

GIDDENS, A., 1990. The Consequences of Modernity. London: Polity Press/Basil Blackwell.

GLACKEN, C. (1996). Huellas en la Playa de Rodas. Barcelona, Ediciones del Serbal, 1996.

GOLDSTEIN, D. G., et al. (2008) Nudge your customers toward better choices. Harvard Business Review, v. 86, n. 12, p. 99-105, Dec., 2008.

GOLDTHORPE, J.H. (1998) Action Theory for Sociology. In: British Journal of Sociology. Vol. n° 49, issue n° 2, June 1998, pp. 167-192.

GORZ, A. (1980) Ecologia y politica. Barcelona, El Viejo Topo.

GOWDY, J. M. (1991) Bioeconomics and post Keynesian economics; a search for common ground. Ecological Economics, 3.

GOWDY, J. M. (1994). Natural capital and the growth economy. Sustainable Development, v. 2, n. 1.

GRIFFIN, J., (1986). Well-being: Its Meaning, Measurement, and Moral Importance. Oxford University Press, New York.

GROSSMAN, G.; KRUEGER, A (1995). Economic growth and the environment. Quarterly Journal of Economics, Massachussetts, v. 110, n. 2, p. 353-377, 1995.

GUALA, F; MITTONE, L. (2015) "A political justification of nudging". Review of Philosophy and Psychology, v. 6, n.3, p. 385-395, 2015.

GUTÉS, M. C. (1996) The concept of weak sustainability. Ecological Economics, 17.

HAGMAN, W. et al. (2015) "Public views on policies involving Nudges". Review of Philosophy and Psychology, v. 6, n. 3, p. 439-453, 2015.

HALKOS, G. E. (2003) Environmental Kuznets Curve for Sulfur: evidence using GMM estimation and random coefficient panel data models. Environmental and Development Economics, Volos, v. 8, p. 581-601, 2003.

HALPERN, D.. (2015) Inside the nudge unit: How small changes can make a big difference. London: WH Allen, 2015.

HAMILTON, K (2001) Measuring sustainable development, Genuine Savings. Paper prepared for OECD Round Table on Sustainable Development. May 31, 2001. Disponível em www.oecd.org/dataoecd/21/12/2430203.pdf, acessado em 03.05.2015

HANLEY, N. et al (1999). Measuring sustainability: A time series of alternative indicators for Scotland. Ecological Economics 28 (1999) 55-73.

HANNIKAINEN, I, et al (2017). A deterministic worldview promotes approval of state paternalism. Journal of Experimental Social Psychology, v. 70, p. 251-259, May 2017.

HANSEN, P.G.. (2016)"The definition of nudge and libertarian paternalism: Does the hand fit the glove?" European Journal of Risk Regulation, v. 7, issue 1, p. 155-174, 2016.

HARDIN, G (1968) The Tragedy of Commons". Science, v. 162 (1968), pp. 1243-1248. <http://www.sciencemag.org/content/162/3859/1243.full> . [consulta: 3 de dezembro de 2016]

HARDIN, R. (1995) One for all: the logic of group conflict. Princeton: Princeton University Press, 1995.

HARSANYI, J. C. (1977) Rational behavior and bargaining equilibrium in games and social situations. Cambridge [Eng.]; New York : Cambridge University Press.

HART, S. e MILSTEIN, M. B. (2004) Criando valor sustentável. São Paulo, RAE-executivo, v. 3, n. 2 - Maio/Jul. 2004

HARTE, M. J. (1995) Ecology, sustainability, and environment as capital. Ecological Economics, 15.

HARTWICK, J. M. (1977) Intergenerational equity and the investing of rents from exhaustive resources. American Economic Review, v. 67, n. 5.

HARTZOG, PB (2003) "Global Commons: Is Definition Possible?". [en línea]. <http://paulbhartzog.org/Members/PaulBHartzog/Papers/Global%20Commons.pdf> . [consulta: 14 de mayo. 2017]

HARVEY, D. (2014) Condição pós-moderna, uma pesquisa sobre a origem da mudança cultural. São Paulo, Edições Loyola Jesuítas.

HAYEK, F.A. (1978) Competition as a Discovery Procedure. In: Hayek, F.A. New Studies in Philosophy, Politics and Economics. London: Routledge.

HEADY, B. and WEARING, A., 1992. Understanding Happiness: A Theory of Subjective Well-being. Longman Cheshire, Melbourne.

HECKATHORN, D (1997). The Paradoxical Relationship Between Sociology And Rational Choice. The American Sociologist, Vol. 28:2 (Summer) 1997. [Também disponível na Internet: http://www.ucc.uconn.edu/~heckath/].

HELLIWELL, J. ; LAYARD, R. ; SACHS, J. (orgs.) (2013) The World Happiness Report. NY, The Earth Institute.

HERCULANO, S. (1998) A qualidade de vida e seus indicadores. In: Ambiente & Sociedade. Ano I, nº 2, 1º semestre.

HESS Charlotte y OSTROM Elinor (2006) "An Overview of the Knowledge Commons". [en línea]. <http://mitpress.mit.edu/books/chapters/0262083574intro1.pdf>. [consulta: 21 de marzo. 2012]

HICKS, J. R.(1980). Valor y Capital. Fondo de Cultura Económica. Segunda Edición. México.

HINTERBERGER, F., LUKS, F., SCHMIDT-BLEEK, F. (1997) Material flows vs. 'natural capital'; what makes an economy sustainable? Ecological Economics, 23.

HIRSCHMAN, A.O. (1985) De Consumidor a Cidadão. São Paulo, Brasiliense.

HIRSCHMAN, A.O. (1986) A economia como ciência moral e política. São Paulo, Brasiliense.

HOLTZ-EAKIN, D.; SELDEN, T. M. Stocking the fires? CO2 emissions and economic growth. Journal of Public Economics, Cambridge, v. 57, n. 1, p. 85-101, 1995.

HORKHEIMER, M (1969).: Crítica de la razón instrumental. Buenos Aires, Sur, 1969.

HORKHEIMER, M (1995): "Los comienzos de la filosofía burguesa de la historia". En: Historia, metafísica escepticismo. Barcelona, Altaya, 1995. p. 18.

HUETING, R. (1991). "Correcting National Income for Environmental Losses: A Practical Solution for a Theoretical Dilemma". Ecological Economics: The Science and Management of Sustainability. Edited by Robert Costanza. Columbia University Press, New York.

HYDE, W. (1996). "Deforestation and Forest Land Use: Theory, Evidence and Policy Implications". The World Bank Observer 11 (2).

IANI, R (2006). Teoria dos jogos. Rio de Janeiro: Elsevier Campus, 2006.

IANI, R. (2011). Cooperação e conflito: instituições e desenvolvimento econômico. Rio de Janeiro: Elsevier Campus, 2011.

JACKSON, T. e MARKS, N. (1999) Consumption, sustainable welfare and human needs - with reference to UK expenditure patterns between 1954 and 1994. Ecological Economics 28 (1999) 421-441

JEVONS, W.S. (1987) A Teoria da economia política. São Paulo, Nova Cultural (Col. "Os Economistas")

JOHNSON, E J. et al. "Beyond Nudges: Tools of a choice architecture". Marketing Letters, v. 23, n. 2, p. 487-504, 2012.

KAHN, H. On thermonuclear war. 2nd ed. Princeton: Princeton University Press, 1961.

KAHNEMAN, D. (2003) "Maps of Bounded Rationality: Psychology for Behavioral Economics", American Economic Review, Vol. 93, No. 5 (Dec., 2003), pp. 1449-1475

KAHNEMAN, D. (2013) "Foreword", In: E. Shafir (Ed.), The Behavioral Foundations of Public Policy. Princeton, NJ: Princeton University Press

KAHNEMAN, D.. (2011) Thinking: Fast and slow. New York: Farrar, Straus and Giroux, 2011.

KITTS, James (2006). Collective action, rival incentives, and the emergence of antisocial norms. American sociological review, v. 71, n. 2, p. 235-259, Apr. 2006.

KOWALSKI, M.F e HABERL, H. (1993). Metabolism and colonisation: modes of production e the physical exchange between societies e nature. Wien : IFF. (Research Report IFF - Soziale Ökologie, n.32).

KOWALSKI, M.F. (1997). Metabolism and Communication: towards a common epistemological framework for social and natural processes. (Conference on "Science for sustainable society - integrating natural and social sciences" at Roskilde University, Oct. 26-29. Vienna : IFF - Social Ecology).

KOWALSKI, M.F. (1998). Society's Metabolism - The Intellectual History of Material Flow Analysis. Part I: 1860-1970. Journal of Industrial Ecology 2(1):61-78

KOWALSKI, M.F. (1999b). Material Flow Accounting (MFA) Information Package. Vienna: OAR-Regionalberatung GmbH, Amazônia 21 Project. 31p

KOWALSKI, M.F. (2002) Society's metabolism, introduction to model and method. Vienna, IFF Social Ecology, Vienna University. Mimeo.

KOWALSKI, M.F. e HABERL, H. (1994). On the cultural evolution of social metabolism with nature : sustainability problems quantified. Wien : IFF. (Research Report IFF - Soziale Ökologie, n.40).

KREPS, D.(1990) A course in microeconomic theory. Princeton: Princeton University Press, 1990

KUHN, T. S. (1990) A Estrutura das Revoluções Científicas. 2.. ed. São Paulo: Perspectiva, 1990

KUNDERA, M. (2010) A Imortalidade. São Paulo, Companhia das Letras.

KUZNETS, S. (1966) Teoria do crescimento econômico moderno: taxa, estrutura e difusão. 1. ed. Rio de Janeiro: Zahar, 1966. 279p.

LASH, S. & WYNNE, B. (1992), "Introduction", Risk Society, Ulrich Beck, London: Sage Publications, 1992.

LEFF, E. (1998). Ecología y capital. Racionalidad ambiental, democracia participativa y desarrollo sustentable. ed. Siglo XXI en coedición con el Instituto de Investigaciones Sociales de la UNAM: México. 1998.

LEFF, E. (2000) Epistemologia ambiental. São Paulo: Cortez. 2000.

LEOPOLD, A. (1949) A Sandy county Almanac. Oxford, Oxford University Press.

LIMA, G. T. (1999) Naturalizando o capital, capitalizando a natureza. O conceito de capital natural no desenvolvimento sustentável. Texto para Discussão. IE/UNICAMP, Campinas, n. 74, jun. 1999

LINOTT, J. (1996). "Environmental accounting: useful to whom and for what?". Ecological Economics 16: 179-190.

LITTLE, P.E. (2004) A etnografia dos conflitos socioambientais: bases metodológicas e empíricas. Anais do I Encontro da Associação Nacional de Pós-graduação e Pesquisa em Ambiente e Sociedade (Anppas). Indaiatuba, Maio de 2004. <http://www.anppas.org.br/encontro_anual/encontro2/GT/GT17/gt17_little.pdf>

LODGE, M. and WEGRICH, K. (2016) "The Rationality Paradox of Nudge: rational tools of government in a world of bounded rationality," Law and Policy, in press

LOEWENSTEIN, G. J., L; VOLPP, K G. (2013) Using decision errors to help people help themselves. In: SHAFIR, Eldar (Ed.) The behavioral foundations of public policy. Princeton: Princeton University Press, 2013. p. 361-379.

LOMBORG, B. (2002) O ambientalista cético. Rio de Janeiro, Editora Campus.

LOVELOCK, J. (2007) La venganza de la Tierra. Por que la Tierra esta rebelandose y como podemos todavia salvar la humanidad. Editoral Planeta, Barcelona.

MADDISON, D. (2006) Environmental Kuznets Curves: a spatial econometric approach. Journal of Environmental Economics and Management, London, v. 51, p. 218-230, 2006.

MARGALEF, R.. (1980) La biosfera, entre la termodinamica y el juego. Barcelona. Omega, 1980.

MARQUES, R. et alii (org.). (1996) Entre a economia e a sociologia. Oeiras, Celta Editora.

MARQUES, L.C. (2016). Capitalismo e Colapso Ambiental. Campinas, SP. Editora da Unicamp, 2016.

MARSH, G.P (1967) Man and Nature or Physical geography as modified by human action. Edited by David Lowenthal. Boston, John Harvard Library, 1967

MARSHALL, A. (1982) Princípios de economia: tratado introdutório. São Paulo, Nova Cultural (Col. "Os Economistas")

MARTIN-VIDE, J. (2008) La nueva realidade del calientamiento global. Un decálogo del cambio climático. Universidad de Barcelona. ISSN: 1138-9788. Depósito Legal: B. 21.741-98. Vol. XII, núm. 270 (23), 1 de agosto de 2008 [Nueva serie de Geo Crítica. Cuadernos Críticos de Geografía Humana].

MARX, K. (1983) O Capital, Volume I, Livro Primeiro, O processo de produção do capital. Tomo I. São Paulo, Abril Cultural (Col. "Os Economistas")

MAS-COLELL, A..; WHINSTON, M; GREEN, J. (1995) Microeconomic theory. Oxford: Oxford University Press, 1995.

MASLOW, A.H. (1954) Motivación y personalidad. Barcelona : Sagitario, 1954

MAX-NEEF, M. (1991). Human Scale Development: Conception, Application and Further Reflections. Apex Press, New York and London.

McGILL, V.J. (1967). The idea of happiness. Concepts in western thought series. Institute for Philosophical Research, Preager, New York.

MEADOWS, D. et ali.(1972)um relatório para o Projeto do Clube de Roma sobre o dilema da humanidade. São Paulo, Ed. Perspectiva.

MEDEIROS, M; SOUZA, P H. G. F de and CASTRO, F.A. (2015) O Topo da Distribuição de Renda no Brasil: Primeiras Estimativas com Dados Tributários e Comparação com Pesquisas Domiciliares (2006-2012). Dados [online]. 2015, vol.58, n.1, pp.7-36. ISSN 0011-5258.

MEKONNEN M.M. e HOEKSTRA, A.Y. Four billion people facing severe water scarcity. Science Advances 12 Feb 2016: Vol. 2, no. 2, e1500323DOI: 10.1126/sciadv.1500323

MELO, V. (2013). PROBLEMAS DE AÇÃO COLETIVA: COOPERAÇÃO E DESERÇÃO. Texto para discussão / Instituto de Pesquisa Econômica Aplicada.- Brasília : Rio de Janeiro : Ipea, julho de 2013

MICHALOS, A. (1980). Satisfaction and happiness. Social Indicator Research 8, 385-422.

MILANOVIC, B. (2016) Global Inequality. A New Approach for the Age of. Globalization. Harvard University Press, Cambridge, Massachusetts

MILES, I. (1985). Social Indicators for Human Development. St Martin's Press, New York.

MILLER, D. .; PRENTICE, D.A. (2013)"Psychological levers of behavioral change". In: SHAFIR, Eldar (ed.). The behavioral foundations of public policy. Princeton: Princeton University Press, 2013.

MOLINA, M.G. e ALIER, J.M. (eds.) (1993), Historia y Ecologia. Madrid, Marcial Pons.

MONROY C., D.A. (2017). Nudges y decisiones inconscientes: sesgo de statu quo y políticas públicas en Colombia. Desafíos, 29(1), 211-247. Doi: http://10.12804/revistas.urosario.edu.co/desafios/a.4725

MOSCOVICI, S. (1975) La sociedad contra naturaleza. Mexico, Siglo Veintiuno.

MOTTA, R. S. (1997). Desafios ambientais da Economia Brasileira. Texto para discussão n° 509. Rio de Janeiro, IPEA (mimeo)

MOTTA, R. S. e MAY, P. H. (1994). Contabilizando o consumo de Capital Natural, in May P. H. e Motta, R. S. (orgs.), Valorando a Natureza: Análise Econômica para o Desenvolvimento Sustentável, Rio de Janeiro, Editora Campus.

MUSGRAVE, R.A. (1959) "The theory of public finance. A study of public economy". McGraw-Hill, New York.

MYERS, N. e KENT, J. (2003). New consumers: The influence of affluence on the environment. PNAS, April 15, 2003. vol. 100 no. 8 pg. 4963-4968

NAESS, A. (1973). The shallow and the deep, long range ecology movement. A summary. Inquiry. 16(1-4): 95-100.

NAES, A. & SESSIONS, G. (1984). A Defense of Deep Ecology Movement. Environmental Ethics. 6(3): 265-270.

NAGEL, E. (1961). La estructura de la ciencia: problemas de la lógica de la investigación científica. Buenos Aires: Paidos, 1968.

NAREDO, J.M. (1996) La Economia en Evolución. Historia y perspectivas de las categorias básicas del pensamiento económico. Madri. Siglo Veitiuno de España Editores, sa. 2ª ed (1ª ed, 1987).

NELSON, R.H. (1991). Reaching for Heaven on Earth: The Theological Meaning of Economics. Rowman and Littlefield, Lanham, MD.

NERY, P. F. (2014) Economia da Felicidade: Implicações para Políticas Públicas. Brasília: Núcleo de Estudos e Pesquisas/CONLEG/Senado, Outubro/2014 (Texto para Discussão nº 156). Disponível em: www.senado.leg.br/estudos. Acesso em 02/12/2017.

NIELLA T, STIER-MOSES N, SIGMAN M (2016) Nudging Cooperation in a Crowd Experiment. PLoS ONE 11(1): e0147125. https://doi.org/10.1371/journal.pone.0147125

NIETZSCHE, F. (2011) A gaia ciência. São Paulo: Companhia da Letras, 2011.

NORBERG, J. (2017). Progresso. São Paulo, Record, 2017.

NORDHAUS, W. D. e TOBIN, J. (1973) "Is growth obsolete", in M. Moss (ed.), The Measurement of Economic and Social Performance, Volume 38 of Studies in Income and Wealth (National Bureau of Economic Research, New York).

NORTH, D. (1990). Institutions, institutional change and economic performance. Cambridge: Cambridge University Press, 1990.

NORTON, B. (1991). Toward Unity among Environmentalists. New York: Oxford University Press.

NOZICK, R (2011). Anarquia, estado e utopia. São Paulo: Martins Fontes, 2011.

NUSSBAUM, M. (1988) "Nature, Function and Capability: Aristotle on Political Distribution", Oxford Studies on Ancient Philosophy, supplementary volume, 1988)

NUSSBAUM, M. e SEN, A. (1996): La calidad de vida, Trad. Castellana de FCE, México.

NUTLEY, S.M.; WALTER, I.; DAVIES, H.T.O. Using evidence: How Research Can Inform Public Services. Bristol, UK: The Policy Press, 2007.

O´CONNOR, M. (1999). Green Accounting. International Journal of Sustainable Development. Vol. 2, No. 1.

OCDE. Behavioural Insights and public policy: Lessons from around the world. Paris: OECD Publishing, 2017. SINGLER, Eric. Nudge marketing: Comment changer efficacement les comportements. Tours: Pearson France, 2015.

ODUM, E.P. (1985). Ecologia. Rio de Janeiro: Interamericana.

OECD (1998), Towards Sustainable Development - Environmental Indicators. OECD Publications, Organização para a Cooperação e Desenvolvimento Econômicos, Paris.

OECD (2002), Indicators to measure decoupling of environmental presures from economic growth. OECD Publications, Organização para a Cooperação e Desenvolvimento Econômicos, Paris.

OFFE, C. (1992) 'Bindings, shackles and brakes: on self-limitation strategies', in A. Honneth, C. Offe and A. Wellmer (eds), Cultural-political Interventions in the Unfinished Project of Enlightenment, Cambridge, MA: The MIT Press, 1992.

OIT (2000) Mental health in the workplace: Introduction. Preparado por Phyllis Gabriel y Marjo-Riitta Liimatainen. Geneve, 2000. ISBN 92-2-112223-9.

OLSON, M. (1965). The logic of collective action: public goods and the theory of groups. Cambridge e Londres: Harvard University Press, 1995.

OSTROM, E, GARDNER, R & WALKER, J. (1994). Institutional Analysis and Common-Pool Resources in Rules, games, and common-pool resources. The University of Michigan Press.

OSTROM, E. (2000) "Collective Action and the Evolution of Social Norms". Journal of Economic Perspectives—Volume 14, Number 3—Summer 2000—Pages 137–158. [en línea]. <http://pubs.aeaweb.org/doi/pdfplus/10.1257/jep.14.3.137>. Consulta, 2015

OSTROM, E. (2002) "The evolution of norms within institutions: comments on Paul R. Ehrlich and Anne H. Ehrlich's," Environment and Development Economics, Cambridge University Press, vol. 7(01), pp. 171-190.

OSTROM, E. (2009). "Beyond markets and states: polycentric governance of complex economic systems". Nobel Prize in Economics documents 2009-4, Nobel Prize Committee. [en línea]. <http://nobelprize.org/nobel_prizes/economics/laureates/2009/ostrom-lecture.html.

OSTROM, E. (2011) "El gobierno de los bienes comunes – La evolución de las Instituciones de acción colectiva". 2da. ed. México, UNAM-CRIM-FCE. Traducción: Leticia Merino Pérez. Título original: "Governing the commons. The evolution of institutions for colective action". 1990. Cambridge University Press.

OSTROM, E. (1990). Governing the Commons: The Evolution of Institutions for Collective Active. New York: Cambridge University Press.

OSTROM, E. (1995) "Designing Complexity to Govern Complexity", en Susan Hanna y Mohan Munasinghe (eds), Property Rights and the Environment. Social and Ecological Issues, (Washington D. C., The Beijer International Institute of Ecological Economic and the World Bank), pp. 33-46

OSTROM, E. (1999) "Principios de diseño y amenazas a las organizaciones sustentables que administran recursos comunes. De cara a la globalización, organizaciones económicas de América Latina y el Caribe". Conferencia. [en línea]. <http://www.fidamerica.cl/actividades/conferencias/oec/ostroesp.html> [consulta: 6 de marzo. 2012]

PASSMORE, J. (1978). La responsabilidad del hombre frente a la naturaleza: ecologia y tradiciones en Occidente. Madrid, Alianza Universidad, 1978, p. 24.

PEARCE, D. & TURNER, R. (1995). Economics of Natural Resources and the Environment. New York, Harvester Wheatsheaf, 1995

PEARCE, D. (1993) Blueprint 3. Measuring sustainable development. Earthscan Publications. London.

PEARCE, D. (1996). "Can non-market values save the world's forests?". Paper presented an the International Symposium on the Non-market Benefits of Forestry organized by the Forestry Commission in Edinburgh. June.

PEARCE, D. e ATKINSON, G. (1993), "Capital Theory and the Measurement of Sustainable Development: an Indicator of 'Weak Sustainability' ", Ecological Economics, Elsevier Publishers, Amsterdam, no 8, 1993, p. 103-108.

PEARCE, D. e ATKINSON, G. (1995), "Measuring Sustainable Development", in Bromley, D. W. Handbook of Environmental Economics, Blackwell, UK e USA p. 166-181.

POLANYI, K. (1980) A grande transformação: as origens de nossa época. Rio de Janeiro, Campus.

POON, J. P. H; CASAS, I.; HE, C. (2006)The impact of energy, transport and trade on air pollution in China. Eurasian Geography and Economics, New York, v. 47, p. 568-584, 2006.

POPPER, K. R. (1975)A Lógica da Pesquisa Científica. São Paulo: Cultrix, 1975.

POPPER, K.R. (1994) Conjecturas e refutações. Brasília, UNB

PRESCOTT-ALLEN, R. (1995) Barometer of sustainability: a method of assessing progress toward sustainable societies. Voctoria: Padata.

PUTNAM, R. (1994). Comunidade e democracia: a experiência da Itália moderna. Rio de Janeiro: Editora Fundação Getúlio Vargas, 1996.

QUIROGA-MARTINEZ, R. (2003) Indicadores de sustentabilidade, estado del arte. Curso-Taller Indicadores de Desarrollo Sostenible para América Latina y el Caribe. Santiago, sede de CEPAL, 2 al 6 de junio 2003

RAPOPORT, A (1966). Two-Person game theory. Mineola, NY: Dover, 1966.

RASMUSEN, E. Games and information. 2nd ed. Cambridge: Blackwell, 1994.

RAWLS, J. (1993) Uma Teoria da Justiça. Lisboa:Editorial Presença, 1993.

REES, W.E. (2002) Globalization and Sustainability: Conflict or Convergence? Bulletin of Science, Technology and Society, 22 (4): 249-268, August 2002

REES, W.E. (2003) A blot on the land. Nature, vol. 421, 27 february 2003, p. 898.

RESCHER, N. (1999) Razón y valores en la Era científico-tecnológica, (Pensamiento Contemporáneo), Barcelona, Ediciones Paidós,

RIBEIRO, H. ; TAYRA, F. (2012) . Economia verde, inclusão social e saúde. In: Wagner Costa Ribeiro. (Org.). Governança da ordem internacional e inclusão social. 1 ed. São Paulo: AnnaBlume, 2012, v. 1, p. 145-164.

ROCKSTROM, J. et alii (2009). Planetary boundaries:exploring the safe operating space for humanity. Ecology and Society 14(2): 32. [online] URL: http://www.ecologyandsociety.org/vol14/iss2/art32

ROCHA, M.S.M. (2002). O Fundo do Mar, Patrimônio Comum da Humanidade. Tese de Doutorado. Universidade Portucalense Infante D. Henrique. Porto, 2002

ROPKE, I (1999). The dynamics of willingness to consume. Ecological Economics 28 (1999) 399-420

ROSSI, P. (1989). A ciência e a filosofia dos modernos. São Paulo, Editora da Unesp.

SACHS, I. (1986) Espaços, tempos e estratégia de desenvolvimento. São Paulo, Vértice.

SAHLINS, M. (1978) A primeira sociedade de afluência, em CARVALHO, E.A. (1978) Antropologia Econômica. São Paulo, Ciências Humanas.

SAMUELSON, P.A. (1954) "The Pure Theory of Public Expenditure". The Review of Economics and Statistics, Vol. 36, No.4. (Nov. 1954), pp. 387-389.

SANDLER, T. (1992). Collective action. Ann Arbor: University of Michigan Press, 1992.

SANTOS, B.S. (1989). Introdução a uma ciência pós-moderna. Rio de Janeiro: Graal.

SANTOS, B.S. (1996). Pela mão de Alice: o social e o político na pós-modernidade. São Paulo, Cortez.

SCHLAGER, E.and OSTROM, E. (1992). "Property Rights Regimes and Natural Resources: A Conceptual Analysis". 68 Land Economics, 249-262. [en línea]. <http://econ.ucsb.edu/~tedb/Courses/Ec100C/Readings/OstromSchlager.pdf>.

SCHNELLENBACH, J.; Schubert, C. (2015) "Behavioral Political Economy: a survey," European Journal of Political Economy, December, vol. 40, pp. 393-417

SCHOTTER, A. (1990). Rationality and market failure. In: SCHOTTER, Andrew. Free market economics: a critical appraisal. 2nd ed. Cambridge: Basil Blackwell, 1990. cap. 4.

SCHUMACHER, E.F. (1983) O negócio é ser pequeno, um estudo de economia que leva em conta as pessoas. Rio de Janeiro, Zahar Editores.

SELDEN, T. M.; SONG, D. (1994) Environmental quality and development: is there a Kuznets Curve for air pollution emissions? Journal of Environmental Economics and Management, New York, v. 27, n. 2, p. 147-162, 1994.

SEN, A. (1982). Choice, Welfare and Measurement. Basil Blackwell, Oxford.

SEN, A. (1993) in "Capability and Well-Being", The Quality of Life, Oxford, Clarendon Press, 1993

SEN, A. (1993). Capability and well-being. In: Nussbaum, M., Sen, A. (Eds.), The Quality of Life. World Institute of Development Economics/Clarendon Press, Oxford.

SEN, A. (1993). The economics of life and death. Scientific american, n. 266, Apr. 1993.

SEN, A. (1997): Bienestar, justicia y mercado, Trad. Castellana de Piados, Buenos Aires.

SEN, A. (2000) Desenvolvimento como liberdade. São Paulo: Companhia das Letras, 2000

SEN, A. (2011). A ideia de justiça. São Paulo: Companhia das Letras, 2011. SWEDBERG, Richard. 1990. Economics and Sociology: Redefining Their Boundaries. Conversations with Economists and Sociologists. Princeton University Press (January 25, 1990)

SHAFIK, N., BANDYOPADHYAY, S. (1992)Economic growth and environmental quality: a time series and cross-country evidence. Journal of Environmental Economics and Management, v. 4, p.1-24, 1992.
SHAUN, A. Marcott et al. (2013) "A Reconstruction of Regional and Global Temperature for the Past 11,300 Years". Science, 339, 6124, 8/III/2013, pp. 1198-1201

SIMON, H. A. (1992). "Scientific discovery as problem solving". In M. Egidi & R. Marris (Eds.), Economics, bounded rationality and the cognitive revolution. Aldershot: Edward Elgar.
SKIDELSKY, R. e SKIDELSKY, E. (2017). Quanto é suficiente? O amor pelo dinheiro e a defesa da vida boa. São Paulo, Civilização Brasileira, 2017.

SINGER, P. (2002) Introdução à Economia Solidária. São Paulo, Editora Fundação Perseu Abramo, 2002.

SOLOW, R. M. (1974) The Economics of Resources or the Resources of Economics. American ER, May, pp. 1-14.

SPANGENBERG, J.H., SCHMIDT-BLEEK, F. (1997). How to probe the physical boundarie for sustainable society? Foundations of sustainable development. Ethic, law, culture and the physical limits. Uppsala, Sweden : Uppsala University.

STERN, D. I.; COMMON, M. S. (2001) Is the environmental Kuznets curve for sulfur? Journal of Environmental Economics and Management, Canberra, v. 41, n. 2, p 162-178, 2001.

STERN, D. I.; COMMON, M. S.; BARBIER, E. B. (1996) Economic growth and environmental degradation: the Environmental Kuznets Curve and sustainable development. World Development, Massachusetts, v. 24, n. 7, p. 1151-1160, 1996.

STIGLER, G. (1975). "Smith's travels on the ship of state". In A. Skinner and T. Wilson (eds), Essays on Adam Smith. Oxford: Clarendon Press, 1975.

STIGLITZ, J. E., et al. (1998) "La Economía Del Sector Público". 2ª ed. Antoni Bosch. Barcelona.

STOCKHAMMER, E. et al (1997). "The index of sustainable economic welfare (ISEW) as an alternative to GDP in measuring economic welfare. The results of the Austrian (revised) ISEW calculation 1955-1992". Ecological Economics 21: 19-34.

STREECK, W. (2018) Tempo comprador: a crise adiada do capitalismo democrático. São Paulo, Boitempo, 2018.

SUAREZ, M. (2003) Hacking Kuhn. Revista de Filosofia. Vol. 28 Núm. 2 (2003): ISSN: 0034-8244 1

SULLIVAN, M.J. (1991). Measuring Global Values: The Ranking of 162 Countries. Greenwood Press, Westport.

SUNSTEIN, C. (2014) The Ethics of Nudging, Discussion Paper No. 806 01/2015 Harvard Law School Cambridge, MA 02138, [Online] available from http://www.law.harvard.edu/programs/olin_center/ ; accessed on May 30th 2016; Internet

SUNSTEIN, C. (2015) Choosing Not to Choose: Understanding the Value of Choice, Oxford University Press

SUNSTEIN, C. (2014) Why Nudge? The politics of libertarian paternalism. New Haven, N.J.: Yale University Press, 2014.

SUNSTEIN, C. (2016) "The council of psychological advisers". Annual Review of Psychology, v. 67, p. 713-737, 2016.

SUNSTEIN, C; REISCH, L.A.; RAUBER, J.(2016) "Behavioral insights all over the world? Public attitudes toward nudging in a multi-country study". Disponível em: <https://papers.ssrn.com/sol3/papers.cfm?abstract_id=2921217>. Acesso em: 29 jun. 2017.

SURI, V.; CHAPMAN, D. (1998) Economic growth, trade and energy: implications for the environmental Kuznets curve. Ecological Economics, New York, v. 25, p. 195-208, 1998.

SWEDBERG, P.(2004) Sociologia econômica: hoje e amanhã. Tempo Social [online]. 2004, vol.16, n.2, pp.7-34. ISSN 0103-2070. http://dx.doi.org/10.1590/S0103-20702004000200001.

TATARKIEWICKS, W. (1976). Analysis of Happiness. Martinus Nijhoff, The Hague.

TAYLOR, M.(1976) Anarchy and cooperation. New York: J. Wiley, 1976.

TAYRA, F ; RIBEIRO, H. .(2007) Criação de necessidades e produção de satisfação: o papel econômico e cultural do consumo e seu impacto no meio ambiente. In: Ricardo Mendes Ántas Junior; Ladislau Dowbor; Hélio Silva. (Org.). Desafios do consumo. 1 ed. Petrópolis: Vozes, 2007, v. 1, p. 247-261.

TAYRA, F. (2003) Sobre a compatibilidade entre Economia e Ecologia: Cultura, Técnica e Natureza na gênese da crise ambiental. São Paulo, PEPGCS/PUC-SP. Tese de doutoramento.

TAYRA, F., RIBEIRO, H. (2005) Sustainable Development and the search for well-being in the risk society. Paper publicado no International Conference on Energy, Environment and Disasters - INCEED2005, Charlotte, NC, USA - July 24-30, 2005. na mesa "Sustainability Concepts".

THALER, R H.; SUNSTEIN, C R.; BALZ, JP. (2013) "Choice architecture". In: SHAFIR, Eldar (ed.). The behavioral foundations of public policy. Princeton: Princeton University Press, 2013.

THALER, R. and BENARTZI, S. (2004) 'Save More Tomorrow: Using Behavioral Economics to

THALER, R. H. (2015) "The Power of Nudges, for Good and Bad," The New York Times. Oct 31st

THALER, R.H.; SUNSTEIN , C. (2003) 'Paternalism Is Not An Oxymoron', University of Chicago Law Review, vol. 70, Fall, N4.

THALER, RH.; SUNSTEIN, C. (2008) Nudge – Improving decisions about health, Wealth, and Happiness. New Haven: Yale University Press, 2008.

THOREAU, H.D. (2018) Walden. Porto Alegre, L&PM, 2018.

TORRAS, M.; BOYCE, J. K. (1998) Income, inequality and pollution: a reassessment of the environmental Kuznets curve. Ecological Economics, Amherst, v. 25, p. 147-170, 1998.

TOURAINE, A. (1994) Crítica da Modernidade. Petrópolis, RJ. Vozes, 1994

URTEAGA, L (1987). La Tierra Esquilmada, las ideas sobre la conservacion de la naturaleza en la cultura española del siglo XVIII. Barcelona, Ediciones Del Serbal, 1987

VEBLEN, T. (1987) A teoria da classe ociosa: um estudo econômico das instituições. São Paulo, Nova Cultural (Os economistas).

VISCUSI, W. K; GAYER, T. (2015) "Behavioral Public Choice: the behavioral paradox of government policy," Harvard Journal of Law and Public Policy, vol. 38, no. 3, pp. 973-1007Ber

VITOUSEK, P.M. et al (1997) Human Domination of Earth's Ecosystems. Science, Vol. 277, 25 july 1997.

WACKERNAGEL, M. e REES, W. E. (1997) Perceptual and structural barriers to investing in natural capital; economics from an ecological footprint perspective. Ecological Economics, 20.

WACKERNAGEL, M. e REES, W.E. (1996) Our ecological footprint, reducing impact on the Earth. Gabriola Island, British Columbia, New Society Publishers.

WCED (1987) - Our common Future. Oxford, Oxford University Press, 1987.

WEBER, M. (1922). Economia e sociedade. 3a ed. Brasília: Editora Universidade de Brasília, 1994.

WHITE. M. (2013) The Manipulation of Choice: Ethics and Libertarian Paternalism. Palgrave Macmillan, 2013

WILL, J. e BRIGGS, D. (1995) Developing Indicators for Environment and Health. World Health Statistics Quarterly, v. 48, n.2, p.155-163.

WILLIAMSON, O..1996. Transaction-Cost Economics: The Governance of Contractual Relations. In: BUCKLEY, Peter & MICHIE, Jhonathan (Ed). Firms Organizations and Contracts. Oxford University Press.

WOOLLARD, R. F. & OSTRY, A. S. (2000) Fatal Consumption. Rethinking Sustainable Development. UCB Press Vancouver, Toronto.

WORLD BANK (1995). Monitoring Environmental Progress: a report on work in progress. Washington DC.

World Bank (2014) State and Trends of Carbon Pricing. Washington: World Bank.

World Bank (2015) World Development Report: Mind, Society, and Behavior. Washington, DC: World Bank.

WORLD HEALTH ORGANIZATION (1997) Linkage methods for environment and health analysis. Geneva, WHO.

WORLD HEALTH ORGANIZATION (2014). "Public Health, Environmental and Social Determinants of Health." Geneva. www.who.int/phe/health_topics/outdoorair/databases/en/.

WORSTER, D. (1988)The Ends of de Earth. Perspectives on modern environmental history. Cambridge, Cambridge University Press, 1988, pp. 290-291

ZOLA, E. (2006) Germinal. São Paulo: Martin Claret Ltda, 2006.

Este livro foi impresso em abril de 2019, pela gráfica PSI7, com papel pólen soft 70 grs, utilizando as fontes Neutra para títulos e Bressay para texto.